PUBLICATION DE LA SOCIÉTÉ DE SAINT-VICTOR

HISTOIRE
DU CANADA

I

ÉVÊCHÉ D'ARRAS.

Nous, PIERRE-LOUIS PARISIS, par la miséricorde divine et la grâce du Saint-Siége, évêque d'Arras.

L'*Histoire du Canada*, par M. l'abbé Brasseur de Bourbourg, qu'a soumise à notre examen la Société de Saint-Victor, intéressera tous les hommes qui sont sensibles à la gloire de la Religion et à l'honneur de la France.

Le récit des travaux apostoliques des zélés missionnaires qui ont prêché la foi dans ces contrées sauvages, au péril de leur vie; le courage et la sagesse des premiers gouverneurs envoyés pour fonder cette colonie lointaine au nom de la France; les vicissitudes que ces provinces, devenues françaises et chrétiennes, ont eues à subir : tout cela présente un tableau digne du plus haut intérêt.

L'historien a eu à sa disposition des documents précieux, dont aucun écrivain, avant lui, n'avait pu prendre connaissance; cet avantage donne à ses récits un caractère de vérité qui est le premier et le principal intérêt de l'histoire.

Donné à Arras, le 4 avril 1852.

† P.-L., ÉVÊQUE D'ARRAS.

Par Monseigneur :

TERMINCK.
Chanoine, secrétaire-général.

HISTOIRE
DU
CANADA

DE SON ÉGLISE

ET DE SES MISSIONS

DEPUIS LA DÉCOUVERTE DE L'AMÉRIQUE JUSQU'A NOS JOURS, ÉCRITE SUR
DES DOCUMENTS INÉDITS COMPULSÉS DANS LES ARCHIVES DE
L'ARCHEVÊCHÉ ET DE LA VILLE DE QUÉBEC, ETC.

PAR M. L'ABBÉ BRASSEUR DE BOURBOURG

Vicaire-Général de Boston, ancien professeur d'histoire ecclésiastique au Séminaire
de Québec, membre de plusieurs Sociétés savantes
d'Europe et d'Amérique, etc.

TOME PREMIER

PARIS
SAGNIER ET BRAY, LIBRAIRES, RUE DES SAINTS-PÈRES, N° 64
PLANCY
Société de Saint-Victor pour la propagation des bons livres
ARRAS || AMIENS
Même maison, rue de la Pomme-d'Or, 289 || Même maison, rue de Noyon, n° 47

1852

PROPRIÉTÉ

PLANCY. — J. COLLIN, IMPRIMEUR.

A SA GRANDEUR

MONSEIGNEUR JEAN-BERNARD FITZPATRICK

ÉVÊQUE DE BOSTON

Monseigneur.

Je n'ai connu le Canada qu'après avoir passé plusieurs mois à Boston avec Votre Grandeur, et Monseigneur Fenwick, d'heureuse mémoire, votre digne prédécesseur, dont le cœur et l'intelligence égalaient la piété et les vertus chrétiennes. Vous marchez sur ses traces, Monseigneur, et c'est avec vous, c'est au milieu de cette société de prêtres formés par Monseigneur Fenwick, et qui retrouvent en vous aujourd'hui un père et un modèle, que j'ai commencé à apprécier cette grande église américaine, qui verra toujours dans votre diocèse un de ses plus beaux fleurons. Appelé ensuite au Canada, dont la langue et les monuments retracent si vivement la France de Louis XIV, encore vivante dans la religion et les mœurs de cette contrée, malgré les longues années d'un siècle passé sous la domination étrangère, j'y ai trouvé les souvenirs de la patrie, et j'ai recueilli les matériaux de cette histoire, en vivant au milieu d'un clergé qui, par ses vertus paisibles, a maintenu si longtemps la foi dans le cœur des populations, malgré les persécutions sourdes de l'autorité protestante, qui travailla constamment, par les moyens ténébreux dont ce livre rendra compte, à détrôner la Religion Catholique dans ces contrées.

C'est au Canada, Monseigneur, que vous-même avez puisé la connaissance de notre belle langue française, que vous possédez à un degré si éminent; c'est à Montréal que vous avez acquis cette instruction solide qui distingue Votre Grandeur, et que vous avez posé les bases des études théologiques que vous avez si heureusement achevées ensuite à Paris.

La France se glorifie donc à double titre d'avoir fait votre éducation, et s'honore justement de l'évêque de Boston, comme d'un de ses enfants. C'est pourquoi j'ai cru ne pouvoir mieux faire que de vous offrir cette histoire de l'église de la Nouvelle-France, en vous priant de vouloir bien la prendre sous votre patronage, comme vous m'avez pris moi-même sous votre égide, lorsque le climat et les circonstances m'eurent fait repasser de Québec dans votre diocèse. Soyez donc assez bon, Monseigneur, pour en agréer la dédicace; ce sera une nouvelle preuve de cette amitié dont vous m'avez donné tant de marques précieuses, et dont je garderai une éternelle reconnaissance.

J'ai l'honneur d'être, avec le plus profond respect,

Monseigneur,

De Votre Grandeur,

Le très-humble et très-dévoué serviteur,

E.-CH. BRASSEUR DE BOURBOURG.

Rome, en la fête de la Purification, 2 février 1852.

HISTOIRE DU CANADA

DE SON ÉGLISE ET DE SES MISSIONS.

CHAPITRE PREMIER.

DEPUIS LA DÉCOUVERTE DE L'AMÉRIQUE JUSQU'A L'ÉTABLISSEMENT DES PREMIERS COMPTOIRS DE COMMERCE AU CANADA, EN 1600.

Réflexions préliminaires sur le Canada. Premières expéditions sur le continent américain. Les marins de la Bretagne et de la Normandie aux pêcheries de Terre-Neuve. Découverte de l'île du Cap-Breton. Première carte du golfe Saint-Laurent (1506). Expéditions de Verrazzani, qui reconnaît les côtes de l'Acadie ou Nouvelle-Ecosse. Première expédition de Jacques Cartier. Il entre dans la baie des Chaleurs, et prend possession de la côte de Gaspé, au nom de la France (1534). Découverte du fleuve Saint-Laurent et des terres du Canada ou Kanata. Retour en France. Seconde expédition de Cartier. Origine de la juridiction exercée par les évêques de Bretagne et de Normandie sur le Canada. Le golfe reçoit le nom de Saint-Laurent. Cartier entre dans le fleuve. Découverte de l'île d'Orléans et de celle d'Hochelaga ou Montréal. Hivernage de Cartier à Stadaconé, près de Québec. Violences de Cartier sur le sachem de ce village, et son retour à Saint-Malo. Nouvelle expédition de Cartier, sous les ordres de Roberval. Premier essai de colonisation en Canada (1541), et son mauvais succès. Abandon du Canada et accroissement de la pêche de Terre-Neuve. La cour reprend le dessein d'une colonisation en Amérique. Mauvais succès du marquis de la Roche (1598). Premiers établissements du commerce en Canada (1600). Première chapelle catholique à Tadoussac.

L'Histoire du Canada est l'histoire de la colonisation et de la civilisation de cette contrée par nos pères : ils y apportèrent, avec les mœurs et les institutions de la France d'alors, sa langue et sa religion. Dès son entrée dans le Saint-Laurent, le voyageur européen croit retrouver sur ses bords, malgré les changements que la domination anglaise a pu y apporter depuis bientôt un

1

siècle, les villages de la Normandie et de la Bretagne, en apercevant les blanches maisons qui se détachent dans le paysage avec l'église au long clocher, surmonté de sa croix de fer. Si, dans quelques grandes villes, la langue anglaise commence à se placer au niveau de la nôtre, tout annonce cependant encore la prépondérance de la nationalité française, surtout dans les campagnes, où l'habitant a gardé, avec sa langue, les mœurs bretonnes ou normandes ; tout annonce surtout la prépondérance de la religion catholique sur les sectes rivales introduites par la conquête britannique, mais qui n'ont pu réussir à changer cette grande physionomie de la France de Louis XIV ; on la reconnaît toujours dans ces hôpitaux magnifiques, ces colléges, ces monastères, et ces églises sans nombre, l'orgueil et la gloire du Canada. Notre langue et nos mœurs pourront bien un jour être détrônées dans ce pays, les institutions changeront par l'influence toujours croissante des populations d'origine britannique ou irlandaise, par le contact brûlant des États-Unis, dont quelques Canadiens commencent à envier l'indépendance ; mais la religion catholique demeurera sur les bords du grand fleuve, d'où elle continue, depuis deux siècles, à s'épancher comme une eau fécondante sur les régions lointaines de la domination britannique. Son caractère d'universalité, embrassant tous les peuples sans distinction, elle sera la religion des Canadiens, de quelque sang qu'ils puissent naître, à quelque domination que les assigne la Providence, aussi longtemps qu'eux-mêmes ne renieront point la noble origine de la civilisation de leur contrée

Si l'Église catholique, entravée si longtemps dans le Canada par un gouvernement qui cherchait à détruire son heureuse influence en humiliant ses chefs et en intronisant, à la face de l'évêque de Québec, un prélat hérétique à qui seul l'Angleterre reconnaissait ce titre; si, dans de si pénibles conjonctures, elle continua à faire les progrès les plus marquants, que ne sera-ce donc point maintenant que les évêques canadiens ont commencé à secouer, au nom de leurs droits religieux et politiques, l'illégal et humiliant patronage du ministère anglais, et à marcher hardiment dans la voie de l'indépendance religieuse, qui brille d'un si vif éclat chez les évêques des États-Unis?

L'histoire du Canada est en même temps celle de l'église canadienne, illustrée dans les commencements par tant de nobles dévoûments, par tant de courageuses résistances, humiliée ensuite, et cachant sa tête sous le manteau de la peur, au moment même où elle aurait dû réclamer au grand jour les droits d'une liberté que lui assurait la foi sainte des traités. Je raconterai donc ses gloires et ses souffrances, et les travaux de nos pères pour devenir les paisibles possesseurs d'un sol contesté par des sauvages barbares ; l'établissement du Christianisme, prêché par d'intrépides apôtres ; leur charité, leur dévoûment, leurs martyres glorieux, ainsi que la fondation de l'épiscopat catholique, appuyé sur la chaire inébranlable de Pierre. Je ferai connaître la succession apostolique des évêques canadiens, dont l'existence, tout humble qu'elle ait été, n'en fut pas moins l'ancre de salut de toutes les missions de cette vaste partie de l'Amérique Septentrionale.

L'histoire de l'église canadienne n'est donc que celle de la colonisation de cette contrée par nos pères, et l'histoire de cette colonisation n'est elle-même que le récit de leurs longues luttes avec les Sauvages et de l'établissement de l'Église Catholique sur les bords du Saint-Laurent. C'est surtout par les armes de la foi prêchée par nos missionnaires que la France étendit ses conquêtes dans l'Amérique Septentrionale, où elle posséda plus de colonies par l'éloquence persuasive et les voyages des Jésuites, que l'Angleterre n'en avait su acquérir par son commerce et ses innombrables expéditions maritimes.

Plusieurs années s'étaient écoulées depuis que Colomb avait découvert l'Amérique, et diverses explorations avaient eu lieu sur le continent nouveau, lorsque nos pères cherchèrent, à leur tour, à profiter des avantages commerciaux que leur offrait le Nouveau-Monde. Sept ans après la découverte du continent, de hardis navigateurs de la Bretagne et de la Normandie s'élançaient sur l'Océan et mettaient à profit les richesses encore peu connues des vastes pêcheries de Terre-Neuve [1]. L'île du Cap-Breton, aussi connue alors sous

---

[1] Voyage de Champlain

le nom d'Isle Royale (1504), recevait d'eux son nom, en souvenir de la patrie, et deux ans après, le sieur Denys, bourgeois d'Honfleur, publiait la première carte du golfe Saint-Laurent (1506). La pêche continuait avec succès depuis plusieurs années, et des plans de colonisation avaient été suggérés (1518) à François Ier, par les sieurs de Léry et Saint-Just, afin de mettre à profit les terres nouvellement découvertes dans le Nord de l'Amérique [1], lorsque ce prince songea enfin à suivre l'exemple des rois d'Espagne et d'Angleterre. Trois expéditions furent successivement confiées au Florentin Verrazzani; mais elles n'eurent d'autre issue que de reconnaître quelques côtes de l'Acadie (Nouvelle-Écosse) et des États-Unis (1523-5-7.)

Les malheurs de la France et la captivité de François Ier après la bataille de Pavie empêchèrent alors le gouvernement royal de donner suite aux expéditions commencées par Verrazzani; mais ils n'arrêtèrent pas l'essor imprimé à la pêche de Terre-Neuve. On connaît à ce sujet une lettre écrite [2] à Henri VIII, du port de Saint-Jean de Terre-Neuve, par un capitaine anglais, où il déclare avoir trouvé, dans ce seul port, onze bateaux venus de Normandie et un de la Bretagne, tous occupés de la pêche à la morue. (3 août 1527.)

Le roi de France, tout occupé de sa lutte avec Charles-Quint, pouvait difficilement avoir égard à de

---

[1] Voyage de Lescarbot, 21. — *Mémoires sur le Canada*, etc.
[2] Rut, dans Purchas, III, p. 809.

si humbles intérêts ; mais, aux instances de l'amiral de Chabot, il se décida à faire une nouvelle tentative sur les rivages du Nouveau-Monde. Jacques Cartier, brave marin de Saint-Malo, fut choisi pour conduire l'expédition, et ses divers voyages eurent pour effet d'attirer d'une manière permanente l'attention de la France sur les régions arrosées par le Saint-Laurent. Ce fut au mois d'avril 1534 qu'il quitta avec deux navires la rade de Saint-Malo, et vingt jours d'un vent constant le conduisirent sur les côtes de Terre-Neuve. Après avoir fait à peu près le tour de l'île, il se dirigea vers le sud, et, traversant le golfe, il entra dans la baie qu'il nomma Baie des Chaleurs, à cause de la chaleur extrême qu'il y éprouva au milieu de l'été. Ne trouvant aucun passage à l'ouest, il cingla le long de la côte, jusqu'à la crique la plus étroite de la baie de Gaspé ; c'est là qu'il érigea sur une pointe de terre, à l'entrée du port, une croix élevée, portant un écu aux armes de France, avec une inscription appropriée à la circonstance, pour annoncer qu'il prenait ainsi possession de cette terre, au nom de la religion catholique et du monarque dont il était le sujet. C'était le premier monument chrétien que la France plantait dans le Canada. Laissant ensuite la baie de Gaspé, Cartier découvrit la grande rivière de Canada ou *Kanata*, qui signifiait, dans la langue algonquine, un assemblage de cabanes, et que les Français prirent pour le nom du pays. Il remonta l'embouchure du fleuve assez haut pour en découvrir à la fois les deux rives. Mais comme il n'avait fait aucun des préparatifs nécessaires pour passer l'hiver, il sentit le besoin de revenir en Europe. Il leva l'ancre, qu'il avait jetée dans la rivière, et en moins de trente jours il rentra dans le port de Saint-Malo.

La nouvelle de son retour et du succès de son expédition, si heureuse et si rapide, se répandit promptement dans la ville et dans toute la France. La cour, animée par les amis de ce brave navigateur, ne voulut pas en rester là : une nouvelle commission lui fut donnée avec trois beaux navires, et quelques jeunes gentilshommes se joignirent volontairement à la nouvelle expédition[1]. La religion, cette fois, combina la pompe de ses solennités avec le départ de la flottille. Tous les équipages ayant leurs officiers en tête, après s'être confessés, se rendirent à la cathédrale de Saint-Malo, et reçurent la communion de la main de l'évêque. Le prélat leur donna ensuite sa bénédiction solennelle, et il est à croire, d'après la pieuse coutume du temps, que plusieurs aumôniers partirent avec eux. On ne peut guère douter même que ce ne soit de cette époque que les évêques de la Normandie et de la Bretagne, surtout celui de Saint-Malo et l'archevêque de Rouen[2], aient commencé à étendre leur juridiction sur les nouvelles contrées de l'Amérique, juridiction

---

[1] Charlevoix, *Hist. de la Nouv.-France*, t. I, p. 9.

[2] *Mémoire de la vie de Mgr de Laval, premier évêque de Québec*, à la bibliothèque du séminaire de Québec.

qu'ils conservèrent jusqu'à la nomination du premier évêque de la Nouvelle-France.

Après un long et pénible voyage, ils arrivèrent en vue de Terre-Neuve. Ils croisèrent à l'ouest de cette île; et, comme on célébrait ce jour-là la fête de Saint-Laurent (1535), ils donnèrent à la partie du golfe qui s'ouvrait devant eux le nom de ce saint martyr, qui depuis s'étendit à tout le golfe et au fleuve lui-même. Ils continuèrent à faire voile au nord de l'île d'Anticosti et remontèrent le cours du fleuve jusqu'à l'île appelée depuis l'île d'Orléans. Les sauvages de la race algonquine, qui habitaient la contrée, reçurent les Français avec une franche hospitalité. Cartier y laissa ses navires à la garde de leurs équipages respectifs, et, s'embarquant dans un canot avec quelques-uns des siens, il remonta le cours majestueux du fleuve jusqu'au village indien de l'île d'Hochelaga, aujourd'hui de Montréal; là demeurait le grand sachem de la tribu que son langage paraît faire reconnaître pour avoir été de la famille des Hurons[1]. Le village était au pied d'une montagne, qu'il gravit. En arrivant au sommet, il fut transporté d'admiration à la vue des eaux, des bois et des montagnes qui se déroulaient devant ses yeux. Son imagination lui montra tous les avantages qu'on pouvait retirer de cette situation, comme entrepôt d'un vaste commerce intérieur, et Hochelaga se présenta à son esprit comme la métropole future d'un magnifi-

---

[1] Charlevoix. *Hist. de la Nouv.-France.*

que empire. Rempli de ces brillantes idées, il donna à la montagne le nom de Mont-Réal[1], que le temps a transporté à l'île et à la ville de ce nom, en réalisant en partie ses grandes prévisions. Cartier étant ensuite retourné vers ses vaisseaux, les mena dans un port formé par la rivière actuelle de Saint-Charles, près d'un village indien du nom de Stadaconé, non loin de l'emplacement actuel de la ville de Québec. Il y passa l'hiver avec ses gens, parmi lesquels le scorbut fit des ravages considérables. Aux approches du printemps, il prit possession de cette terre au nom de la France catholique, comme il l'avait fait la première fois, en érigeant une croix, avec un écu aux armes du roi et une inscription déclarant les droits du monarque français sur cette terre nouvelle. Il remit ensuite à la voile, après avoir enlevé, sans aucun motif qui pût justifier sa violence et son ingratitude, le sachem de Stadaconé avec quelques autres sauvages du pays, et revint à Saint-Malo, au mois de juillet 1536.

La cour, peu encouragée par les descriptions que lui donna Cartier du climat rigoureux du Canada, où, durant six mois, il avait été enfermé dans les glaces, et où l'on ne trouvait d'ailleurs ni or ni argent, resta longtemps sourde à toutes les demandes qu'il fit pour obtenir une nouvelle commission. Enfin, en 1540, de nouveaux plans de colonisation ayant été soumis au roi, on forma une expédition dont le commandement

---

[1] Mont-Royal, Hakluyt, III. p. 272.

général fut confié à François de la Roque, seigneur de Roberval, qui reçut du monarque le titre de vice-roi de la Nouvelle-France ou Canada, avec tous les pouvoirs nécessaires pour y établir une colonie. Cartier fut nommé capitaine et pilote-général, et reçut l'ordre d'emmener en Canada tous ceux qui consentiraient à le suivre. Mais le choix qu'il fit pour la nouvelle colonie ne fut ni heureux, ni chrétien. Il enleva des prisons la plupart des malfaiteurs qui y étaient renfermés, et, accompagné de cette troupe abjecte, il cingla pour le Canada et alla descendre à Stadaconé, où il bâtit un fort de bois, pour se mettre à l'abri des attaques des Sauvages (1541). Le vice-roi arriva lui-même l'année suivante ; mais le manque de plan arrêté, la mésintelligence qui se mit entre les deux chefs, et la mauvaise conduite des colons, non moins que les ravages du scorbut et les hostilités des Sauvages, irrités de la violence précédemment exercée par Cartier sur leur sachem, firent avorter naturellement toute cette entreprise. La commission de Roberval n'eut donc aucun résultat durable, et il paraît que quelques années après, s'étant embarqué de nouveau pour sa vice-royauté, avec une suite nombreuse d'aventuriers, sa flottille, battue par la tempête, périt tout entière dans les flots (1549).

Tout projet de colonisation fut dès-lors abandonné pendant un espace de près de cinquante ans. Sous le règne de Henri IV, l'étoile de la France, sortie des guerres civiles où l'avaient entraînée les fureurs du protestantisme, brilla de nouveau sur l'Amérique. Pendant ce long intervalle, la pêche avait pris une importance immense sur les côtes de Terre-Neuve. En une seule année (1578) cent cinquante bateaux pêcheurs français s'y étaient rencontrés, et un de nos marins, avant 1609, avait fait plus de quarante fois le voyage de l'Amérique. On reprit le dessein de fonder un empire français dans cette contrée, et la cour en confia l'exécution au marquis de la Roche, gentilhomme breton, à qui elle donna les pouvoirs les plus étendus.

Cette entreprise n'eut cependant pas plus de succès que celle de Roberval. Il alla fonder imprudemment son premier établissement sur une île stérile appelée l'île de Sable, près de la presqu'île d'Acadie. Cette île n'offrait pas la moindre ressource, et la plupart des colons qu'il y amena, misérables retirés comme ceux de Cartier, des prisons et des galères de France, y périrent d'inanition. (1598.)

Des entreprises particulières s'étaient formées vers le même temps ; et l'espoir d'un trafic avantageux que plusieurs marchands avaient déjà trouvé dans leurs relations avec les sauvages du pays, qui leur apportaient des fourrures précieuses en échange d'objets de peu de valeur, fit naître promptement l'idée d'une nouvelle expédition. Le monopole du commerce des fourrures fut accordé par patente royale au sieur Chauvin, qui le partagea avec le sieur de Pontgravé, marchand de Saint-Malo, et c'est de cette époque (1600) que l'on doit dater la fondation de la première colonie française sur le sol du Canada. Le village de Tadoussac, sur le Saint-Laurent, à l'embouchure du Saguenay, où les marchands français avaient établi leur comptoir avec les Sauvages, fut le premier endroit de cette terre devenue si catholique, où Jésus-Christ daigna descendre entre les mains du prêtre, offrant le saint sacrifice de la messe, sous l'humble toit d'une cabane de bois. Le souvenir de cette première oblation demeura dans la mémoire des peuples; et, quoique Tadoussac soit aujourd'hui presque abandonné, les Canadiens ont conservé la vieille chapelle, comme un antique et touchant monument de l'établissement de la foi de leurs pères dans leur pays.

CHAPITRE II.

DEPUIS LE PREMIER VOYAGE DE CHAMPLAIN, FONDATEUR DE LA VILLE DE QUÉBEC, JUSQU'A SA MORT, EN 1635.

Samuel de Champlain. Son portrait. Son premier voyage en Canada et sa pensée au sujet de Québec. Tribus sauvages du Canada, au temps de Champlain. Les Hurons ou Wyandots. Les Cinq-Nations iroquoises. Mœurs des Iroquois. Leur influence politique. Religion de ces sauvages. Le monopole de la Nouvelle-France est accordé au sieur Des Monts. Son expédition sur les côtes du New-Brunswick. Poutricourt, un de ses associés, jette les fondements de la ville de Port-Royal (Annapolis) dans l'Acadie (1604). Les huguenots veulent empêcher les Jésuites d'arriver dans l'Acadie. Ils y arrivent enfin par la protection de la marquise de Guercheville (1610). Premières missions du Maine. Fondation de la ville de Québec par Champlain (1608). Première expédition de Champlain contre les Iroquois. Découverte du lac Champlain. Projets des huguenots en Amérique. Second voyage de Champlain en Canada. Il y amène quatre pères Récollets, premiers missionnaires du Canada. Fondation de la première chapelle de Québec. Seconde expédition de Champlain parmi les Iroquois. Grandeur de ses desseins. Il jette les fondements du château Saint-Louis à Québec (1624). Premières missions du Haut-Canada par les Récollets. Arrivée des premiers Jésuites en Canada. Les huguenots troublent la colonie. Champlain en appelle à la cour. Les protestants sont exclus de la Nouvelle-France. Compagnie des Cent-Associés. Machinations des huguenots contre la colonie. Guerre avec l'Angleterre. Prise de Port-Royal, en Acadie, par les Anglais. Sommation et prise de Québec (1629). La paix conclue bientôt après rend le Canada aux Français. Motifs qui déterminèrent la colonisation de cette contrée. Nobles efforts de Champlain. Son retour à Québec. Retour des Jésuites dans la colonie. (1632). Mort de Champlain. Sa mémoire glorieuse (1635).

A la suite des lettres-patentes accordées au sieur Chauvin, plusieurs voyages eurent lieu dans le Canada, et rapportèrent des profits considérables. Mais la mort de Chauvin, arrivée en 1602, mit un nouvel obstacle à l'établissement définitif d'une colonie. On ne renonça pas pour cela à l'espérance : une compagnie de marchands s'organisa à Rouen, sous le patronage du gouverneur de Dieppe, et Samuel de Champlain, officier de marine habile et instruit, fut mis à la tête de l'expédition. Champlain avait une disposition naturelle à toutes les grandes entreprises; aussi fut-il le père des établissements français du Canada. Avec une intelligence claire et pénétrante, il possédait une prudence rare, une infatigable persévérance, une activité et un courage à toute épreuve, unis à une piété aussi sûre et aussi sage que solide. Le compte qu'il rendit de sa première expédition, en 1603, est une preuve de la rectitude de son jugement, et nous le montre observateur non moins exact que fidèle historien [1]. Son voyage est rempli de détails intéressants sur les mœurs des tribus sauvages, et d'excellentes observations géographiques; et l'on peut voir déjà dans sa pensée que Québec avait été choisi pour y établir une forteresse.

Parmi les Sauvages avec qui les Français eurent de plus fréquentes relations, durant la colonisation du Canada, on voit se dessiner en première ligne ceux qui parlaient les dialectes huron-iroquois, appelés Hurons ou Wyandots, dont les nombreuses et puissantes tribus étaient répandues, au temps de Champlain, sur un vaste territoire. La Péninsule formée par les lacs Huron, Erié, et Ontario, avait été longtemps habitée par les cinq tribus confédérées des Hu-

---

[1] Voyage de Champlain.

rons. Après leur défaite par les Iroquois ou Cinq-Nations, une partie descendit le Saint-Laurent, et nous avons vu encore cette peuplade au village du Sault-Saint-Louis et à celui de Lorette, près de Québec; une autre partie fut incorporée parmi les vainqueurs; les Wyandots s'enfuirent au-delà du lac Supérieur, et cherchèrent une retraite dans les vastes solitudes qui séparaient les Chippewas de leurs ennemis de l'Ouest. En 1671, ils reculèrent devant la puissante nation des Sioux, et s'établirent pour la première fois au Sault-Sainte-Marie et à Michilimackinac, puis enfin près du poste français du Détroit. L'influence mystérieuse qu'ils exerçaient sur les tribus algonquines, et les traités qu'ils firent ensuite avec les Cinq-Nations, leur permirent de s'établir le long du lac Érié, et leur donnèrent des droits sur le grand territoire renfermé entre la rivière Miami et la frontière du New-York occidental.

Ces diverses nations avaient dans leur gouvernement un mélange de formes aristocratiques et républicaines, plus ou moins variées dans leurs détails. Quoique chaque bourgade eût un chef indépendant, on n'y concluait rien d'important sans l'avis des anciens. Dans quelques nations, la dignité de chef ou sachem était élective; dans d'autres, héréditaire. Dans ce cas, lorsque le chef venait à mourir, c'était non son fils, mais celui de sa sœur qui lui succédait. Chez tous ces peuples, les femmes avaient la principale autorité, lorsqu'elles avaient été élevées au rang d'Oyander; et, dans les affaires de police, elles délibéraient les premières. Comme il se commettait peu de crimes atroces parmi ces sauvages, ils n'avaient point de lois criminelles. Si un homme en tuait un autre, on supposait qu'il était ivre. Un assassinat qui intéressait plusieurs familles était presque toujours la cause d'une guerre. Ceux qui étaient convaincus d'avoir employé des maléfices étaient condamnés au supplice des prisonniers. Quant aux Hurons, ils toléraient le vol.

Les vêtements de ces peuples n'étaient en été qu'une sorte de ceinture ; en hiver, ils se couvraient plus ou moins de robes de peaux d'animaux. Ils avaient aux pieds des chaussons de cuir, qu'ils appelaient *mocassins*, et des espèces de bas de peau ou d'étoffe. Les camisoles de leurs femmes leur descendaient jusqu'aux genoux, et elles se couvraient la tête de petits bonnets en forme de calottes. Les plus riches se procurèrent ensuite des chemises. Tous aimaient à se tatouer, en se faisant tracer sur le corps des figures d'oiseaux, de serpents, et d'autres animaux. Leurs ornements consistaient en pendants d'oreilles, en plumes, en bouquets de poils. Les femmes répandaient sur leurs cheveux du vermillon, ou une poudre d'une certaine écorce. C'étaient elles qui préparaient les terres et qui en récoltaient les fruits. Les hommes se chargeaient d'ouvrir les trous où ils devaient être conservés l'hiver. Leurs villages présentaient un amas de cabanes sans alignement et sans ordre ; elles étaient bâties d'écorces et revêtues d'un enduit de terre. La danse était leur principal amusement : celle du *calumet* était une danse guerrière qui s'exécutait au son d'un tambour lugubre. La danse *de la découverte* était tout en action ; elle représentait une expédition de guerre. Les jeux de hasard étaient encore pour eux une passion favorite ; ils jouaient tout ce qu'ils possédaient et quelquefois même jusqu'à leur liberté, qu'ils engageaient pour un temps.

Les Mohawks, Oneidas, Onondagas, Cayugas et les Senecas, connus sous le nom générique d'Iroquois ou Cinq-Nations, habitaient près de la rivière et des lacs qui ont gardé leurs noms, dans le territoire actuel des États-Unis, et formaient une confédération où chacune des tribus avait un pouvoir égal. Chaque nation formait une république souveraine, divisée en un certain nombre de clans, parmi lesquels on observait la plus grande subordination. Les hommes des clans habitaient des places fixes, environnées de champs de haricots et de maïs. Chaque bourgade, comme une petite ville d'Angleterre ou une centurie saxonne, constituait une petite démocratie. Il n'y avait point d'esclavage, aucune caste favorisée, car tous les hommes y étaient égaux. L'union était confirmée par un pacte non écrit [1], et l'assemblée des Sachems à Onondaga, comme le Witena-Gemot des Anglo-Saxons, était chargée des affaires communes. L'autorité résidait dans l'opinion, la loi dans la tradition orale. L'honneur et

---

[1] Ils n'écrivaient pas comme nous une constitution destinée d'avance à ne durer que trois ou quatre ans.

l'estime fortifiaient l'obéissance; la honte et le mépris punissaient les délinquants. Le chef des guerriers était choisi par la confiance générale qu'on avait dans sa bravoure et sa conduite; le mérite seul la lui pouvait obtenir, et le pouvoir lui restait aussi longtemps qu'il conservait l'estime de la tribu. Aucun avantage qui pût tenter la cupidité n'était attaché à cette position. Au lieu d'instruments sonores, c'était la voix retentissante du chef qui encourageait les guerriers en marchant au combat. Les symboles les plus simples, peints sur la surface unie d'un arbre dépouillé de son écorce, représentaient leurs actions d'éclat; c'étaient là leurs trophées et leurs annales, et leurs chansons de guerre conservaient la mémoire de leurs héros. Ils se croyaient orgueilleusement les premiers d'entre les hommes, en tout supérieurs aux autres, et leur fierté héréditaire inspirait un indomptable courage à leurs jeunes hommes. Le nombre de leurs guerriers, selon une estimation faite en 1660 par les Français, montait alors à deux mille deux cents; et, en 1677, un agent anglais envoyé dans la vue de reconnaître leurs forces confirma l'exactitude de ce chiffre [1].

Leur position géographique les rendit longtemps arbitres de la contestation entre les colons Anglais et Français, pour la possession de l'Ouest. Leur importance politique s'accrut encore par des conquêtes; car ils prétendaient non seulement étendre leur supré-

---

[1] *Relations des Missions du Canada*, 1660. — Chalmers, 607-609.

matie sur tout le nord de la Nouvelle-Angleterre, jusqu'au Kennebec, et au sud jusqu'à New-Haven ; mais les Lenapes les reconnaissaient pour leurs maîtres, et toute la péninsule du Haut-Canada était réduite à n'être plus que leur rendez-vous de chasse par le droit de la guerre. Ils avaient exterminé les Eriés et les Andastes, deux tribus de leur propre race, l'une habitant au sud-est du lac Erié, l'autre vers les sources de l'Ohio ; ils avaient envahi les tribus de l'ouest, aussi loin que l'Illinois, et leurs guerriers avaient atteint le sol du Kentucky et de la Virginie occidentale. L'Angleterre, dont ils recherchèrent plus tard l'alliance, pour contrebalancer l'influence des Français, sut profiter habilement, par la suite, de ses traités avec eux, pour envahir la plupart de ces territoires réclamés par la France.

Les Peaux-Rouges, ainsi qu'on les appelait, ne conservaient aucun poil sur le corps ; ils naissaient assez blancs, mais leur continuelle nudité, les huiles dont ils se graissaient, les diverses couleurs dont ils se tatouaient, et l'ardeur du soleil, leur hâlaient le teint. Ils étaient grands, d'une taille avantageuse ; les traits de leur visage étaient réguliers ; ils avaient le nez aquilin, et rarement on en vit qui fussent affligés de quelque difformité. Leur regard était farouche, leur port rustique, et ils ne paraissaient rien moins que caressants ; cependant, ils étaient assez souvent charitables et hospitaliers. Leur imagination était vive ; ils avaient l'esprit juste, de la finesse dans leurs opérations, et rien ne pouvait altérer leur sang-froid, qui souvent lassait la patience des Européens. Ils avaient le cœur haut, un courage à toute épreuve, une constance dans les tourments qui allait jusqu'à l'héroisme, et une égalité d'âme que la prospérité ni l'infortune ne pouvaient abattre. Mais, en admirant ces belles qualités, on ne peut se dissimuler leurs défauts. Ils étaient légers, volages, fainéants, ingrats, soupçonneux, et d'autant plus dangereux, qu'ils savaient plus habilement cacher leurs perfidies. Implacables ennemis, ils étaient également brutaux dans leurs plaisirs, et vicieux par ignorance ou par malice.

Malgré la liberté, qui était leur passion dominante, les tribus sauvages reconnaissaient cependant quelques-unes des vertus sociales : le mariage était en honneur parmi eux, quoique la polygamie n'y fût point défendue, et la femme adultère était souvent punie de mort. La femme supportait toutes les corvées du ménage ; à elle étaient dévolus les durs travaux, et, dans les voyages, c'était elle qui portait les poids les plus pesants. Le mari était ou guerrier ou chasseur ; ce qui lui revenait de plus fatigant était la construction des enceintes fortifiées de son village. La culture du maïs, la pêche, et la chasse, leur fournissaient la nourriture ; et les peaux des animaux tués à la chasse suffisaient pour les vêtir. Les repas de chair humaine n'avaient lieu qu'en temps de guerre, et les prisonniers ou les ennemis tués dans les combats devenaient alors les mets choisis de leurs horribles festins. L'exécution solennelle des captifs semblait également faire partie, jusqu'à un certain point, de leur foi religieuse.

Ils n'avaient ni temple, ni sacrifice, ni prêtres, à moins qu'on ne prenne pour tels leurs jongleurs ou sorciers, qui prétendaient être en communication avec les esprits. Ces imposteurs vendaient des charmes qui rendaient invulnérables à la guerre, qui faisaient faire d'heureuses chasses et préservaient de tout danger. Il faut cependant leur rendre la justice qui leur était due ; car la plupart connaissaient l'efficacité des simples ; ils guérissaient avec facilité les plaies, les fractures, les luxations et les ruptures ; ils avaient des remèdes contre la paralysie, l'hydropisie et les maux ordinaires.

Ils regardaient la vie comme un sommeil, dont le réveil est la mort, qui nous donnera l'intelligence des choses visibles et invisibles. Ils disaient que l'âme est l'ombre ou l'image animée des corps, et c'est par une suite de ce principe qu'ils croyaient tous les objets animés. Dans quelques cantons, on croyait que les hommes avaient deux âmes : l'une qui est telle qu'on vient de le dire, l'autre qui passait dans un autre corps. C'est pour ce motif qu'ils enterraient les enfants au bord des grands chemins, afin que les femmes, en passant, pussent recueillir ces secondes âmes, qui, n'ayant pas longtemps joui de la vie, étaient plus empressées d'en recommencer une nouvelle.

Tous ces sauvages étaient passionnés pour les combats. *Lever la hache,* c'était déclarer la guerre, et tout homme avait ce droit. S'il s'agissait d'une guerre entre plusieurs nations, ils disaient : *Suspendre la chaudière,* sans doute d'après l'usage barbare qu'ils avaient de faire bouillir la chair des prisonniers de guerre, dont ils se régalaient après la victoire. Faire une guerre sanglante s'annonçait par l'expression d'aller *manger une nation.* Ces guerres s'entreprenaient sur les motifs les plus légers. Lorsque la guerre était résolue, on choisissait le chef des combats. Ce chef, avant d'entrer en fonctions, se faisait oindre le corps en noir, invoquait son manitou, et jeûnait plusieurs jours. Ensuite il assemblait ses guerriers, leur présentait un collier de Wampum, qui n'était autre chose qu'un composé de coquilles de colimaçons et de quelques autres espèces de coquillages qui se trouvent dans les Etats-Unis. Après cela, il déclarait la guerre. Leurs armes étaient des arcs et des flèches, des massues, etc., auxquelles succéda l'usage des armes à feu, que les Hollandais leur firent connaître, pendant qu'ils étaient en possession de New-York. Leurs batailles étaient des mêlées ; et, le combat fini, les vainqueurs enlevaient les chevelures des morts et des mourants, et cherchaient à faire des prisonniers parmi les fuyards. Ces derniers étaient d'ordinaire réservés aux plus affreux supplices, qu'ils affrontaient avec une intrépidité incroyable.

Ils n'admettaient que vaguement l'existence d'un être suprême, mais ils saisirent promptement l'idée du Grand-Esprit, dès qu'elle leur eut été suggérée par les missionnaires. Panthéistes au fond, ils reconnaissaient la divinité partout où il y avait l'être, l'action, le mouvement et la vie. Le Sauvage sentait battre son cœur, son pouls, et là aussitôt il y avait un esprit. Un esprit résidait dans la pierre dont le coup produisait le feu, dans la source qui sortait en bouillonnant de la terre. Les bois, les eaux, les bêtes répondaient à l'intelligence du Sauvage; les étoiles, les montagnes, les arbres avaient la vie; la rivière, le lac, les flots recélaient un esprit. L'oiseau, le buffle, l'ours, une plume même ou une peau d'animal, tout avait son manitou [1].

Dans leurs expéditions, ils ne faisaient aucune garde durant la nuit; mais ils priaient avec ardeur leurs fétiches d'avoir soin d'eux; et les guerriers dormaient tranquillement, sous la garde des sentinelles qu'ils avaient invoquées. Ils jetaient du tabac dans le feu, sur le lac ou dans les rapides, dans les crevasses des rochers, sur le sentier de guerre, pour apaiser le génie du lieu. Ils attribuaient également le mal à des esprits qu'ils disaient être les redoutables auteurs de tous leurs maux. On ne pouvait satisfaire le mauvais esprit de la guerre que par des actes de barbarie; ils ne sacrifiaient jamais toutefois ni leurs enfants ni leurs amis. Les Iroquois, lorsque le Père Jogues était au milieu d'eux, sacrifièrent une femme Algonquine en l'honneur d'Areskoui, leur dieu de la guerre, en s'é-

---

[1] *Relation du P. Lejeune.* — Le Carron, dans Le Clercq, t. I, pag. 186. — R. Williams. — Ulsperger's *Ausfuhrliche Nachricht*, t. I, pag. 192.

criant : « Areskoui, nous te brûlons cette victime ; rassasie-toi de sa chair, et donne-nous de nouvelles victoires ! » Les guides que Joutel avait pris, dans son voyage au sud-ouest, ayant tué un buffle, ils en offrirent des tranches cuites en sacrifice à l'esprit inconnu de ce désert. En passant l'Ohio, ils se le rendirent propice par des présents de tabac et de viande séchée ; ils payèrent également un hommage du même genre au grand rocher qui domine l'embouchure du Missouri [1]. Tels étaient les traits les plus caractéristiques des peuples de l'Amérique Septentrionale, au temps où Champlain jeta les fondements de la Nouvelle-France.

Après avoir exploré une partie du Canada, Champlain revint en France juste à temps pour voir Sully accorder le monopole du Canada au calviniste Des Monts. La souveraineté de l'Acadie avec ses confins, depuis le quarantième jusqu'au quarante-sixième degré de latitude, lui était octroyée par lettres-patentes. Avec le monopole du commerce des fourrures, il obtenait encore le contrôle exclusif du sol, du commerce, et du gouvernement, ainsi que la liberté de conscience pour les huguenots (1603). Une expédition fut préparée sans délai, et il quitta la France, avec l'intention formelle de n'y retourner qu'après avoir fondé un établissement durable en Amérique. Deux navires renfermaient toute la nouvelle colonie, qui cingla rapidement vers les côtes de la Nouvelle-Ecosse. Pendant

---

[1] Jogues dans Creuxius. — Joutel, pag. 321.

que la plus grande partie de l'expédition, ayant Des Monts à sa tête, reconnaissait les rivages voisins et tentait de former un établissement sur l'île Sainte-Croix, à l'embouchure de la rivière du même nom, entre les Etats-Unis et le New-Brunswick, Poutricourt, l'un des associés, entrait dans la rade d'Annapolis, dont la perspective séduisit vivement son imagination : une rivière poissonneuse, bordée de fertiles prairies, des bois magnifiques, l'engagèrent à s'y établir. Il en demanda la concession à Des Monts, et y jeta les fondations de la ville de Port-Royal, depuis Annapolis (1604). Après divers essais inutiles en d'autres endroits de la côte américaine, Des Monts lui-même ramena le reste de ceux qui l'avaient suivi à l'établissement de Port-Royal (1605).

Deux ans après, Poutricourt, qui était retourné en France pour y chercher de nouveaux colons, obtint d'Henri IV la confirmation de ses possessions. Pour encourager les familles honnêtes qui consentiraient à le suivre dans ce climat lointain, Poutricourt, qui était catholique, voulut amener avec lui des prêtres qui seraient chargés en même temps d'ouvrir des missions parmi les Sauvages. En conséquence, plusieurs Jésuites reçurent l'ordre de s'embarquer pour l'Acadie; mais les huguenots, qui avaient obtenu pour eux-mêmes la liberté de conscience dans les contrées de la Nouvelle-France, avaient déjà cherché les moyens de monopoliser cette liberté à leur seul profit, et songeaient à exclure le Catholicisme d'un pays où ils n'étaient admis à professer leur culte que grâce à la liberté dont ils voulaient priver les autres. Ennemis jurés des Jésuites, dont ils redoutaient l'influence, ils prirent toutes leurs mesures pour mettre obstacle à leur passage dans la Nouvelle-France. D'accord avec les armateurs et les capitaines des principaux ports de mer, ils se servirent du monopole accordé à Des Monts pour empêcher pendant plus d'une année qu'aucun d'eux s'embarquât et passât l'Atlantique. La marquise de Guercheville, qui protégeait les Jésuites, souffrant avec peine tous les obstacles que les huguenots mettaient à l'œuvre des missions, fit révoquer, par l'influence qu'elle exerçait sur la reine Marie de Médicis, les lettres-patentes dont jouissait Des Monts, et sacrifia une partie de sa fortune pour assurer l'existence des Jésuites dans l'Acadie. Elle conclut une association avec Biencourt, fils de Poutricourt, et la part des profits qu'elle en devait retirer fut consacrée au soutien des missions et des missionnaires. (1610.)

De nombreuses conversions signalèrent les premières prédications des Jésuites parmi les naturels du pays (1611). L'année suivante, Biencourt, accompagné du père Biart, explora la côte jusqu'au Kennebec, et remonta le cours de ce fleuve. Les Canibas et les Algonquins, de la nation Abénakise, touchés de la douceur et de la charité compatissante du missionnaire, écoutèrent avec respect la bonne nouvelle de l'Évangile; et, déjà hostiles aux Anglais qui avaient visité leurs côtes, les tribus comprises entre le Penobscot et le Kennebec, devinrent les alliés de la France, et le plus solide rempart de nos colonies en cet endroit contre les empiètements de l'Angleterre.

Une colonie française ne tarda pas à se former ensuite dans le territoire actuel des États-Unis, sous les auspices de Mme de Guercheville et de Marie de Médicis (1613); et sur la côte orientale de l'île du Mont-Désert on vit s'élever les grossiers retranchements d'un fort bâti par la Saussaye. La conversion des Sauvages avait guidé cet établissement, où le père Biart était révéré de ces peuples comme un messager des cieux. La croix s'était élevée dans la bourgade, à l'ombre des grands arbres de la forêt, qui retentit bientôt matin et soir des hymnes de la sainte Église. La France et le Catholicisme avaient pris possession du sol du Maine [1].

Les remontrances et les plaintes du commerce français, autant que l'influence de la marquise de Guercheville, avaient réussi à faire révoquer le monopole de Des Monts, et, à la suite de cette révocation, une compagnie de marchands dieppois et malouins avait eu la gloire de fonder Québec (1608). L'exécution de ce dessein avait été confiée à Champlain, qui, dédaignant le lucre et les spéculations purement commerciales, ne songeait qu'à la gloire de fonder un empire. Le nom de Québec, auquel plusieurs historiens attribuent une origine indienne, paraît, selon d'autres, avoir appartenu

---

[1] G. Bancroft, *Hist. of the United States*, vol. III. — Le Maine fait partie aujourd'hui du diocèse de Boston.

à une ancienne seigneurie normande [1]. La situation importante de cette ville avait frappé Champlain, la première fois qu'il avait remonté le Saint-Laurent. En cet endroit, le fleuve se rétrécit autour d'un promontoire abrupte, qui commande un magnifique bassin, formé par le confluent de la rivière Saint-Charles, où Cartier avait hiverné autrefois, et la réunion des deux branches du Saint-Laurent, à la pointe de l'île appelée depuis l'île d'Orléans. Quelques huttes hâtivement construites sur le promontoire, à trois-cent-cinquante pieds au-dessus du fleuve, furent le fondement de la ville qu'on appelle à juste titre aujourd'hui le Gibraltar de l'Amérique. L'année suivante, Champlain, accompagné de deux Français seulement, se joignit à un parti d'Algonquins de Québec et de Hurons de Montréal, avec lesquels il avait fait alliance, et marcha contre les Iroquois, ou Cinq-Nations, dans le nord du New-York. Il remonta la rivière de Richelieu ; il explora tout le lac qui porte son nom, et dont les rives aujourd'hui sont couvertes de villes et de villages florissants.

---

[1] Les étymologistes se sont longtemps exercés à trouver l'origine de ce mot. Quelques-uns supposent qu'il est sauvage-huron, et qu'il signifie un rétrécissement ; d'autres prétendent qu'il vient de l'exclamation des premiers Normands lorsqu'ils aperçurent le promontoire sur lequel la ville est bâtie : *Quel Bec !* D'autres disent qu'elle doit son nom à celui de *Caudebec*, sur la Seine. Mais Hawkins, dans son ouvrage : — *Picture of Quebec*, — montre que ce nom est d'origine normande, et il en donne pour preuve l'image qu'il a fait graver d'un sceau qui appartenait à Guillaume de la Pole, comte de Suffolk, avec la date de la septième année du règne de Henri V, en 1420, avec cette légende : *Sigillum Willielmi de la Pole, Comitis Suffolchiæ, Domini de Hamburg et de Quebec.* Il n'y a rien d'improbable à ce que ce seigneur, à qui le parlement d'Angleterre reprochait sa trop grande influence en Normandie, n'y ait joui du titre français de Québec, en outre de ses autres titres anglais.

Les huguenots, qui, de leur côté, méditaient une France protestante en Amérique, indépendante de la mère-patrie, s'étaient vus, en 1610, privés, par la mort de Henri IV, de leur plus puissant protecteur. Des Monts, moins fanatique que ses frères en religion, n'encourageait pas moins Champlain à poursuivre le plan qu'il avait commencé à exécuter, et le prince de Condé, étant devenu vice-roi de la Nouvelle-France, obtint du roi une nouvelle patente coloniale pour une compagnie de marchands de Saint-Malo, de Rouen, et de la Rochelle (1615). Champlain, assuré du succès de sa colonie, s'embarqua de nouveau pour le Canada, qu'il avait quitté pour venir solliciter des secours, et retourna à Québec, accompagné de quatre pères de l'ordre de Saint-François (Récollets), à qui il commit la garde spirituelle de la colonie. Ils furent les premiers missionnaires de cette portion du Canada. Ils fondèrent à Québec une chapelle, qui fut la première église de cette ville, sur l'emplacement occupé par la cathédrale actuelle; ils bâtirent un petit couvent sur les bords de la rivière Saint-Charles, hors de la ville, au lieu où s'élève aujourd'hui l'hôpital-général. C'est ainsi que la religion catholique, bien des années avant que les pèlerins du puritanisme abordassent au rivage du cap Cod, plantait la croix dans les solitudes canadiennes et dans les sombres forêts de l'état du Maine. Le père Le Carron, l'un des compagnons de Champlain, avait pénétré au sein même de la terre des Mohawks ; il était entré, au nord, dans les landes giboyeuses des Wyandots; ensuite, franchissant d'immenses distances, tantôt à pied, tantôt dans un canot d'écorce, qu'il chargeait au besoin sur ses épaules comme les Sauvages, et, demandant à ceux qu'il rencontrait le peu qu'il lui fallait pour vivre, il avait fini par arriver sur les rivières qui se déchargent dans le lac Huron.

De son côté, Champlain avait envahi de nouveau le territoire des Iroquois. Blessé dans une action, repoussé par les ennemis, et privé de guides, il passa le premier hiver de son retour parmi les Hurons, portant comme un chevalier errant sa langue, sa religion, et son influence, jusqu'aux bourgades algonquines du lac Nipissing. Champlain était profondément catholique, et le désir d'étendre au loin le royaume de Jésus-Christ entrait encore plus avant dans son cœur que celui d'agrandir les possessions de la France en Amérique. Les marchands auxquels il s'était associé, ne comprenant ni la grandeur ni la sublimité de ses vues, ne voyaient pas sans inquiétude la dépense que devrait entraîner leur exécution. Ayant d'un côté contre lui les intérêts mercantiles de tous, de l'autre, les intérêts de secte des marchands huguenots qui formaient la majorité de la compagnie, il les voyait s'unir dans un commun accord contre lui pour entraver sa marche, et mettre obstacle à la réalisation de ses plans. Un jour, c'était la cupidité qui s'en alarmait; un autre, une conscience fanatique qui prenait ombrage d'une entreprise entièrement à la gloire et à l'avantage d'une religion qu'ils abhorraient. Des disputes religieuses tout empreintes de l'esprit du temps vinrent encore compliquer la situation de la colonie et ajouter aux embarras de Champlain. Enfin, le dessein qu'il avait depuis si longtemps à cœur se trouvant d'accord avec les souhaits du maréchal de Montmorency, à qui venait d'échoir la vice-royauté de la Nouvelle-France, il jeta, durant l'été de l'année 1624, les fondements d'un fort sur la plate-forme du promontoire qui domine le grand fleuve. Les marchands murmurèrent. Mais Champlain répliqua : « N'écoutons point les folles passions des hommes, qui n'ont qu'un temps ; notre devoir est de fonder pour l'avenir. » Et le château Saint-Louis, qui abrita si longtemps les conseils ennemis des Iroquois et de la Nouvelle-Angleterre, érigea fièrement ses donjons sur les rochers de Québec.

Pendant que la puissance politique et militaire de la France s'implantait avec cette première forteresse sur le sol du Canada, l'Église Catholique venait s'asseoir, de son côté, dans les solitudes de ses forêts. Les humbles enfants de Saint-François avaient évangélisé les tribus huronnes, et Québec avait à peine cinquante habitants que déjà, depuis des années, les pères Le Carron, Sagard, et Viel, avaient arrosé de leurs sueurs le sol du Haut-Canada, et annoncé la parole de Dieu à la tribu neutre des Hurons, qui demeurait sur les eaux du Niagara. (1626).

Cependant le duc de Lévi venait de succéder à la vice-royauté du Canada. Protecteur ardent des Jésuites, qui voyaient dans la Nouvelle-France un vaste champ de conquêtes spirituelles, il était parvenu par son crédit à leur ouvrir cette colonie, malgré les obstacles mis en avant par les Huguenots (1624). Avec ce coup d'œil sûr qui a fait pénétrer plus d'une fois aux enfants de saint Ignace les profondeurs de l'avenir, ils avaient compris toute l'importance que le Canada était destiné à acquérir pour la France, et ils n'avaient rien ménagé pour obtenir le droit d'y envoyer des missionnaires. Les Récollets du petit monastère de Notre-Dame-des-Anges leur firent, à leur arrivée, l'accueil le plus cordial, et continuèrent, pendant tout le temps que les Jésuites en eurent besoin, à leur donner l'hospitalité la plus franche et la plus fraternelle. Mais la véhémence et le succès de leurs prédications irritèrent promptement le petit nombre de huguenots qui se trouvaient à Québec : ceux-ci étaient principalement représentés par les deux frères Guillaume et Émeric de Caen, à qui depuis deux ans appartenait le monopole entier du commerce de l'Amérique. Il y eut plusieurs soulèvements dans la colonie, d'où les deux frères cherchèrent à faire chasser les Jésuites, et où les Catholiques se mirent naturellement du côté de ces missionnaires. Les Sauvages, à qui l'on ne put cacher ces dissensions, cherchèrent à en profiter pour se débarrasser des Européens, et il fallut toute la prudence de Champlain pour maintenir la sécurité de la colonie. La situation toutefois devint si grave, qu'il fut obligé d'en appeler au conseil du roi, et Richelieu, qui voulait détruire l'influence protestante aussi bien en France que dans les colonies, se résolut à éloigner les huguenots du Canada, où leur présence ne pouvait qu'entretenir la discorde, et menaçait d'anéantir les plans formés pour la colonisation de cette contrée.

En conséquence de cette décision, le monopole du commerce fut retiré aux frères de Caen, et Richelieu, avec Champlain et le chevalier de Razilly, donna naissance à la compagnie des Cent-Associés, dont ils firent eux-mêmes partie, et dans laquelle s'engagèrent les plus riches marchands du royaume. Cette compagnie obtint tous les pouvoirs et priviléges des précédentes, à la charge d'entretenir les missionnaires occupés de la conversion des Sauvages, et à l'exclusion entière des protestants, à qui désormais le Canada demeura fermé. L'objet principal de la colonisation de la Nouvelle-France devait donc être la conversion des Sauvages, l'extension du commerce des pelleteries n'y intervenant plus que comme un objet secondaire [1].

Heureux si l'on eût toujours agi partout de même! Les Européens n'auraient pas eu à se reprocher l'extermination presque totale des indigènes, qui en moins de deux siècles disparurent du sol des États-Unis. En Canada la religion catholique les protégea, en les adoptant pour ses enfants, en cherchant à les mettre à l'abri de la cupidité des marchands, et, s'il en reste en-

---

[1] Quelle différence avec la colonisation anglaise, qui n'a fait que détruire partout les indigènes, et dont l'exemple est encore suivi aujourd'hui par les États-Unis, où l'on dresse des chiens (blood-hounds) pour dépister et dévorer les malheureux Indiens!

core quelques-uns dans cette contrée, c'est à l'Eglise Catholique seule qu'est due leur conservation.

Pendant que Champlain travaillait, avec toute l'énergie de son grand cœur, à assurer l'établissement qu'il avait fondé à Québec, les Anglais tentaient de leur côté la colonisation du Maine occidental. Sir Ferdinand Gorges, fondateur d'une des nouvelles colonies anglaises, non moins fanatique dans sa religion que dans son patriotisme, n'avait pu voir sans jalousie l'Église Catholique et la France prendre possession de la côte orientale de l'Amérique du nord; secrètement excité d'ailleurs par les Huguenots, furieux d'avoir été exclus de l'Amérique, il engagea des émigrants écossais à venir s'établir les gardiens de la frontière du Maine. A l'aide de l'influence que sir William Alexander avait sur le roi Jacques Ier, d'Angleterre, il avait obtenu sans difficulté des lettres-patentes pour tous les territoires à l'est de la rivière Sainte-Croix, au sud du Saint-Laurent; et tout le pays déjà renfermé dans les provinces françaises d'Acadie et de Nouvelle-France fut désigné dans la géographie anglaise sous le nom de Nouvelle-Écosse (1621). De là naquirent ensuite les contestations et les guerres interminables qui divisèrent, en Amérique, la France et l'Angleterre pour la possession d'un territoire auquel les Français avaient certainement tous les droits de la priorité de reconnaissance et d'occupation.

Ce ne fut pas la seule occasion où les protestants français trouvèrent moyen de nuire à leur patrie, en haine des Catholiques. Le siége mémorable de La Rochelle, où ils avaient appelé les éternels ennemis du nom français à leur secours, eut en Amérique des résultats moins heureux pour la France. Port-Royal, en Acadie, qui n'était encore qu'un faible comptoir pour le commerce, tomba aisément entre les mains des Anglais (1628). Mais cette conquête n'avait pas à leurs yeux assez d'importance : un dessein plus hardi fut formé, celui de soumettre le Canada. Sir David Kirck, Français natif de Dieppe, mais huguenot et passé aux Anglais, qui avaient récompensé sa trahison par des titres et des honneurs, reçut une commission spéciale pour le Canada et l'ordre de remonter le Saint-Laurent. Une escadre anglaise ayant été mise sous son commandement, il vint à Tadoussac, d'où il envoya sommer Québec de se rendre. La garnison de cette ville naissante, faible et manquant de tout, n'avait d'espérance que dans le caractère de Champlain : celui-ci cacha sa faiblesse sous un défi plein de hauteur, et intimida les assaillants, qui se hâtèrent de se retirer (1629). Champlain attendait des secours de France. La colonie et la garnison étaient réduites à une égale extrémité. Dans l'intervalle, Kirck, après avoir détruit quelques maisons avec leurs troupeaux, aux environs du cap Tourmente, était redescendu vers la côte de Gaspé; il y rencontra M. de Roquemont, l'un des Cent-Associés, qui venait à la tête d'une petite escadre chargée d'émigrants et de vivres de toute espèce pour Québec. Roquemont, provoqué au combat, perdit sa flotte avec toutes ses provisions, et, peu de temps après, Québec se vit privé de son dernier espoir dans un autre vaisseau chargé de vivres et portant deux nouveaux missionnaires, qui fit naufrage sur les côtes de l'Acadie.

Sir David, ayant alors renforcé son escadre de quelques vaisseaux anglais que lui avaient amenés ses deux frères, traîtres comme lui, rentra dans le fleuve et envoya de nouveau sommer Québec. Champlain et sa colonie, mourant de faim, reçurent cette fois les Anglais comme des libérateurs ; ils demandèrent et obtinrent des conditions favorables, et Québec se rendit (20 juillet 1629). Ainsi, cent trente ans avant la conquête de cette ville par Wolfe, l'Angleterre devenait la maîtresse de la capitale de la Nouvelle-France, ou plutôt elle prenait un rocher nu, couvert de quelques misérables huttes habitées par une centaine de malheureux, qui mouraient de faim et mendiaient des vivres de leurs vainqueurs. Les conséquences que cet événement aurait pu faire naître peuvent seules donner de l'importance à cette conquête. Lorsque l'amiral anglais vint visiter Québec, il ne put cacher l'admiration que lui inspirait la situation de cette forteresse. Pas un port ne resta ensuite à la France dans l'Amérique Septentrionale, et, de Long-Island au pôle-nord, l'Angleterre s'y trouva sans rivale [1].

Champlain remit entre les mains de Kirck cette ville

---

[1] *Mémoires*, dans Hazard, t. Ier, p. 285—287. — Charlevoix, *Histoire de la Nouvelle-France*, t. Ier, p. 165 et suivantes. — Comparez aussi dans Haliburton's *Nova-Scotia*, t. Ier, p. 43—46, etc.

naissante, où il avait commencé à réaliser ses grandes idées, et, moins de deux mois après, s'embarqua pour l'Angleterre avec ceux qui voulurent le suivre. La plupart des colons restèrent ; mais les prêtres et les religieux, Récollets et Jésuites, furent forcés de partir, et eurent encore avant leur départ la douleur de voir leur chapelle profanée par les ennemis de la foi.

Avant que Kirck eût mis la dernière main à la conquête du Canada, la paix fut proclamée entre les puissances belligérantes ; l'un des articles du traité promettait la restitution de toutes les acquisitions faites subséquemment au 14 avril 1629. La possession de la Nouvelle-France eût été trop chèrement achetée au prix d'un mensonge ; aussi s'accorda-t-on promptement à rendre Québec [1]. La cour avait pour sa part semblé assez indifférente à l'exécution de cet article ; mais le zèle de la religion, non moins que l'ambition commerciale, avait influé sur la France pour la reddition du Canada. Champlain, dont le nom vivra pour la postérité, en avait appelé à tous les sentiments d'honneur et de religion du cardinal de Richelieu : rempli lui-même des sentiments les plus purs de probité et d'honneur, unissant à une vive piété le zèle le plus ardent, le désintéressement, et la commisération la plus tendre pour les peuplades sauvages de l'Amérique, il estimait le salut d'une seule âme au dessus de la conquête d'un empire. Le monopole commercial d'une com-

---

[1] **Rushworth**, t. II, p. 24. — Hazard, t. Ier, p. 314—315.

pagnie privilégiée ne pouvait réussir à fonder une colonie sous le ciel rigoureux du Canada; le climat autour de Québec, où l'été semble se hâter de céder la place à l'hiver, n'invitait guère aux travaux de l'agriculture : rien n'y pouvait donc attirer les regards d'une population française et catholique qu'aucune persécution ne chassait de son pays, et l'engager à venir s'y exiler, sinon l'enthousiasme religieux, et le désir d'étendre le royaume de Jésus-Christ. Ce fut ce motif sublime, si honorable pour lui, que Champlain fit valoir, et le génie de Richelieu réussit alors à obtenir non-seulement la restitution du Canada, mais encore du Cap-Breton et de toute l'Acadie, dont on ne songea malheureusement pas à définir les limites [1]. C'était une faute qu'on eut souvent occasion de déplorer depuis; car des contestations s'en suivirent pendant un siècle, l'esprit des traités n'ayant jamais été observé conformément aux règles d'une stricte justice.

Heureux de l'espérance de revoir la colonie dont il était le père, Champlain revint promptement à Québec, où il reprit son ancienne autorité au nom de la France (1632). Les Jésuites y retournèrent en même temps que lui et s'y remirent en possession de leurs anciennes missions et de celles qui avaient été déjà fondées auparavant par les Récollets. La cour interdit pour le moment, à ces derniers, à cause de la pauvreté du Canada, l'entrée de cette colonie, où ils

---

[1] Charlevoix, t. Ier, p. 176. — Winthrop, t. Ier, p. 13. — Hazard, t. Ier, p. 319—320 — Williamson, t. Ier, p. 246—247.

avaient planté la croix et annoncé l'Évangile aux Sauvages ; et ces vieux et courageux enfants de saint François, qui les premiers avaient salué les eaux des grands lacs, n'eurent pas la consolation de laisser leurs os dans cette contrée arrosée de leurs sueurs [1]. Champlain, dont ils avaient été les premiers compagnons, et qui les aimait, ne crut pas toutefois devoir demander leur retour.

A peine rentré à Québec, il n'eut que le temps justement nécessaire pour affermir l'autorité royale et consolider la colonie. Le dernier acte important de son gouvernement fut la fondation de la ville des Trois-Rivières, située à l'embouchure de la rivière du même nom, qui se partage en trois branches avant de se jeter dans le Saint-Laurent, à soixante lieues au dessus de Québec et à cent quatre-vingts de la mer. Il mourut peu de mois après, plein de foi et de sentiments chrétiens, le jour de Noël 1635. Sa mort fut un deuil général pour la colonie. On lui fit des obsèques aussi splendides que le permirent les circonstances, et son corps fut inhumé dans la chapelle bâtie par les Récollets, et qu'on ne tarda pas d'agrandir, pour en faire la paroisse de Québec [2]. Aucune pierre, aucun monument ne rappela le grand homme qu'on peut à juste titre appeler le père de la Nouvelle-France ; ses os reposent

---

[1] Charlevoix, *Histoire de la Nouvelle-France*. — *Voyages de Samuel de Champlain*. — *Relation de ce qui s'est passé dans la Nouvelle-France, l'année* 1632.

[2] *Relation de ce qui s'est passé*, etc., *en* 1635.

obscurément dans la cathédrale qui a succédé à l'humble chapelle; mais sa mémoire ne périra point. Avec le coup d'œil perçant du génie, il avait compris qu'il n'y avait d'avenir assuré pour le commerce français et d'espoir d'étendre au loin dans l'Amérique du nord la puissance de la France, qu'en établissant sa domination dans le Canada par une alliance avec les Hurons, et que le seul moyen d'assurer cette alliance était de fonder des missions parmi eux. Cette politique était digne d'un enfant de l'Église, qui chérit d'une égale tendresse tout individu de l'espèce humaine, sans distinction de race ou de couleur; elle s'accordait d'ailleurs avec les lettres-patentes du roi, qui admettaient tout Sauvage converti à partager les droits des citoyens français. Aussi peut-on dire que ce ne furent ni les entreprises commerciales, ni l'ambition d'un monarque, qui portèrent si loin dans le cœur de l'Amérique la puissance de la France, mais bien la religion catholique, et le désir qu'on avait d'amener à Dieu tant d'âmes perdues chez les peuplades sauvages. C'est ce motif sublime qui conduisit dans les déserts tant de hardis missionnaires, et amena la découverte du Mississippi, après qu'on eut fondé les deux cités de Québec et de Montréal.

CHAPITRE III.

DEPUIS LA FONDATION DES GRANDES MISSIONS DES JÉSUITES PARMI LES HURONS, JUSQU'A L'ÉTABLISSEMENT DE CELLES DES ABÉNAKIS EN 1647.

Portrait des missionnaires du Canada tracé par un protestant. Les Pères de Brébeuf, Daniel, et Lallemand. Idée de leurs voyages au travers des forêts huronnes. La mission de Saint-Joseph sur les bords du lac Iroquois. La vie du P. de Brébeuf dans sa mission. Conversion des tribus huronnes et du grand chef Ahasistari. Mission centrale de sainte Marie, sur la Matchedash. Enthousiasme causé en France par les nouvelles de ces missions. Fondation du collége de Québec. Le chevalier de Montmagny, gouverneur du Canada. Faiblesse de la colonie ; elle occasionne les premières hostilités des Iroquois. Fondation du village de Sillery et de l'Hôtel-Dieu de Québec. Mme de la Peltrie amène en Canada les Ursulines et la mère Marie de l'Incarnation. Leur arrivée à Québec, avec les religieuses Augustines de l'Hôtel-Dieu. Extension des missions parmi les Sauvages. Commencements de la ville de Montréal, en 1640 ; ils sont mis sous la protection de la sainte Vierge. Les pères Raymbault et Jogues chez les Chippewas du Sault-Sainte-Marie. Premières nouvelles des peuples de l'Ouest lointain. Les Iroquois continuent les hostilités. Le P. Jogues tombe entre leurs mains, et n'en échappe qu'après avoir été mutilé. Réunion des Sauvages aux Trois-Rivières, pour traiter de la paix. Les Iroquois y envoient leurs députés et acceptent leurs propositions (1645). Voyages du P. Jogues parmi les Iroquois. Perfidie des Mohawks. Mort du P. Jogues et de son compagnon. Le P. Dreuillettes dans le Maine. Établissement des premières missions chez les Abénakis du Penobscot (1646). Accueil que le P. Dreuillettes reçoit chez les Capucins de la côte. Ses premiers travaux parmi les Abénakis.

Trois années s'étaient écoulées depuis que le Canada était rentré sous la domination française, et la Compagnie de Jésus, qui y était revenue avec Champlain, sentant toute l'importance que cette colonie était destinée à acquérir, avait élevé déjà à quinze le nombre des missionnaires qu'elle y avait envoyés. « Toutes les » traditions de cette époque, dit un auteur protes-

» tant [1], portent témoignage en leur faveur. S'ils
» avaient (c'est un protestant qui parle), s'ils
» avaient les défauts d'un ascétisme superstitieux,
» — ils savaient résister avec une invincible cons-
» tance et une profonde tranquillité d'âme aux hor-
» reurs d'une vie entière passée dans les déserts du
» Canada. Loin de tout ce qui fait le charme de la vie,
» loin de toutes les occasions de s'acquérir une vaine
» gloire, ils mouraient entièrement au monde, et trou-
» vaient au fond de leurs consciences une paix que
» rien ne pouvait altérer. Le petit nombre de ceux qui
» arrivaient à un âge avancé, quoique courbés sous les
» fatigues d'une mission pénible, n'en travaillait
» pas moins avec toute la ferveur d'un zèle aposto-
» lique. L'histoire de leurs travaux est liée à l'origine
» de toutes les villes célèbres de l'Amérique française,
» et il est de fait qu'on ne pouvait doubler un seul cap
» ni découvrir une rivière, que l'expédition n'eût à sa
» tête un Jésuite. »

Les noms des pères de Brébeuf et Daniel brillent au premier rang, avec celui de Lallemand, dans l'histoire de cette foule de missionnaires que leur zèle pour le salut des Sauvages, non moins que l'obéissance qu'ils avaient vouée à leurs supérieurs, conduisit à la suite des tribus huronnes dans les sombres forêts du Haut-Canada. Combien était pénible le voyage de ces premiers missionnaires, à travers les bois, les rivières, et

---

[1] Every tradition bears testimony to their worth. Bancroft, *Hist. of the United States*, vol. III.

les lacs, qui, dans l'espace de trois cents lieues, entre-coupent cette immense contrée ! Après avoir marché toute la journée dans l'eau ou ramé dans un canot d'écorce avec les guides qui les amenaient, ils n'avaient souvent le soir, pour toute nourriture, qu'une légère pitance de farine de blé d'Inde mêlé d'eau, et la terre nue ou le rocher à ciel ouvert pour se coucher. Que de fois, pour traverser les chutes d'eau, il leur fallait prendre le canot sur les épaules et aider à le porter de longues heures par un pays difficile, au milieu des bois ; que de fois encore il fallait le traîner sur les bas-fonds et les rapides [1], sur des lits de pierres et de rochers ; puis se mettre à la nage pour passer des rivières, marcher encore une fois dans l'eau ou ramer ; tirer les canots à travers les portages, les habits déchirés, les pieds endoloris, et portant tout ensemble leurs bréviaires suspendus au cou pour ne pas les mouiller ! C'est ainsi qu'après avoir risqué cent fois de trouver la mort dans le chemin ils arrivaient, en invoquant le nom de Marie, si doux aux voyageurs, au centre des tribus huronnes [2].

C'est au nord-ouest du lac de Toronto, près des rivages du lac Iroquois (Georgian Bay), qui n'est qu'une partie du lac Huron, que les Jésuites érigèrent leur humble cabane, première maison de leur société

---

[1] Les *rapides* sont des endroits où les rivières se précipitent avec plus de rapidité, à cause de l'inclinaison plus forte du lit de ces rivières. Ces rapides sont communs dans les rivières du Canada ; alors les Sauvages prennent les canots et les portent sur leurs épaules, jusqu'à ce qu'ils aient retrouvé le lit de la rivière plus égal. C'est ce qu'on appelle des *portages*.

[2] *Relation de ce qui s'est passé en la Nouvelle-France en l'année 1634-1635.*

parmi les Hurons. Une petite chapelle construite à coups de hache fut dédiée à saint Joseph. Bientôt la peuplade s'y réunit, et les saints mystères de la Religion furent célébrés avec solennité, aux regards étonnés des gardiens héréditaires des feux sacrés du conseil des tribus huronnes. Touchant témoignage de la sainte égalité des enfants de Jésus-Christ! Tandis que les protestants émigrés sur les rivages de l'Amérique traquaient les Sauvages et cherchaient les moyens d'en détruire les races, pour s'emparer de leurs terres, nos missionnaires conviaient ces mêmes Sauvages au banquet céleste, où les rois et les princes catholiques se croyaient heureux d'approcher comme eux, et, en les admettant par le baptême à tous les droits des enfants de l'Église, leur conféraient ceux de citoyens français. Le chasseur huron, au retour de ses courses vagabondes, apprenait auprès des missionnaires à espérer l'avènement d'un éternel repos. Les guerriers, revenant du combat, étaient avertis de la colère céleste, qui allume contre les pécheurs un feu plus puissant que tous les feux des Mohawks. Les lâches et les fainéants des villages secouaient leur torpeur en écoutant l'histoire des souffrances d'un Dieu mort pour leur rédemption [1]. A la suite de la mission de saint Joseph, deux autres villages chrétiens, Saint-Louis et Saint-Ignace, s'élevèrent bientôt dans les forêts huronnes. Un pieux sentiment de vénération pour les missionnaires s'imprima

---

[1] Creuxius, pag. 163.

dans les cœurs, en voyant leur dévouement et leur charité, et les conversions se multiplièrent à l'envi parmi les tribus qui avaient dans les premiers temps été les plus opiniâtres.

Pendant quinze ans, le père de Brébeuf supporta avec une patience et une longanimité admirables les dangers, les fatigues et les privations les plus pénibles. Il avait fait le vœu de chercher partout la souffrance pour la gloire de Dieu, et chaque jour il le renouvelait, au moment de la sainte Messe. Sa soif du martyre croissant avec les années, « Que vous rendrai-je, ô mon Dieu ! s'écria-t-il un jour au moment solennel de la communion ; que vous rendrai-je pour tous les bienfaits que j'ai reçus de vous ? Je prendrai la coupe du salut, et j'invoquerai le nom du Seigneur. » Et, prenant Dieu à témoin avec la sainte Vierge et les saints, il fit vœu de n'éviter aucune occasion de subir le martyre, et de ne recevoir le coup de la mort qu'avec joie [1].

La vie du missionnaire sur les bords du lac Huron était simple et uniforme. Les premières heures de la journée, jusqu'à huit, étaient consacrées à la prière et à la méditation. Le jour était employé à l'école, aux visites, à l'instruction du catéchisme, et au service des prosélytes. Quelquefois, imitant saint François Xavier, Brébeuf parcourait, une clochette à la main, le village et ses environs, invitant à une conférence les

---

[1] Ragueneau, *Relation*, etc., 1648.

braves et les conseillers de la nation huronne. Là, sous l'ombrage des forêts séculaires, on discutait sur les points les plus importants des dogmes catholiques. C'est de cette manière que le grand chef Ahasistari sentit naître un jour dans son âme le sentiment du Catholicisme. La nature, ou plutôt les lumières de la révélation primitive avaient mis dans son esprit les semences de la foi. « Avant ton séjour dans ce pays, disait-il à Brébeuf, lorsque je courais quelque grand danger, auquel il m'est arrivé souvent d'échapper tout seul, je me disais : Quelque puissant esprit a pris soin de mes jours » En conséquence de ces paroles, lorsqu'il fit sa profession de foi en Jésus-Christ, il le reconnut pour le génie protecteur qu'il avait adoré sans le connaître. Après avoir fait à plusieurs reprises l'épreuve de sa sincérité, le père le baptisa. A la suite de son baptême, il enrôla une troupe de Sauvages, néophytes comme lui, en s'écriant : « Faisons tous nos efforts pour engager le monde entier à embrasser la foi de Jésus-Christ? » Les stations de missions se multipliant chaque jour, la mission centrale, connue sous le nom de Sainte-Marie, fut établie sur les bords de la Matchedash, dont l'agréable cours unit le lac Huron au lac de Toronto. C'est là qu'en une seule année plus de trois mille Sauvages furent reçus dans l'humble maison dédiée à la sainte Vierge, et traités avec une franche et frugale hospitalité [1].

---

[1] Creuxius, pag. 493.

Les nouvelles de la chrétienté huronne, données dans ces relations touchantes que publiaient les missionnaires jésuites, et dont l'ensemble forme un recueil si intéressant, avec les lettres édifiantes, excitèrent en France une profonde sympathie. Des communautés entières, à Paris et dans la province, s'unirent de prières pour obtenir de Dieu le succès croissant de ces missions. Le roi envoya des ornements magnifiques aux chapelles des néophytes sauvages; la reine, les princesses, se joignirent à lui; le clergé de toute la France, l'Italie même, entendirent avec intérêt le récit de tant de merveilles, et le Pape exprima tout haut la satisfaction qu'il en éprouvait.

En même temps que le nombre des conversions se multipliait dans les forêts, celui des habitants croissait à Québec, avec les familles choisies parmi les plus pieuses de la Normandie et de l'Isle-de-France, que l'on encourageait à s'y rendre chaque année. Des établissements religieux s'y élevèrent vers la même époque, dignes de rivaliser avec ceux de la mère-patrie. Le premier et le plus considérable fut le collége de Québec, fondé peu de jours avant la mort de Champlain, par le marquis de Gamache, à la prière de son fils, qui avait embrassé l'institut de saint Ignace. Cet établissement, destiné à donner le plus grand essor possible à l'Église catholique dans le Canada, produisit de nombreux avantages à la colonie, en consolidant l'établissement du Christianisme et l'éducation de la jeunesse coloniale.

Cependant le chevalier de Montmagny avait succédé à Champlain dans le gouvernement du Canada, et le chevalier de Lisle avait été nommé au commandement de la petite ville qui se formait autour du fort des Trois-Rivières. L'un et l'autre chevaliers de Malte, ils faisaient profession d'une haute piété et montraient pour le bon ordre un zèle dont leur fermeté et leur exactitude assuraient le succès. Le service divin se célébrait avec décence et avec toute la pompe que permettait la pauvreté des habitants ; mais la piété et la modestie sont les plus vrais ornements des temples d'un Dieu qui n'est jaloux que d'être adoré en esprit et en vérité, et l'on peut dire que, dans ce temps-là, ces vertus régnaient avec éclat dans la colonie. Malheureusement les ressources temporelles lui manquèrent trop souvent et empêchèrent le gouverneur de mettre entièrement à exécution les bonnes intentions dont il était animé.

Les cinq nations iroquoises furent bien vite au courant de la faiblesse de la colonie ; assurés que les Français ne pouvaient secourir les sauvages des nations alliées, ils infestaient tous les chemins et tenaient tout le monde en alarmes. Leur audace croissant avec l'impunité, ils descendirent, au nombre de cinq cents, jusqu'aux Trois-Rivières, au mois d'août 1637, et, aux yeux du gouverneur de cette ville, enlevèrent, sans qu'il pût s'y opposer, trente Hurons qui descendaient à Québec chargés de pelleteries.

Ces nouvelles affligeantes ne parvinrent point à ralentir le zèle des âmes pieuses qui s'intéressaient en France au sort des Sauvages. En 1637, le commandeur de Sillery envoyait des ouvriers fonder près de Québec le village de son nom, qui fut longtemps l'asile des familles sauvages converties au Christianisme. Deux ans après, la duchesse d'Aiguillon, nièce de Richelieu, fondait et dotait l'Hôtel-Dieu de Québec, dont les portes s'ouvrirent bientôt aux malades, quelles que fussent leur couleur et leur origine. Les religieuses augustines de l'hospice de Dieppe, de la congrégation de la Miséricorde de Jésus, acceptèrent avec joie l'offre de se charger de cette nouvelle maison, et toutes demandèrent ardemment d'être choisies pour cette sainte mission ; mais on n'en prit que trois, qui se tinrent prêtes à partir avec les premiers vaisseaux. Madame de la Peltrie, jeune veuve d'Alençon, fut dans le même temps l'instrument dont le Ciel se servit pour doter le Canada de l'institution des Ursulines, destinées à l'instruction des petites filles. Elle consacra à cette œuvre ses biens et sa personne, et se transporta aussitôt à Tours, d'où elle tira l'illustre mère Marie de l'Incarnation [1], qu'on appelait la Thérèse de France, et Marie de Saint-Joseph, que le Canada regarda toujours comme ses anges tutélaires. De là elle se rendit à Dieppe, où elle avait donné ordre qu'on lui frétât un bâtiment. Elle y acquit une troisième ursuline, et le 4 mai 1639 elle s'embarqua avec les religieuses

---

[1] Nommée auparavant Marie Guyert, et différente d'une autre Marie de l'Incarnation connue sous le nom de Mme Acarie, qui se fit Carmélite à Pontoise.

hospitalières et le père Vimond, qui allait succéder au père Lejeune dans l'emploi de supérieur-général des Jésuites du Canada, et qui amenait avec lui une nombreuse recrue d'ouvriers apostoliques. Après une longue et périlleuse navigation, cette sainte cohorte arriva à Québec, le premier du mois d'août.

Le jour de leur arrivée fut regardé comme un jour de fête. Tous les travaux cessèrent et les boutiques furent fermées. Le gouverneur reçut ces héroïnes sur le rivage, à la tête de ses troupes, qui étaient sous les armes, et au bruit du canon. Après les avoir complimentées, il les mena, au milieu des acclamations du peuple, à l'église paroissiale, où le *Te Deum* fut chanté en actions de grâces. Ces saintes filles de leur côté, ainsi que leur généreuse conductrice, voulurent, dans le premier transport de leur joie, baiser cette terre qu'elles adoptaient pour leur patrie terrestre et qu'elles paraissaient disposées même à arroser de leur sang. Français et Sauvages ne se lassèrent point durant plusieurs jours de célébrer leur allégresse, en donnant mille bénédictions à Celui qui peut seul inspirer tant de force et de courage aux personnes les plus faibles. Les religieuses des deux instituts se séparèrent ensuite, après s'être tendrement embrassées, et allèrent s'enfermer dans les monastères qu'on avait commencé à leur préparer. Madame de la Peltrie se consacra tout entière à l'œuvre qu'elle avait entreprise, et la mère de l'Incarnation, première supérieure des Ursulines de Québec, se livra avec un zèle et une patience admirables à l'instruction des petites filles sauvages et françaises. Femme célèbre autant par ses vertus que par son esprit et ses talents supérieurs, elle laissa au Canada une réputation justement méritée, et l'on voyait encore, il n'y a pas longtemps, au couvent des Ursulines, le frêne sous l'ombrage duquel elle réunissait les petites Sauvagesses pour les instruire.

De leur côté, les missionnaires voyaient croître, au milieu des travaux les plus rudes et des dangers de toute sorte, les chrétientés qu'ils avaient plantées dans les forêts huronnes. Les Iroquois eux-mêmes leur avaient donné quelque espoir, et plusieurs avaient ouvert les yeux à la lumière. Les Algonquins, près des Trois-Rivières; les Montagnés, près de Tadoussac; ceux de l'île Miscou, et les Micmaks de l'Acadie commençaient à fournir une ample moisson aux ouvriers évangéliques. Mais les plus grands obstacles qu'on éprouvait venaient toujours des Iroquois, dont les ruses et la perfidie déjouaient tous les desseins du gouverneur ; ennemis jurés des Hurons, ils cherchaient tous les moyens de les détruire, malgré l'assistance que les Français auraient voulu leur donner.

Les missionnaires avaient compris que, pour arrêter les incursions si souvent réitérées de ces barbares, il fallait occuper l'île de Montréal et y fonder un établissement qui servît à la fois de forteresse et de lieu de rendez-vous plus rapproché avec les Sauvages. La compagnie des Cent-Associés, qui ne songeait qu'à ses intérêts sans se souvenir des besoins de la colonie, ayant renoncé à s'occuper de cette fondation, un certain nombre de personnes pieuses s'unirent dans le dessein de réaliser en grand dans l'ile de Montréal ce qui s'était fait à Sillery, en y établissant une bourgade française dont les fortifications pussent la mettre à l'abri de toute insulte. En vertu d'une concession royale, la nouvelle association fit prendre possession de l'île en 1640, à la fin d'une messe solennelle qui fut célébrée à cette intention sous une simple tente. Au mois de février de l'année suivante, Notre-Dame de Paris entendit la supplication générale qui fut faite à la Reine des anges de prendre Montréal sous sa protection.

Au printemps de la même année, deux petits bâtiments mettaient à la voile et sortaient du port de la Rochelle. L'un de ces bâtiments portait un brave gentilhomme champenois, Chomedey de Maisonneuve, qui, à la suggestion de M. Olier, fondateur de Saint-Sulpice, avait lui-même, avec quelques-uns des nouveaux associés, organisé dans un but religieux une expédition pour Montréal. Il était accompagné d'un prêtre et de vingt-cinq hommes, ouvriers ou soldats. Sur l'autre navire était Mlle Mance, sainte fille native de Langres, qui renonçait à tous les avantages du monde pour aller prendre soin des personnes de son sexe dans les solitudes de l'Amérique. Après un voyage heureux, cette petite colonie, composée en tout de trente personnes, arriva à Québec. On essaya de les y retenir; on leur représentait les dangers auxquels ils allaient s'exposer en abordant avec si peu de forces sur l'île de Montréal, encore occupée par une nombreuse tribu d'Indiens. Maisonneuve, qui en avait été nommé gouverneur, répondit en vaillant chrétien : — Je ne suis pas venu pour délibérer, mais pour exécuter. Y eût-il à Montréal autant d'Iroquois que d'arbres, il est de mon devoir et de mon honneur d'y établir une colonie.

Ce qu'il y avait de plus illustre au Canada voulut les y accompagner. Le 17 mai 1641, ils arrivèrent tous ensemble sur la côte de l'île Hochelaga. On y éleva à la hâte quelques cabanes et une petite chapelle, qui furent bénies par le supérieur-général des Jésuites, lequel dédia la nouvelle ville à la Mère de Dieu. Il y célébra ensuite les saints mystères et y laissa le Saint-Sacrement.

Quelques tentes dressées au milieu des bois, la chapelle près de laquelle un arbre servait de clocher, une maison de refuge pour les pauvres et les malades, une autre destinée à l'école, tels furent les commencements de la ville de Marie. Le 15 août de la même année, on célébra solennellement la fête de l'Assomption dans la cité naissante, au milieu d'un concours extraordinaire de Français et d'Indiens venus des forêts huronnes. Ainsi fut consacré à la Mère des Chrétiens le foyer des feux sacrés des Wyandots, et sous son aile tutélaire se réunirent le fier Mahawk et l'Algonquin timide. « Le loup, disait le père Lejeune, y vivra désormais avec l'agneau, et un petit enfant leur servira de guide[1]. »

L'occupation de Montréal ne produisit toutefois pas immédiatement les résultats qu'on en attendait. Mais l'œuvre des missions n'en continuait pas moins avec succès parmi les Sauvages, et six ans s'étaient à peine écoulés depuis que la France avait recouvré le Canada, que le dessein était formé d'établir des missions non-seulement parmi les Algonquins du nord, mais encore sur les rivages septentrionaux du lac Huron, dans le Michigan et la Baie-Verte. En 1640, le père de Brébeuf avait été envoyé dans les bourgades de la nation neutre qui occupait le territoire de l'Unghiara ou Niagara, comme nous l'appelons, et sur le rivage méridional du lac Erié, au delà de Buffalo. L'année suivante, les pères Pijart et Raymbault arrivaient chez les Algonquins du lac Nipissing, et, quelque temps après, les Jésuites recevaient une députation de la part des Chippewas ou Sauteurs, qui les invitaient à se transporter chez eux. Ces sauvages occupaient alors les environs d'un rapide qui se trouve au milieu du canal par où le lac Supérieur se décharge dans le lac Huron, et que l'on appela depuis le Sault-Sainte-Marie.

Les pères Charles Raymbault et Isaac Jogues furent détachés pour accompagner les députés des Chippewas et conduire cette entreprise, la première qui se fût faite sur le sol occidental de la république actuelle

---

[1] *Relation*, etc. 1640-1641.

des États-Unis. Le 17 septembre, ils s'embarquèrent dans un canot d'écorce de bouleau, à la baie de Pénétangushène. Ils naviguèrent, en tirant au nord, vers un pays déjà connu, jusqu'au delà de la Rivière-Française ; ils traversèrent les eaux limpides sur lesquelles semblent nager les nombreux archipels du lac Huron, par delà les îles Manitoulines, et les autres îles qui s'étendent le long du rivage, jusqu'à ce qu'ils eussent atteint le détroit par où l'on passe dans le lac Supérieur. C'est là qu'ils trouvèrent, après une navigation de dix-sept jours, une réunion de plus de deux mille personnes. Ils s'enquirent des diverses nations qui n'avaient pas encore fait connaissance avec les Européens, ni entendu parler du vrai Dieu. Entre autres nations, on leur parla des Nadowessies, et des Sioux, dont le nom était célèbre, et qui demeuraient à dix-huit journées plus à l'ouest, au delà du Grand-Lac ; puis d'autres tribus guerrières, mais encore sans nom, qui avaient des demeures fixes, cultivaient le maïs et le tabac, et qui étaient d'une langue et d'une race inconnues. C'est ainsi que le zèle religieux de la France portait la croix sur les rives de la Sainte-Marie, à l'extrémité du lac Supérieur, plongeant déjà son regard sur le pays des Sioux, dans la vallée du Mississippi, cinq ans avant que le gouverneur de la Nouvelle-Angleterre eût ouvert des propositions avec les tribus indiennes qui demeuraient autour de la cité de Boston.

Cependant les Iroquois, assurés d'être soutenus par les Hollandais de Manhattan (New-York), qui leur fournissaient déjà des armes et des munitions en échange des pelleteries qu'ils enlevaient à nos alliés, continuaient leurs courses et leurs brigandages. L'indolence naturelle des Hurons les exposait à toutes les fureurs de leurs ennemis, qui avaient pris sur eux une supériorité qu'ils ne pouvaient plus se dissimuler. Le père Jogues fut un des premiers missionnaires sur qui l'orage éclata. A son retour du Sault-Sainte-Marie, il avait reçu ordre de descendre à Québec, où il arriva au bout de plusieurs semaines. Il en repartit bientôt après avec un convoi de canots bien armés et conduits par les plus braves de la nation huronne. Ils n'étaient guère qu'à quinze ou seize lieues de Québec, lorsque le lendemain de leur départ, à la pointe du jour, comme ils se disposaient à s'embarquer, ils aperçurent des traces d'Iroquois sur les bords du fleuve. — Il ne peut y avoir que trois canots ennemis, dit Ahasistari; — et examinant les marques restées sur le rivage : — Il n'y a rien à craindre, ajouta-t-il. — Sans s'inquiéter davantage, ils poursuivirent leur chemin, et ne prirent aucune précaution. Les Iroquois étaient au nombre de soixante-dix ; du milieu des buissons ils firent une décharge de carabines qui blessa plusieurs des gens d'Ahasistari, et perça tous les canots. Après un combat assez meurtrier, ceux qui n'avaient pu prendre la fuite furent forcés de se rendre avec le père Jogues, qui avait voulu rester près d'eux. Transportés au village des Mohawks, ils y souffrirent toutes sortes de tourments. Trois Hurons furent condamnés au feu. Le brave Ahasistari, ayant reçu l'absolution, marcha à la mort avec joie, en chantant sa chanson de guerre. Jogues eut les deux mains mutilées; mais, retiré ensuite des liens des Sauvages par un officier hollandais, il fut embarqué pour l'Europe (1642), d'où il revint bientôt après en Canada [1].

Trop faible dans ses ressources pour imposer par la force la paix aux Iroquois, qui continuaient à désoler la colonie et ses alliés, le gouverneur se rendit aux Trois-Rivières, assembla les principaux des Hurons et des Algonquins, et leur dit que, s'ils consentaient à lui laisser la libre disposition des prisonniers iroquois qu'ils avaient entre leurs mains, il espérait pouvoir s'en servir pour établir une paix durable entre eux et leurs adversaires. Les Hurons et les Algonquins acquiesçant à sa proposition, le chevalier de Montmagny renvoya les prisonniers iroquois à leurs villages. Ainsi qu'il l'avait pensé, les Cinq-Nations furent touchées de ce procédé : elles lui renvoyèrent à leur tour les prisonniers qu'elles avaient elles-mêmes entre les mains, et les firent accompagner par des députés chargés de traiter définitivement de la paix. Le gouverneur leur donna audience publique dans le fort, assis sur un fauteuil, environné d'un brillant état-major. Les députés iroquois, au nombre de cinq, étaient à ses pieds, assis sur une natte et portant autour du

---

[1] *Lettre du père Jogues*, écrite du fort Orange ou Albany. — Le père Jogues obtint du Pape la permission de célébrer la messe avec ses mains mutilées, eu égard au martyre qu'il avait subi.

cou des cordons de Wampum ; ils avaient choisi cette place pour marquer plus de respect à Ononthio [1], qu'ils n'appelaient jamais que leur père. Après plusieurs discours, les Sauvages s'accordèrent de part et d'autre à aplanir le sentier dans la forêt, à rendre calme la rivière, et à enterrer le tomahawk. — « Que les nuages se dissipent, dirent les Iroquois, et que le soleil brille sur toute la terre qui est entre nous ! » — Les Algonquins se joignirent à cette paix. — « Voici une peau d'élan, dit Negabat, chef des Montagnés, pour faire des mocassins aux députés iroquois, de peur qu'ils ne se blessent les pieds en retournant chez eux. — Nous avons jeté la hache si haut dans l'air, derrière les nuages, dirent les Mohawks, qu'aucun bras sur la terre ne l'en pourra faire redescendre. Car les Français dormiront sur nos plus douces couvertures, près d'un bon feu que nous tiendrons allumé toute la nuit. Les ombres de nos guerriers tombés durant la guerre sont descendues si profondément dans la terre, qu'on ne pourra plus jamais entendre leurs cris de vengeance. »

Alors Pieskaret, chef algonquin, se leva et fit son présent comme les autres. — « Voilà, dit-il, une pierre que je mets sur la tombe de ceux qui sont morts dans la guerre, afin que personne ne s'avise de remuer leurs os, et qu'on ne songe plus à les venger. » — La séance finit par trois coups de canon, et le gouverneur fit

[1] Ononthio est le nom donné par les Sauvages à M. de Montmagny, dont ils avaient littéralement traduit le nom. Ononthio signifie grande montagne, Montmagny (Mons Magnus), et ce nom depuis resta à tous les gouverneurs-généraux du Canada.

comprendre aux Sauvages que c'était pour porter partout la nouvelle de la paix. (1645.)

Le lendemain les députés reprirent la route de leurs villages, et, durant tout l'hiver suivant, on vit ce que l'on n'avait pas encore vu depuis l'origine de la colonie, les Iroquois, les Hurons et les Algonquins, mêlés, chasser ensemble aussi paisiblement que s'ils n'avaient jamais été ennemis. A la faveur de cette intelligence, les missionnaires des Hurons reçurent des secours dont ils n'avaient été que trop longtemps privés, et firent en sûreté pendant ce temps leurs courses apostoliques. Le père Jogues, revenu à Québec, profita de la paix pour se rendre parmi les Iroquois, afin d'y ménager les moyens d'y ouvrir une mission (1646). L'hospitalité qu'il y reçut chez les Mohawks lui fit trouver l'occasion d'offrir la paix aux Onondagas. A son retour à Québec le rapport qu'il en fit à ses supérieurs le fit choisir pour établir une mission parmi eux, lui seul étant capable de parler leur dialecte. — « *Ibo et non redibo,* dit-il : j'irai, et je ne reviendrai point. » — Car il avait pressenti, d'après certains indices, que les hostilités ne tarderaient pas à recommencer de la part des Iroquois.

En effet, à peine fut-il arrivé chez les Mohawks, qu'on le fit prisonnier. Malgré l'opposition des autres nations iroquoises, le grand conseil des Mohawks le condamna à mort, comme sorcier, et comme ayant jeté un maléfice sur les moissons. Au moment où il entrait dans une cabane, où il voyait bien qu'on ne l'attirait que pour un mauvais dessein, un Iroquois lui déchargea un grand coup de hache sur la tête, et le renversa mort à ses pieds. Le compagnon qu'il avait amené eut le même sort : on leur coupa la tête, qu'on exposa ensuite sur la palissade du village, et leurs corps furent jetés à la rivière. Telle fut la fin d'un homme dont, bien des années après, les Iroquois eux-mêmes ne se lassaient point d'admirer les vertus et le courage. Le premier parmi les Jésuites du Canada, il avait donné son sang pour la cause de la religion.

Tandis que les Iroquois, par leur perfidie, ouvraient le cours de ces guerres sanglantes qui ne devaient finir que par leur entière extermination sur le sol de l'Amérique, d'autres Sauvages se présentaient d'eux-mêmes pour grossir le troupeau de Jésus-Christ, et, par leur conversion au Christianisme, devenaient pour la Nouvelle-France une barrière que ses ennemis ne purent jamais forcer. Touchés des actes de charité qu'ils avaient vu pratiquer à Sillery, plusieurs Abénakis inspirèrent à leurs compatriotes, qui habitaient les bords du Penobscot, le désir d'avoir des missionnaires qui leur enseignassent une religion mère de tant de vertus. Ils envoyèrent en conséquence des députés à Québec, et le père Dreuillettes partit avec eux, sur la fin du mois d'août 1646. Depuis le Saint-Laurent jusqu'aux sources du Kennebec, le voyage était extrêmement pénible ; mais l'attachement sincère que montrèrent les Abénakis pour la France et ses missionnaires, et, plus que tout cela, la constance inébranlable avec laquelle ils persistèrent ensuite dans la foi après qu'ils l'eurent embrassée, dédommagèrent amplement les missionnaires des rigueurs de cette mission.

Le père Dreuillettes trouva sur les bords du Kennebec une petite colonie de Capucins, qui y avaient un hospice. Ces religieux avaient encore une maison près de l'embouchure du Penobscot, et ils servaient d'aumôniers non seulement aux Français établis sur cette côte et sur celle de l'Acadie, mais encore à ceux que le commerce y attirait. Ils reçurent le missionnaire jésuite avec beaucoup de joie et toute la cordialité possible. Ils souhaitaient depuis longtemps voir des missions établies parmi les sauvages de cette contrée du Maine, qu'ils jugeaient les plus capables de comprendre et de recevoir la parole de Dieu, et ils avaient eu même la pensée de faire le voyage de Québec, pour engager les Pères de la compagnie de Jésus à ne pas laisser plus longtemps en friche une terre si bien préparée à recevoir la semence de la foi.

Le père Dreuillettes employa tout l'hiver et le printemps suivants à visiter les différentes bourgades de cette contrée, baptisa un grand nombre d'adultes et de moribonds, et trouva dans tous un vif désir d'être instruits. Des jongleurs mêmes se déclarèrent ses disciples et brûlèrent tout ce qui avait servi à leurs sortiléges; enfin la moisson lui parut mûre et abondante, ce qui l'obligea, quand les chemins furent redevenus praticables, à reprendre la route de Québec, pour exposer à son supérieur l'état où il avait trouvé les choses parmi les tribus abénakises. Sur son rapport, on prit des mesures pour l'établissement d'une mission, où l'on espérait travailler d'autant plus heureusement, qu'on n'y aurait rien à craindre de la part des Iroquois (1647).

CHAPITRE IV.

DEPUIS LA DESTRUCTION DES MISSIONS HURONNES JUSQU'À LA GRANDE GUERRE AVEC LES MOHAWKS, EN 1658.

Le chevalier d'Ailleboust, gouverneur de la Nouvelle-France. Invasion des villages chrétiens des Hurons de la Matchedash par les Iroquois. Désastre de la Mission de Saint-Joseph. Mort du P. Daniel. Destruction des Missions de Saint-Ignace et de Saint-Louis. Supplice affreux des pères de Brébeuf et Lallemand. leur courage et leur mort admirables (1649). Dispersion totale des tribus huronnes (1650). Violences excessives des Cinq-Nations iroquoises. Elles menacent Québec et Montréal. Chomedey de Maisonneuve y amène des renforts de France. Commencements de sœur Marguerite Bourgeois, fondatrice des sœurs de la Congrégation de Notre-Dame (1653). Les Iroquois recherchent la paix. Le P. Le Moyne chez les Onondagas et les Mohawks. Les pères Dablon et Chaumonot établissent une mission à Onondaga. Influence du Christianisme chez les autres nations iroquoises. Établissement d'une colonie française chez les Onondagas. Elle est bientôt abandonnée, et la guerre recommence (1658).

Cependant les Iroquois avaient envahi de nouveau le pays des Hurons, et la mort du père Jogues avait été le signal de la guerre. Le chevalier d'Ailleboust, qui avait succédé au chevalier de Montmagny dans le gouvernement du Canada, chercha vainement à engager une nouvelle alliance avec la Nouvelle-Angleterre contre les Cinq-Nations. Le sort de la nation huronne était désormais fixé : les anciens clans des Wyandots étaient condamnés à la ruine ou à la dispersion, et les missionnaires sur la Matchedash durent partager tous les dangers des tribus avec lesquelles ils demeuraient.

Trop indolents pour prendre les précautions qu'exigeait leur sûreté, les Hurons, à qui ne manquaient cependant pas les leçons de l'expérience, ne purent sur ce sujet se résoudre à écouter les missionnaires. Chacune des stations sédentaires des missions devint un point d'attraction pour leurs ennemis, et chacune, dès-lors, se vit exposée à toutes les horreurs d'un massacre sauvage. Tel fut le sort du village de Saint-Joseph, le premier où l'on eût entrepris d'établir l'Évangile. Le 4 juillet 1648, de grand matin, pendant que le père Daniel célébrait les saints mystères, il entendit tout à coup un bruit de voix annonçant la terreur et la confusion. La plupart des guerriers étaient à la chasse, et il ne restait guère dans le village que des enfants, des femmes, et des vieillards : l'ennemi en était informé, et il avait fait ses approches pendant la nuit.

Il fit son attaque au point du jour. Au premier signal, donné par les cris des mourants, la chapelle se trouva vide ; le prêtre n'eut que le temps d'achever le saint sacrifice, d'enfermer les vases sacrés et les vêtements sacerdotaux, et de courir au lieu d'où venait le bruit.

Le spectacle de ses néophytes massacrés sans résistance, sans distinction d'âge ni de sexe, s'offrit alors à ses regards. Il se vit aussitôt environné de femmes et d'enfants qui le conjuraient d'avoir pitié d'eux. Des infidèles dont il n'avait encore pu vaincre l'obstination se jetaient à ses pieds, en le suppliant de leur accorder le baptême. En peu de mots, il les exhorta tous à demander pardon à Dieu de leurs péchés; donna l'absolution générale à ceux qui étaient déjà chrétiens, et, trempant son mouchoir dans l'eau, baptisa par aspersion ceux qui n'avaient pas encore reçu le baptême. Dans ce moment les palissades furent forcées partout, et le sang qui coulait autour des cabanes et de la place redoublant la fureur des assiégeants, on ne vit bientôt plus que des morts et des mourants.

Le père Daniel aurait pu fuir avec ceux à qui leurs forces permirent de chercher leur salut dans les bois; mais il dévoua aux malades le peu de temps qui lui restait; il les visita dans leurs cabanes et leur donna l'absolution, courut à la chapelle, dont il cacha les ornements en lieu sûr, et se présenta ensuite tranquillement aux ennemis, qui venaient de mettre le feu aux cabanes voisines: La sérénité de son visage saisit d'abord les Mohawks; mais, revenus bientôt de leur épouvante, ils reculèrent un moment, puis le percèrent de leurs flèches. Il en était tout hérissé, qu'il parlait encore avec une surprenante énergie, tantôt reprochant à ses meurtriers leur perfidie et les menaçant de la colère du ciel, tantôt les assurant qu'ils trouveraient néanmoins le Seigneur toujours disposé à leur pardonner, s'ils avaient recours à sa clémence. Enfin un des plus résolus s'avança vers lui, le perça d'une lance, et le fit tomber mort à ses pieds. Martyr de l'héroïsme de sa charité, il expira, le nom de Jésus sur les lèvres ; son corps fut jeté dans les flammes qui dévoraient sa chapelle, et le désert demeura sa sépulture. Les Hurons pleurèrent longtemps sa mort. Deux fois dans la suite, ils crurent l'avoir vu leur apparaître, environné de tout l'éclat de l'immortalité céleste, accompagné d'une troupe d'âmes rachetées du purgatoire par les mérites de son martyre [1], et qu'il amenait en triomphe vers le ciel.

Une année ne s'était pas encore passée depuis l'incendie du village de Saint-Joseph, que deux autres villages éprouvaient le même sort. Au milieu des rigueurs d'une nuit d'hiver, la mission de Saint-Ignace fut attaquée par les Iroquois. Le village était suffisamment fortifié ; mais il ne s'y trouvait que fort peu de monde, et, par suite de cette funeste indolence, si souvent reprochée aux Hurons, il n'y avait aucune sentinelle. Le feu fut mis aux palissades, et l'ennemi entra dans le village, dont tous les habitants furent massacrés sans distinction. Il ne s'en sauva que trois, qui allèrent donner l'alarme au village voisin de Saint-Louis.

Aussitôt les femmes et les enfants se sauvèrent dans les bois, et il n'y resta que quatre-vingts hommes, résolus à se défendre jusqu'à la mort. A la faveur d'un grand feu de mousqueterie, qui abattit une partie de ces braves, les Iroquois entrèrent par une brèche dans le village, qui ne fut bientôt plus qu'une affreuse bou-

---

[1] *Relations*, etc., 1648, p. 8—17.

cherie. Les pères de Brébeuf et Gabriel Lallemand étaient alors chargés de cette mission. Ils auraient pu prendre la fuite; mais, ainsi que le père Daniel, ils préférèrent demeurer à leur poste, afin de pouvoir donner le baptême aux catéchumènes, et administrer les derniers sacrements aux autres combattants. La victoire demeura aux Mohawks. Tous les Hurons furent tués ou pris, et les deux missionnaires furent de ce nombre. Le feu fut mis au village, et, après divers combats qui eurent lieu dans le voisinage avec des partis de Hurons, les Iroquois préparèrent le supplice des deux pères.

Le père de Brébeuf, séparé de son compagnon, fut attaché sur une espèce d'échafaud, où les ennemis s'acharnèrent de telle sorte sur lui, qu'ils paraissaient hors d'eux-mêmes de rage et de désespoir, à la vue de son courage et de sa fermeté. Du milieu de son supplice, il encourageait les Hurons à souffrir pour l'amour de Dieu, et cherchait à faire craindre la colère céleste à ses bourreaux. Ne pouvant lui imposer silence, ils lui coupèrent la lèvre inférieure et le bout du nez, lui appliquèrent par tout le corps des torches allumées, lui brûlèrent les gencives, et enfin lui enfoncèrent un fer rouge dans le gosier. L'invincible missionnaire, se voyant ainsi privé de la parole, continuait à jeter un regard assuré sur ces barbares.

Bientôt après on lui amena Lallemand, qui, plus jeune et plus délicat, avait été dépouillé de ses habits, et enveloppé de la tête aux pieds d'écorces de sapin, auxquelles on se préparait à mettre le feu. Le jeune missionnaire frémit en voyant l'état affreux où l'on avait mis le père de Brébeuf, puis il lui dit, de sa voix douce : *Nous avons été donnés en spectacle au monde, aux anges, et aux hommes.* Brébeuf lui répondit par une douce inclination de tête, et le père Lallemand, se trouvant libre un moment, courut baiser ses plaies et le conjurer de prier pour lui. Les Iroquois reprirent aussitôt le jeune missionnaire et mirent le feu aux écorces dont il était couvert. Ces divers supplices ne parvenant pas encore à ébranler le courage des deux martyrs, un Huron apostat cria qu'il fallait leur jeter de l'eau bouillante sur la tête, en punition de ce qu'ils en avaient jeté tant de froide sur celle des autres, et causé par-là tous les malheurs de sa nation. L'avis fut trouvé bon ; on fit bouillir de l'eau, et on la répandit lentement sur la tête des deux confesseurs de Jésus-Christ. Cependant la fumée épaisse qui sortait des écorces dont le père Lallemand était revêtu lui remplissait la bouche, et il fut assez longtemps sans pouvoir articuler une seule parole. Mais le feu ayant brûlé ses liens, il leva les mains au ciel, pour implorer le secours de celui qui est la force des faibles ; on les lui fit baisser à grands coups de corde. On leur coupa à l'un et à l'autre de grands lambeaux de chair, qu'on dévora devant eux.

Brébeuf fut scalpé vivant, et son supplice dura trois heures. Un Iroquois y mit fin, en lui ouvrant le côté, et en lui arrachant le cœur, qu'il dévora tout chaud.

Les tortures du père Lallemand durèrent dix-sept heures ; on lui arracha un œil, à la place duquel on mit un charbon ardent. Plusieurs de ses bourreaux, qui se convertirent depuis, racontèrent que ses souffrances avaient surpassé toute imagination : elles lui faisaient jeter quelquefois des cris capables de percer les cœurs les plus durs ; mais aussitôt après on le voyait s'élever au-dessus de la douleur, et offrir à Dieu ses tourments avec une ferveur admirable. Si quelquefois la chair était faible, l'esprit était toujours prompt à la relever et à la soutenir. La vie des deux missionnaires avait été un héroïsme continuel ; leur mort, et surtout celle de Brébeuf, fut l'étonnement de leurs bourreaux eux-mêmes (1649).

Les Hurons, désespérant alors de se soutenir dans leur pays contre des ennemis si redoutables, résolurent de l'abandonner. Les missionnaires proposèrent de recueillir les restes de la nation dans la grande île Manitouline, comme étant le centre des missions de l'ouest. Mais les Hurons s'y refusèrent. Destinés à être dispersés dans ces vastes régions, ils errèrent quelque temps autour des îles les plus rapprochées des tombeaux de leurs ancêtres, et la mission de l'île Manitouline fut abandonnée. La famine et la guerre en détruisirent encore une partie. La nation fut dès-lors entièrement dispersée. Les uns se retirèrent dans les contrées qui sont au-delà du lac Supérieur, les autres descendirent à Québec et demandèrent d'être reçus à Sillery ; d'autres enfin s'offrirent aux Iroquois eux-mêmes, qui les incorporèrent parmi eux, suivant la coutume de ces nations sauvages (1650).

Les Iroquois, devenus plus hardis depuis leurs dernières victoires, commençaient à ne plus regarder les forts et les retranchements des Français comme des barrières capables de les arrêter ; ils se répandirent en grandes troupes dans toutes les habitations françaises, et l'on ne pouvait plus être nulle part à l'abri de leurs insultes. Le gouverneur des Trois-Rivières fut tué dans une sortie qu'il fit contre eux. Ils descendirent même jusqu'à Québec, et Sillery n'étant plus en sûreté dans ses palissades, il fallut l'enfermer de murailles et y mettre du canon. Poursuivant partout les faibles restes de la nation huronne, ainsi que les peuplades qui leur avaient donné asile, ils chassèrent les Ottawas de leurs anciennes demeures, jusque vers les forêts de la baie de Saginaw. Les plus affreux déserts, les plus impénétrables cantons du nord n'étaient plus des lieux sûrs contre la rage de ces barbares et la soif qu'ils avaient du sang humain.

L'île de Montréal ne souffrait pas moins des incursions des Iroquois que les autres parties de la Nouvelle-France ; et Maisonneuve fut obligé d'aller à Paris, pour y chercher des secours qu'il ne pouvait obtenir par ses lettres. Il en revint, en 1653, avec un renfort de cent hommes ; mais la plus heureuse acquisition qu'il fit dans ce voyage fut celle d'une vertueuse fille, nommée Marguerite Bourgeois, native de Troyes, qu'il amena à Montréal, avec les demoiselles

Châtel et Crollo, ses compagnes, pour y avoir soin de sa maison, et qui depuis rendit son nom si cher et si respectable à toute la colonie par ses éminentes vertus, et par l'institution des filles de la Congrégation de Notre-Dame ; institut dont l'utilité augmenta bientôt avec le nombre de celles qui l'embrassèrent.

Cependant les Iroquois, après avoir porté partout la terreur de leurs armes, commencèrent enfin à sentir le besoin du repos ; ils firent quelques démarches auprès de Maisonneuve pour obtenir la paix, et celui-ci en fit part à M. de Lauson, qui avait succédé à M. d'Ailleboust dans le gouvernement de la colonie. J'ai parlé des Hurons qui avaient cherché parmi leurs vainqueurs un refuge contre leur violence et leur fureur, suivant la coutume de ces Sauvages, et qui avaient été incorporés parmi les Cinq-Nations. Il y en avait parmi eux qui avaient gardé de vifs sentiments d'affection pour les Français. Lorsque la paix eut été conclue, le père Le Moyne, qui avait été envoyé chez les Onondagas, pour faire ratifier le traité, trouva parmi eux un grand nombre de Hurons qui, au milieu des infidèles, avaient gardé leur foi, comme les Hébreux dans Babylone, malgré les épreuves auxquelles elle avait été soumise. L'exemple de leur vertu avait fait concevoir aux Iroquois une grande estime pour la Religion Chrétienne, et le missionnaire conçut avec joie l'espérance de les gagner bientôt eux-mêmes à Jésus-Christ (1654). Les villages voisins des établissements hollandais étaient néanmoins indifférents à la paix. Les tribus occidentales étaient mieux à même d'en apprécier les avantages, à cause du commerce d'échange qu'ils pouvaient plus aisément avoir avec les Français. Enfin les Mohawks eux-mêmes se lassèrent de la lutte, et le père Le Moyne, ayant choisi les bords de leur rivière pour sa demeure, prit la résolution d'aller s'y fixer, dans l'espoir encore peu fondé d'arriver enfin à inspirer à leur nature sauvage des sentiments plus doux et plus conformes à la civilisation chrétienne.

Les Onondagas paraissaient agir avec plus de franchise, et on leur envoya le père Dablon et le père Chaumonot, qui était d'origine italienne (1655). Ils furent reçus avec une hospitalité parfaite à Onondaga, principal village de la tribu ; ils firent connaître aux anciens le désir qu'ils avaient d'exposer en plein conseil, dans une assemblée générale de la nation, les intentions de ceux qui les avaient envoyés. Cette proposition fut agréée, et l'assemblée, réunie à ciel ouvert, au milieu des forêts primitives que l'automne achevait de dépouiller de leur feuillage, fut des plus nombreuses. Le père Chaumonot connaissait parfaitement leur langue ; il parla de la religion chrétienne avec une éloquence et des gestes qui ravirent les Onondagas [1]. Dès qu'il eut fini, un orateur le remercia au nom de tous du zèle qu'il témoignait pour leur procurer une félicité éternelle. Le lendemain, les chefs, ainsi que leurs tribus, environnaient en foule les deux

---

[1] *Journal de Dablon*, nov. 5, 15, 16, etc., 1655.

Jésuites, avec leurs chansons de bienvenue : — Heureuse terre, chantaient-ils, heureuse terre ! que celle où les Français vont demeurer. — Et le grand sachem conduisait le chœur en disant : — Bonnes nouvelles ! bonnes nouvelles ! Nous avons bien fait de parler ensemble ; nous avons bien fait de recevoir le messager du ciel ! —

On commença aussitôt à bâtir une chapelle, et tant de gens y mirent la main, qu'elle fut achevée en un jour, et que ce jour-là même on y baptisa un catéchumène. « Au lieu de marbre et de métaux précieux, nous n'avons employé que des écorces d'arbre, écrivait Dablon[1] ; mais le chemin du ciel est aussi bien ouvert à travers un plafond d'écorce que sous des cintres d'or et d'argent. » Dès lors, les missionnaires firent toutes leurs fonctions avec la même liberté que s'ils eussent été au milieu de la colonie, et ils rencontrèrent bien des cœurs dont l'Esprit-Saint avait déjà pris possession. C'est ainsi que l'Église Catholique s'établissait au sein même du territoire actuel de New-York. Les lettres-patentes des Cent-Associés renfermaient le bassin de toutes les eaux tributaires du Saint-Laurent. Les Onondagas demeuraient exclusivement sur l'Oswego et ses affluents ; leurs terres faisaient donc partie des possessions de la France, dont elles portaient le lis, emblême de nos monarques, avec la croix qui annonçait la présence du Christianisme dans cette contrée.

[1] Ibid.

Le succès de la mission engagea le père Dablon à faire venir une colonie française dans la terre des Onondagas ; et, quoique cette tentative excitât la jalousie des Mohawks, dont les guerriers rôdaient encore après les Hurons fugitifs autour de l'île d'Orléans, cinquante Français s'embarquèrent pour Onondaga. Harangues, festins, chants et danses, rien ne fut épargné dans cette bourgade pour leur témoigner la joie qu'on avait de les voir. Dans un conseil général qui se tint ensuite, le père Chaumonot parla avec la même éloquence que la première fois ; le même jour, les députés des Cayugas vinrent demander un missionnaire, et on leur accorda le père Mesnard. Tout paraissait déjà en mouvement chez les Onondagas pour embrasser le Christianisme, et il fallut agrandir de plus de moitié la chapelle, qui ne pouvait plus contenir tous ceux qui s'y rassemblaient au son de la petite cloche. Les Oneidas écoutèrent aussi la voix du missionnaire ; et, dans les commencements de l'année 1657, Chaumonot atteignit les terres plus fertiles et plus peuplées des Senecas. L'influence religieuse de la France était plantée dans les belles vallées du New-York occidental. Les Jésuites publiaient la foi de Jésus-Christ des bords du Mohawk aux rives du Genesée, Onondaga demeurant le point central des missions iroquoises [1].

Mais la nature sauvage de ces tribus n'était pas en-

---

[1] Mesnard, *Relation*, 1656-7, p. 138. — *Relation*, 1656-7, chap. 17.

core changée. Dans ce tems-là même, les Iroquois faisaient une guerre d'extermination à la nation des Eriés, et dans le nord de l'Ohio [1]. Des captifs furent amenés de ces contrées et livrés aux flammes dans leurs villages; mais que pouvait-on attendre de ces barbares, qui brûlaient même de petits enfants avec des raffinements de cruauté inouis? « Nos vies, disait Mesnard, ne sont pas en sûreté. » A Québec et en France, on tremblait pour les missionnaires. Ils foulaient les pas de leurs frères qui avaient été bouillis et rôtis ; ils demeuraient parmi des cannibales ; ils avaient à souffrir la faim, la soif, la nudité, tous les obstacles de la nature de ces lieux sauvages ; et la première colonie française qui tenta de s'établir près du lac d'Onondaga eut à souffrir de la fièvre, causée par l'excès de la chaleur, avant même de pouvoir préparer ses habitations. Malgré le bon accueil que les Français avaient reçu d'abord, ils ne tardèrent pas à voir qu'on les regardait de mauvais œil. Dans une collision qui eut lieu sur les frontières, les Onéidas assassinèrent trois Français. D'Ailleboust, qui commandait à Québec en l'absence de Lauson, fit saisir tous les Iroquois qui se trouvaient sur les terres de la colonie, pour les punir de l'attentat commis par les Onéidas. Il n'exécuta cependant pas ses menaces à la rigueur. A la fin, les Français, ayant découvert une conspiration ourdie contre eux par les Onondagas, parmi lesquels ils s'étaient établis, après avoir vaine-

---

[1] Jean Lequien, p. 115.

ment réclamé des secours de Québec, abandonnèrent la chapelle et les maisons qu'ils avaient construites dans la vallée de l'Oswego (1658). De leur côté, les Mohawks forcèrent le père Le Moyne à se retirer, et les Français et les Cinq Nations se trouvèrent de rechef en état de guerre.

CHAPITRE V

DEPUIS LA NOMINATION DE FRANÇOIS DE LAVAL, VICAIRE-APOSTOLIQUE DE LA NOUVELLE-FRANCE, JUSQU'A LA FIN DE LA GUERRE DES IROQUOIS, EN 1661.

Nécessité d'un supérieur ecclésiastique dans la colonie, et insuffisance des simples missionnaires à s'opposer aux désordres. Cupidité des marchands français. L'abbé de Quaylus, grand-vicaire de l'archevêque de Rouen en Canada. Il jette les fondements du séminaire de Saint-Sulpice à Montréal (1657). Nécessité de la puissance épiscopale en Canada. François de Laval est proposé pour cette dignité à la reine. Naissance de Laval. Son éducation. Ses études. Il devient prêtre et renonce à ses bénéfices. Il refuse l'évêché de la Nouvelle-France. Se décide à l'accepter. Difficultés à ce sujet entre la cour de France et celle de Rome. Elles sont aplanies. Consécration de François de Laval (1658). L'archevêque de Rouen cherche à lui susciter des obstacles. Menées de l'abbé de Quaylus à ce sujet. Progrès du séminaire de Saint-Sulpice de Montréal. Fondation de l'hôpital général de cette ville. Heureux effets de la congrégation fondée par la sœur Marguerite Bourgeois. Embarquement de François de Laval. Son arrivée devant Québec (1659). Aspect imposant de cette ville. Réception du vicaire-apostolique dans le Canada. Il cherche à faire reconnaître partout son autorité. Résistances qu'il éprouve à cet égard. L'abbé de Quaylus refuse de la reconnaître. Celui-ci est rappelé à Paris et obligé de se rendre à Rome. Vie apostolique de François de Laval dans le Canada. Triste condition de la colonie pendant les hostilités des Iroquois. Salutaire influence de l'épiscopat. Mission du père Mesnard. Sa disparition et sa mort.

Telle était la situation de la Nouvelle-France, lorsqu'on apprit à Québec que des négociations avaient été entamées avec Rome pour la nomination d'un vicaire-apostolique au Canada. Malgré le zèle que les Jésuites déployaient dans leurs missions, et le dévoûment dont ils avaient déjà donné tant de preuves aussi bien dans les villes que dans les forêts sauvages, ils sentaient combien la présence d'un supérieur ecclésiastique, revêtu d'un caractère capable d'en imposer, était devenue nécessaire dans la colonie pour remédier aux désordres qui commençaient à s'y introduire [1]. La ferveur était alors encore assez grande partout, et se sentait chez les Sauvages chrétiens de la persécution, chez les colons de l'adversité, dont elle est presque inséparable. Depuis plusieurs années néanmoins, on se plaignait des désordres qui avaient lieu à Tadoussac, occasionnés surtout par les Français, tandis que des barbares à peine baptisés faisaient leur possible pour les arrêter. Il s'agissait de l'ivrognerie, pour laquelle ces peuples avaient un penchant qu'ils ne connaissaient point avant d'avoir eu de quoi le satisfaire, et dont ils n'étaient presque plus les maîtres une fois qu'ils avaient commencé à en prendre l'habitude. Les premiers chefs de la colonie avaient trop de religion et de zèle, pour ne pas s'opposer au commerce de l'eau-de-vie, qui servait d'amorce au vice en le fomentant, et jamais on ne les soupçonna, comme le furent depuis quelques-uns de leur successeurs, d'avoir voulu augmenter leurs revenus aux dépens de la religion et du bon ordre. Le caractère et la vertu des missionnaires qui se trouvaient à Tadoussac ne purent empêcher l'importation et la vente de l'eau-de-vie, ali-

---

[1] Charlevoix, *Histoire de la Nouvelle-France.*

mentées par la cupidité des Européens, et la facilité qu'ils avaient ensuite à satisfaire leurs plus brutales passions.

Le mal fit en peu de temps de tels progrès, que les chefs des Sauvages prièrent d'Ailleboust de bâtir une prison pour y renfermer ceux qui, par leurs scandales, troublaient la piété de leurs frères. Les désordres s'accrurent avec le temps et se répandirent bientôt dans toute la colonie. Un amour effréné du lucre que l'on faisait en vendant des liqueurs spiritueuses aux Sauvages gagna les colons les uns après les autres. On en vit alors contracter des mariages sans aucune sanction religieuse, d'autres formés par de mauvais prêtres, rebuts de leurs diocèse, au mépris de toutes les règles canoniques. Que pouvaient contre de tels maux les missionnaires de la compagnie de Jésus ? Que pouvaient les prêtres isolés, venus dans la colonie avec des pouvoirs reçus des évêques de France qui prétendaient exercer leur juridiction sur le Canada ? Abandonnés à eux-mêmes, sans appui, sans autorité supérieure à laquelle ils pussent recourir dans leurs besoins spirituels, ou qui pût donner une haute sanction à leurs paroles, ceux-ci devenaient quelquefois eux-mêmes un objet de scandale pour les peuples. D'un autre côté, les Jésuites savaient bien que, seuls, ils ne pouvaient espérer d'établir solidement l'Église Catholique dans le Canada. S'ils convertissaient quelques tribus sauvages, d'autres tribus arrivaient bientôt, ennemies des premières, qui les massacraient ou les dispersaient avec leurs missionnaires, incendiant leurs villages et leurs chapelles. Et il suffisait souvent d'un coup de tomahawk pour abattre en un moment ces chrétientés, et pour ne plus laisser qu'un vague souvenir de ces établissements qui avaient été si florissants.

Quelques années avant la nomination du vicaire-apostolique, M. de Quaylus, abbé de Loc-Dieu, était venu à Québec, muni d'une provision de grand-vicaire de l'archevêque de Rouen. Mais comme la juridiction de ce prélat sur la Nouvelle-France n'était fondée sur aucun titre, et que les évêques de Nantes, de Rennes, de Saint-Malo, et de La Rochelle, avaient les mêmes prétentions que lui, l'abbé de Quaylus ne put réussir à se faire reconnaitre de tous pour grand-vicaire, et s'en retourna en France. Accompagné des députés du séminaire de Saint-Sulpice de Paris, qui avait été fondé tout récemment par M. Olier, il revint en Canada en 1657, afin de prendre possession de l'ile de Montréal, dont la propriété venait de passer entre les mains de cette congrégation, et pour y établir un séminaire sur le même modèle. Cette fois, loin de lui faire la moindre opposition, toute la colonie se montra charmée de voir un corps accrédité, puissant et fécond en sujets distingués, se charger de défricher et de faire peupler une ile dont les premiers possesseurs n'avaient pu réussir d'une manière complète dans l'établissement qu'ils y avaient fait. La fondation du séminaire de Montréal, tout intéressante qu'elle fût pour la colonie, n'amenait toutefois aucun changement dans sa situation, et était, moins encore que les missions des Jésuites, en état de donner un fondement stable à ce qu'on nommait l'église du Canada. En effet, aussi longtemps qu'il n'y avait point d'évêque, il n'y avait point d'église véritable, et tout le bien que faisaient individuellement ou collectivement les prêtres et les missionnaires, religieux ou séculiers, ne pouvait remédier aux maux et aux dangers dont la religion y était environnée.

Les plaintes de quelques personnes sages se firent entendre enfin à la cour; elles se joignirent à celles des Jésuites du Canada, qui firent comprendre qu'il n'y avait plus désormais moyen de résister aux désordres sans cesse croissants, si l'on n'envoyait un évêque dont le caractère fût capable d'en imposer. Ceux qui aimaient véritablement les intérêts de la religion pour elle seule se souvinrent de tout ce que le père de Rhodes avait dit au sujet de la Chine et du Japon, et l'on comprit que de simples missionnaires, quels que fussent d'ailleurs les pouvoirs dont ils étaient revêtus, étaient insuffisants pour constituer l'église au Canada, privée de l'action immédiate de l'évêque et soumise à la juridiction d'un siége particulier, trop éloigné pour lui communiquer son influence. La chrétienté canadienne, disaient les Jésuites, n'était après tout qu'une œuvre incomplète et transitoire, sans espérance de stabilité ni d'avenir.

La reine-mère, Anne d'Autriche, à qui l'on en avait parlé pendant sa régence, fut d'avis que pour remplir la charge épiscopale en Canada on choisît un des anciens missionnaires : elle jeta, dit-on même[1], les yeux sur le père Paul Lejeune, qui avait gouverné la mission pendant plusieurs années ; il était alors à Paris, fort occupé de la direction des âmes, et dans une grande réputation de sainteté et de prudence ; mais les Jésuites représentèrent que leur institut ne leur permettait pas d'accepter cette dignité, et ils proposèrent l'abbé de Montigny, qui fut agréé.

François de Laval-Montmorency, plus connu dans sa jeunesse sous le nom d'abbé de Montigny, était né à Laval, le 30 avril 1623, au temps même que Champlain, lieutenant du maréchal de Montmorency, vice-roi de la Nouvelle-France, édifiait les murs du château de Québec. Il fit avec distinction ses études au collége de la Flèche, et reçut la tonsure à l'âge de neuf ans. Trois ans après, il fut fait chanoine d'Évreux, dont le siége épiscopal était occupé par un de ses oncles. Malgré la mort de son frère aîné, qui le laissa vers le même temps héritier du titre et des biens de sa famille, il n'en demeura pas moins fidèle à sa vocation ; il renonça à ses droits en faveur d'un plus jeune frère, et alla terminer sa théologie à Paris, où il fut ordonné prêtre à l'âge de vingt-cinq ans. Ayant renoncé ensuite à son bénéfice, il se joignit à la congrégation de la Sainte-Vierge, réunie vers ce temps-là par le père Bagot, au faubourg Saint-Marceau, à Paris, et ensuite

---

[1] Charlevoix, *Histoire de la Nouvelle-France*, t. II.

à l'Ermitage de M. de Bernières, son ami, près de Caen, où il se forma par l'étude, la méditation, la prière et les bonnes œuvres de tout genre, à la vie apostolique, à laquelle Dieu ne tarda pas de l'appeler. Chargé de la direction des hospitalières de Caen, il fut obligé, après qu'il les eut réformées, d'entreprendre, pour leurs intérêts, un voyage à Paris, durant lequel il se fit connaître avantageusement à la reine-mère ; et ce fut alors que, sur la recommandation des Jésuites, il fut désigné pour l'évêché du Canada, de la manière la plus flatteuse. Il chercha vainement à décharger sur un autre le fardeau qu'on voulait lui imposer : ses amis et son directeur lui en firent une obligation de conscience, et il ne se décida enfin à l'accepter qu'à la condition de n'aller en Canada qu'avec le titre de vicaire-apostolique, qui lui paraissait plus aisé à porter que celui d'évêque titulaire.

Quelques difficultés s'élevèrent à ce sujet entre le Saint-Siége et la cour de France, à qui appartenait la nomination des évêques du royaumee. Le nouveau vicaire-apostolique devant étendre sa juridiction sur un pays et des peuples considérés comme Français, la cour ne voyait pas de bon œil qu'il sortît des règles communes à toute l'église gallicane. Rome, de son côté, s'appuyait sur les règles de l'Église et sur un droit indisputable, en soutenant qu'un vicaire-apostolique ne pouvait dépendre que du Saint-Siége. Ces difficultés traînèrent pendant quelque temps l'affaire en longueur. Enfin on s'accorda à laisser l'église du Canada, comme celle du Puy, relever immédiatement du Saint-Siége, en abandonnant au roi de France la nomination et la présentation des évêques vicaires-apostoliques[1].

Ces difficultés étant une fois aplanies, François de Laval reçut ses bulles d'Alexandre VIII, qui lui conférait le titre d'évêque de Pétrée *in partibus* (Pétra en Arabie), et de vicaire-apostolique de toute la Nouvelle-France. Il avait alors trente-six ans. Il fut sacré dans l'église de l'abbaye de Saint-Germain-des-Prés à Paris, par le nonce du Pape, assisté de l'illustre Abelly, évêque de Rhodez, et de M. du Saussay, évêque de Toul, le 8 décembre 1658, jour de l'Immaculée Conception de la sainte Vierge, à laquelle il eut toujours beaucoup de dévotion, et qu'il choisit depuis pour la patronne de sa cathédrale, conjointement avec saint Louis, roi de France.

A la nouvelle de la nomination de l'abbé de Laval, l'archevêque de Rouen, qui s'était habitué à considérer le Canada comme une portion de son diocèse, chercha à susciter des obstacles au nouveau prélat, et, à son instigation, le parlement de Rouen osa même lui signifier qu'il eût à s'abstenir de tout acte de juridiction dans la Nouvelle-France. L'abbé de Quaylus, qui se trouvait alors en France, fut chargé de nouveau de tous les pouvoirs de l'archevêque, et partit en hâte pour le Canada, afin de prévenir Laval et de prendre avant lui

---

[1] *Mémoire de la vie de M*^{gr} *de Laval*, par M. de la Tour, dans la bibliothèque du séminaire de Québec.

une nouvelle possession du pays. Il y arriva effectivement assez longtemps avant le vicaire-apostolique, institua diverses paroisses et nomma des curés qui reçurent de lui leurs pouvoirs [1].

La congrégation des prêtres de Saint-Sulpice, à laquelle appartenait l'abbé de Quaylus, fondateur du séminaire de Montréal, avait déjà posé les bases de l'influence dont elle jouit encore à juste titre dans le Canada, où elle est devenue si puissante. Pour asseoir davantage cette influence et inspirer de la confiance à ceux qui venaient s'établir dans l'île dont ils étaient les possesseurs, les prêtres de Saint-Sulpice avaient engagé des personnes pieuses de France à se réunir pour fonder un hôpital à Montréal, sur le modèle de l'Hôtel-Dieu de Québec. Mme de Bullion donna soixante-deux mille livres; La Doversière, lieutenant-général au présidial de la Flèche, y consacra une partie de sa fortune, et ce fut par son conseil que l'on choisit pour desservir cet hôpital des filles de l'Hôtel-Dieu de cette même ville, dont l'institut a depuis été érigé en religion par le Saint-Siége. Ce fut la demoiselle Mance, dont j'ai parlé plus haut, qui reçut les Hospitalières à Montréal, et, tant qu'elle vécut, elle voulut toujours être chargée du temporel de leur maison. Chomedey de Maisonneuve la seconda vivement, en consentant à se continuer au gouvernement de cette petite colonie, après que l'île eut changé de seigneurs. L'établissement du

---

[1] Ibid.

séminaire et celui de l'Hôtel-Dieu avaient donné un grand essor à la ville qui commençait à se former à Montréal. Elle le devait encore à Marguerite Bourgeois, cette sainte fille qui, plusieurs années auparavant, avait suivi Maisonneuve en Canada. Sans autres ressources que son courage et sa confiance en Dieu, elle entreprit de procurer à toutes les jeunes personnes de son sexe, quelque pauvres et quelque abandonnées qu'elles fussent, une éducation que n'avaient point à cette époque, dans les royaumes les plus policés, beaucoup de demoiselles de condition, et elle y réussit au point, qu'on vit avec étonnement des femmes jusque dans le sein de l'indigence et de la misère parfaitement instruites de leur religion, qui n'ignoraient rien de ce qu'elles devaient savoir pour s'occuper utilement dans leurs familles, et qui, par leurs manières, leur langage et leur politesse, ne le cédaient en rien à celles qui, en France, avait été élevées avec le plus de soin. C'est la justice que rendaient et que rendent encore aujourd'hui aux filles de la Congrégation tous ceux qui ont fait quelque séjour en Canada.

La fondation de ces divers établissements, dans laquelle l'abbé de Quaylus avait eu plus ou moins de part, en sa qualité de supérieur du séminaire, n'avait pas laissé de lui donner une grande autorité dans la colonie, et surtout dans l'île de Montréal ; aussi dès son retour au Canada, après la nomination du vicaire-apostolique, avait-on paru bien mieux disposé à le re connaître pour le mandataire et le vicaire métropolitain de l'archevêque de Rouen que la première fois.

François de Laval s'inquiéta peu néanmoins de toutes ces menées. Fort de sa conscience et de l'autorité dont le Saint-Siége l'avait revêtu, il fit tranquillement les préparatifs de son voyage, et s'embarqua à la Rochelle, le jour de Pâques 1659, emmenant à sa suite MM. Ango de Mezerets, de Torcapel, Pèlerin et de Bernières, neveu du trésorier de ce nom, ainsi que le père Jérome Lallemand, oncle de celui qui avait été martyrisé par les Sauvages. Après un voyage favorable, ils arrivèrent heureusement, le 16 mai 1659, devant l'île Percé, à l'entrée du fleuve Saint-Laurent.

La nature qui commence à se dérouler en cet endroit jusqu'à Québec présente à l'œil étonné une suite de tableaux dont rien en Amérique ne peut surpasser la magnificence et la grandeur. Un mois après, jour pour jour, le navire qui portait le premier pasteur du Canada et ses saints compagnons, doublait la pointe Lévi, qui forme dans le fleuve un coude en face de Québec, et jetait l'ancre devant cette ville. Ce dut être un beau jour pour ce digne évêque que celui où, pour la première fois, il aperçut la cité que Dieu, dans sa miséricorde, lui avait réservée pour être le siége de son apostolat. Un bassin superbe, où plusieurs grandes escadres peuvent mouiller en sureté; un fleuve immense, dans lequel s'élance avec impétuosité une cascade majestueuse[1]; une belle et large rivière[2]; des rivages partout bordés de rochers escarpés, et parsemés çà et là de hautes et sombres forêts : tel est le spectacle qui s'offrit tout à coup aux regards de Laval, et dont la vue avait si vivement frappé auparavant le coup d'œil du pieux Champlain. Sur la pointe du cap Diamant se montrait le château Saint-Louis, bâti par ce grand homme, avec les clochers des églises et des monastères, dont la croix dominait le fleuve et la gigantesque nature qui l'environne.

On savait à Québec que François de Laval avait été nommé vicaire-apostolique de la Nouvelle-France; mais le navire chargé de porter la nouvelle de sa prochaine arrivée, battu par de mauvais temps, n'avait pas encore touché le Canada ; aussi la surprise égalat-elle la joie de la colonie en apprenant que le vaisseau mouillé dans la rade amenait son premier pasteur. Toute la population se réunit devant le château et accompagna le vicomte d'Argenson, alors gouverneur de la Nouvelle-France, au devant du vicaire-apostolique. Laval, environné de ses compagnons et du gouverneur, monta dans la ville au son des cloches et au bruit de toute l'artillerie du fort. Le vicomte le mena à l'église paroissiale, où l'abbé de Lauzon, exerçant les fonctions curiales par provision de M. de Quaylus, le

---

[1] La cascade ou saut de Montmorency, de 240 pieds de hauteur, tombe dans le Saint-Laurent, à sept ou huit milles de Québec.

[2] La rivière Saint-Charles, qui se jette dans le fleuve, à côté de Québec, dont elle forme le port.

reçut avec tout le respect et la soumission qu'il devait à son supérieur ecclésiastique et l'accompagna ensuite au château, où tout le clergé de la ville et les pères jésuites vinrent lui rendre leurs hommages.

Ce fut chez ces religieux qu'il alla loger, durant les premières semaines de son séjour à Québec ; on lui prépara ensuite un appartement dépendant de l'Hôtel-Dieu, et il y demeura près de trois mois, avec les prêtres qu'il avait amenés avec lui. Sa troisième habitation fut le pensionnat des Ursulines, qu'on appelait alors le Séminaire, où il fit faire une clôture qui l'en séparait, afin d'y demeurer canoniquement. Mais la gêne que tant de personnes donnaient à cette maison lui fit ensuite accepter la maison de Mme de la Peltrie, où il demeura deux ans. Il acheta après cela une vieille maison, près de l'église, sur le cimetière, qui fut transporté ailleurs ; c'est là qu'il fit bâtir le presbytère, où trois ans après, en 1662, vinrent se joindre à lui les abbés Dédouit et Henri de Bernières, autre neveu du trésorier général, qui fut plus tard curé de la ville et premier doyen du chapitre[1].

Le premier soin de l'évêque de Pétrée fut de chercher à faire reconnaître son autorité dans la colonie, malgré les obstacles que l'abbé de Quaylus crut devoir encore lui susciter. Celui-ci avait défendu même à l'abbé de Lauzon de laisser François de Laval prendre possession de l'église paroissiale, et les religieuses de l'Hôtel-Dieu

---

[1] *Mémoire de la vie de M. de Laval.*

racontent elles-mêmes[1], dans leurs mémoires, qu'elles hésitèrent quelque temps à recevoir le vicaire-apostolique, dont on ignorait généralement les véritables attributions et le degré d'autorité. Mais en voyant la prompte obéissance de celui que l'abbé de Quaylus avait nommé curé de Québec, elles finirent par suivre son exemple. Agissant plutôt en évêque titulaire qu'en vicaire-apostolique, le prélat établit ensuite une officialité à Québec, pour connaître des causes ecclésiastiques, et Lauzon fut récompensé de sa prompte soumission par la nomination à la charge d'official ; Torcapel fut nommé à celle de promoteur. A la suite de ces divers actes, François de Laval fulmina ses bulles dans toute la colonie et défendit de reconnaître d'autre autorité que la sienne. Il trouva néanmoins encore de la résistance à Montréal, où l'abbé de Quaylus, se fondant sur l'incertitude des pouvoirs d'un vicaire-apostolique, et leur incapacité, selon lui, d'établir une juridiction précaire dans un pays soumis depuis longtemps à la juridiction d'un archevêque titulaire, continuait à exercer celle de vicaire-général métropolitain de Rouen. Il fallut plus tard une lettre de cachet pour le forcer à quitter le Canada ; et, après son arrivée à Paris, il se trouva dans la nécessité de se rendre encore à Rome, pour se justifier du reproche, peut-être un peu fondé, de

---

[1] *Histoire de l'Hôtel-Dieu de Québec.*

Jansénisme, qu'on faisait contre lui, au tribunal du Saint-Siége, dans l'espoir d'abaisser l'influence croissante du séminaire de Montréal.

Malgré les ravages d'une maladie contagieuse qui envahit Québec vers cette époque, et qui donna occasion à l'évêque de Pétrée d'exercer sa charité dans les maisons et l'Hôtel-Dieu, le prélat continuait activement à s'occuper de l'organisation de son diocèse. Les Jésuites, qui avaient d'abord occupé toutes les cures du Canada, les abandonnaient avec joie à mesure que le nombre des prêtres séculiers augmentait ; ils ne s'adonnèrent qu'avec plus d'ardeur à leur sainte mission parmi les Sauvages, tout en continuant à servir de directeurs dans quelques monastères. Après les cures des villes, on donna à ceux-ci les paroisses de la côte de Beaupré, près de Québec, les seules encore qui fussent organisées dans la campagne. En tout et partout, l'évêque était le premier à l'œuvre. On le vit plus d'une fois administrer les sacrements à la ville et à la campagne, seul avec un prêtre, ou bien un domestique, ramant dans un canot en été, en hiver marchant sur la neige avec des raquettes[1], portant sur le dos sa chapelle et un morceau de pain, souvent sa seule nourriture dans ses courses apostoliques. C'est de cette manière qu'il fit sa première visite épiscopale pour administrer le sacrement de la Confirmation, et pour déterminer les lieux

---

[1] Les raquettes sont un tissu de lanières de cuirs et de baguettes de bois, de trois pieds de long, ayant à peu près la forme des raquettes à jouer au volant. On se les met aux pieds en Canada, pour marcher sur la neige, afin de n'y pas enfoncer.

où il avait dessein de bâtir des églises et d'ériger des paroisses. Il contracta dès lors les germes des infirmités qui l'accompagnèrent durant toute sa vie, et qui le forcèrent dans la suite à se démettre de son évêché.

Dès les premiers mois de son séjour en Canada, il apprit qu'on avait découvert plusieurs nations jusquelà inconnues, au nord et à l'ouest du lac Huron. Malgré les dangers dont son église était environnée par l'abandon de la colonie et les ravages des Iroquois, il songea aussitôt aux moyens de les faire éclairer des lumières de l'Évangile. Il s'en ouvrit au père Lallemand, qui venait d'être nommé pour la seconde fois supérieur-général des missions, et prit avec lui les mesures convenables pour l'exécution de ce dessein. On envoya aussi un renfort de missionnaires aux nations abénakises, qui devenaient insensiblement toutes chrétiennes, mais dont la vie errante empêchait que le progrès de l'Evangile ne fût aussi rapide parmi elles qu'on se l'était promis en voyant leur docilité.

A son arrivée à Québec, Laval avait trouvé la colonie en armes, et presque réduite aux abois, faute de secours de la mère-patrie. De nombreux partis d'Iroquois tenaient la campagne autour de Montréal et de Québec, où la nouvelle de l'approche d'un corps considérable d'ennemis, au commencement de l'année 1660, avait jeté une profonde consternation. Les Ursulines et les Hospitalières étaient forcées de sortir le soir de leurs monastères, où on ne les croyait pas en sûreté, et de se retirer pour la nuit au collége des Jésuites, qui était plus fort et plus avantageux pour la défense. On avait d'ailleurs fortifié le collége ainsi que les deux couvents, et le gouverneur y tenait une partie de la garnison. Bien des colons furent sur le point de tout quitter pour retourner en France, et les Ursulines songèrent elles-mêmes plus d'une fois à repasser les mers.

Enfin les Iroquois se lassèrent eux-mêmes d'une guerre dont ils ne tiraient que peu de profit ; on ne les vit plus durant le reste de l'année. Mais vers la fin de l'hiver, plusieurs partis se montrèrent encore sur divers points de la colonie, et y exercèrent de grands ravages. L'église du Canada y perdit les abbés Vignol et Le Maître, tous deux prêtres du séminaire de Montréal ; celui-ci fut tué en revenant de dire la messe à la campagne. La colonie y perdit M. de Lauzon, sénéchal de la Nouvelle-France et fils de l'ancien gouverneur, qui avait été tué dans une embuscade à l'île d'Orléans. Il fallut toute l'énergie, toute la patience et le courage de Laval pour soutenir, au milieu de tant de dangers et de privations, son église naissante. Dans ces cruelles épreuves, le Canada sentait déjà jusque dans ses ramifications les plus éloignées l'influence salutaire de sa présence. A Québec, qui en était le centre, l'église s'affermissait en raison même des obstacles et des résistances que rencontrait encore l'évêque de Pétrée ; et du fond des missions lointaines, comme des paroisses voisines, tous, prêtres et missionnaires, Français ou peuplades sauvages, tournaient les yeux vers celui que Dieu avait placé au milieu d'eux pour être leur chef et leur soutien.

Le père Mesnard, qui avait été chargé par ses supérieurs d'accompagner une bande d'Ottawas à la Baie-Verte et au lac Supérieur, pour y fonder une mission, assurait, dans une lettre qu'on reçut après sa mort, que rien n'avait plus servi à le soutenir au milieu des fatigues et des immenses privations qui l'avaient accompagné dans ce voyage, que ces paroles que lui avait adressées l'évêque de Pétrée, qu'il avait rencontré entre les Trois-Rivières et Montréal : « Toutes sortes de raisons, mon cher Père, devraient vous retenir ici ; mais Dieu, plus fort que toutes nos raisons, vous veut dans le pays où vous allez[1]. » Parti au mois d'août 1660, il arriva, après trois mois du voyage le plus pénible, à la baie nommée alors de Sainte-Thérèse, et que l'on croit être la baie appelée aujourd'hui de Keweena, sur le rivage méridional du lac Supérieur. Après plus de huit mois d'un séjour presque infructueux dans ce lieu, où il ne vécut que de glands et d'écorces d'arbres pilées, avec un peu d'huile pour tout assaisonnement, il fut appelé par les Hurons réfugiés à l'île de Saint-Michel à l'extrémité occidentale du lac ; il fit ses adieux à ses néophytes et aux Français de sa troupe, qu'il ne devait plus revoir sur la terre, et partit avec un domestique pour la baie de Che-goi-me-gon. Il paraît qu'il prit sa

---

[1] Lettre du père Mesnard

route par le lac de Keweena et le Portage. S'étant un jour séparé de son compagnon, occupé à charger son canot, il entra dans un bois et s'y égara (1661). On ne le revit plus depuis; mais longtemps après, sa soutane et son bréviaire furent reconnus dans une cabane de Sioux qui leur rendaient une espèce de culte, en leur présentant, dans leurs festins, de tous les mets qu'on servait.

CHAPITRE VI.

DEPUIS LE DÉMÊLÉ DE L'ÉVÊQUE DE PÉTRÉE AVEC M. D'AVAUGOUR, GOUVERNEUR DU CANADA, EN 1661, JUSQU'À LA MORT DE MÉZY, SON SUCCESSEUR, EN 1665.

Le baron d'Avaugour gouverneur du Canada ; il tolère la traite de l'eau-de-vie, Représentations inutiles de l'évêque de Pétrée. Il prend des mesures canoniques contre les désordres. Libelles et calomnies contre lui. L'évêque de Pétrée se rend à Paris pour solliciter l'érection d'un siège titulaire en Canada (1662). Accueil empressé qu'il reçoit du monarque. Louis XIV se rend à tous ses désirs. Fondation du séminaire de Québec (1663). Réglements de cette maison. Ses changements. Retour de François de Laval avec le chevalier de Mézy, nommé gouverneur du Canada. Établissement du conseil souverain ou parlement de Québec. Hospitalité du vicaire-apostolique. Sa vie commune avec son clergé. Réflexions sur l'inamovibilité des prêtres. Union du clergé canadien. L'église de Québec est érigée en paroisse, en faveur de l'abbé de Bernières (1664). Premières cloches fondues en Canada. Conduite violente du chevalier de Mézy, gouverneur de la Nouvelle-France. Ses extravagances. Réglements du conseil supérieur au sujet des dîmes. Accusations du major de Mézy contre les Jésuites. Mesures que Colbert croit devoir prendre à cet égard. Le marquis de Tracy nommé vice roi de la Nouvelle-France. Le bruit de son arrivée jette l'effroi parmi les Iroquois ennemis. Ils demandent la paix (1664). Maladie du major de Mézy ; sa réconciliation avec l'évêque. Sa mort et ses funérailles (1665).

Au milieu des malheurs de la colonie, les gouverneurs-généraux avaient néanmoins tenu toujours la main assez ferme à l'exécution des ordres qu'ils avaient donnés eux-mêmes de ne point vendre d'eau-de-vie aux Sauvages. Le baron d'Avaugour, qui venait de succéder au vicomte d'Argenson, avait décerné des peines très-sévères contre ceux qui contreviendraient à ses ordonnances sur ce point capital. Un incident le fit changer tout d'un coup sans retour. Une femme de Québec fut surprise en contravention, et sur-le-champ conduite en prison. Le père Lallemand, supérieur des Jésuites, à la prière de ses parents et de ses amis, crut pouvoir, sans conséquence, intercéder pour elle. Il alla trouver le gouverneur-général ; d'Avaugour le reçut fort mal et répondit brusquement : — Vous êtes les premiers à crier contre la traite, et vous ne voulez pas qu'on punisse les traitants. Je ne serai plus le jouet de vos contradictions ; puisque ce n'est pas une faute punissable dans cette femme, ce n'en sera plus une pour personne.

Ce raisonnement était loin d'être juste. Faut-il abolir une loi et permettre le crime, parce qu'on aura mal à propos demandé la grâce d'un criminel? Un peu plus de sang-froid chez le baron d'Avaugour lui aurait fait répondre au supérieur qu'il remplissait son devoir et ne faisait que suivre l'exemple du Sauveur, en implorant sa clémence pour cette femme ; mais que le sien l'obligeait de faire justice. Il ne consulta que son humeur et une droiture mal entendue, et par un faux point d'honneur il refusa toujours de rétracter les paroles indiscrètes qui lui étaient échappées. L'évêque, le clergé, les Jésuites, tout ce qu'il y avait d'honnêtes gens dans la colonie, les Sauvages eux-mêmes, par des députations solennelles de leurs chefs, eurent beau lui représenter les suites malheureuses de cette liberté, et le supplier de faire exécuter ses propres ordonnances, soit prévention contre l'évêque, soit ressentiment contre les Jésuites, rien ne put faire changer ce caractère raide et inflexible : il laissa toute licence aux traitants, et bientôt le désordre devint extrême. On distribua de l'eau-de-vie à profusion. Les Sauvages qui se faisaient instruire abandonnèrent la religion ; les plus fervents néophytes apostasièrent, et ces peuplades qui faisaient revivre, par la pureté de leur mœurs, les vertus de la primitive Église, et que les infidèles eux-mêmes admiraient, devinrent l'opprobre et le scandale du nom chrétien. Un petit nombre seul sut résister à ce fatal entraînement, les uns en se renfermant dans l'enceinte de Sillery, les autres en se retirant de Tadoussac au cap de la Madeleine[1].

Le vicaire-apostolique, se voyant repoussé par le gouverneur, chercha à remédier au mal par les moyens que lui donnaient son caractère et l'autorité dont Dieu l'avait revêtu. Il publia un mandement par lequel il défendait absolument la vente de l'eau-de-vie, et porta contre les réfractaires les censures de l'Église. Dans la suite, il fit aussi un cas réservé du commerce criminel d'un Français avec les Sauvagesses, ce crime, si facile et si commun, n'étant qu'une suite de l'ivresse à laquelle on les entraînait. Le clergé et les Jésuites secondèrent vivement le zèle de l'évêque, dans la chaire et au tribunal de la pénitence.

---

[1] Charlevoix, *Histoire de la Nouvelle-France*. — *Mémoires de la vie de M. de Laval, premier évêque de Québec.*

Ces rigueurs salutaires devinrent le signal d'une persécution qui poursuivit le prélat jusqu'au delà même du tombeau. On invectiva publiquement contre les prêtres et leur évêque, en les accusant de troubler injustement les consciences, et on alla même jusqu'à les calomnier dans leurs mœurs et leur conduite. Des libelles se publièrent dans la colonie, et l'on porta jusqu'au pied du trône des *Mémoires* renfermant des plaintes contre eux. Le roi, toutefois, qui en pénétra les vrais motifs, n'y eut aucun égard. Ce qu'il y avait de respectable dans la colonie, la voix publique elle-même, les démentirent. On ne put donc réussir à entamer la réputation de sainteté si justement acquise à l'évêque de Pétrée ; tout ce que l'on gagna, et les intéressés ne demandaient pas autre chose, fut que le commerce de l'eau-de-vie demeura libre, que les traficants eurent pleine licence pour porter les Sauvages au désordre, et les jeter dans un abrutissement pire mille fois que celui dont les missionnaires avaient eu tant de peine à les retirer.

Laval en était profondément affligé. Mais il souffrait avec une sainte résignation toutes les tribulations qu'il plaisait à Dieu de lui envoyer. Ne considérant en tout que la volonté de son divin maître, il se croyait heureux de supporter quelque chose pour son amour et pour le bien de sa chère Église. Celle-ci l'occupait sans cesse. Ses besoins étaient extrêmes, et la traite odieuse de l'eau-de-vie n'était pas le moindre de ses maux. Ces motifs et plusieurs autres déterminèrent enfin le pieux évêque à se rendre en France, pour exposer au pied du trône les besoins du Canada.

Trois années de séjour dans cette contrée ne lui en avaient appris que trop l'état et les besoins. Incapable de s'opposer à tous les désordres dont il était témoin, et dont il gémissait si tristement devant Dieu, il sentait qu'il lui manquait quelque chose pour compléter son autorité. Si, par humilité, il avait refusé une première fois d'être évêque titulaire du Canada, il comprenait désormais que l'érection d'un évêché y était nécessaire. Le titre de vicaire-apostolique n'était qu'un titre précaire, dont les attributions n'étaient pas suffisamment connues de tous et pouvaient donner lieu à des contestations, comme il en était arrivé avec l'abbé de Quaylus, supérieur du séminaire de Montréal. Avec des prêtres dispersés sur un pays immense, et qui n'étaient que trop naturellement disposés à ne regarder le vicaire-apostolique que comme le premier entre ses égaux, il devenait difficile de corriger les abus que cette situation faisait naître, et d'imprimer une direction forte et stable à l'action épiscopale. Il fallait donc un évêque titulaire qui fût le centre naturel et commun aussi bien que le chef réel de cette église naissante. L'évêque titulaire en effet a des prérogatives et une autorité connues de tous, réglées d'avance par le droit ecclésiastique, et irrévocables, à moins d'une indignité juridiquement constatée. Ces raisons puissantes, si bien senties par tous les hommes de pouvoir, sont précisément celles qui inspirèrent si souvent aux gouverneurs-généraux, dans les colonies, l'idée de s'opposer à l'érection des évêchés ; ce sont celles qui, de nos jours encore, entravent l'établissement des évêques titulaires dans la plupart des colonies françaises [1], où les gouverneurs, accoutumés à commander sans contrôle, redoutent de trouver, dans l'œil vigilant d'un pasteur, la censure ou la réprobation d'actes tyranniques, trop éloignés de la métropole pour en être connus.

Laval se résolut donc au voyage d'outre-mer. Il passa en France en 1662, laissant dans tous les cœurs fidèles une douleur amère de son départ et un désir ardent de le voir revenir bientôt. Le temps de son absence fut signalé par des prodiges extraordinaires et un tremblement de terre affreux, qui bouleversa une partie de la Nouvelle-France. Néanmoins personne n'y périt ; mais on regarda ces phénomènes comme un signe de la colère céleste. Ils eurent cet avantage pour la colonie, qu'un grand nombre de pécheurs firent pénitence et se réconcilièrent avec l'Église.

Le vicaire-apostolique fut reçu à la cour avec cet éclat que donne un grand nom, de grands travaux, des vertus éminentes, et la singularité, alors beaucoup plus grande que de de nos jours, d'une mission au-delà des mers. Son voyage ayant surtout pour but de faire éri-

---

[1] Cet abus, conservé par les rois de la monarchie légitime et par le gouvernement de Louis-Philippe, vient heureusement d'être retranché par les soins véritablement chrétiens du prince Louis-Napoléon Bonaparte, président de France. Les colonies françaises ont été érigées en évêchés titulaires, et tout fait espérer que le prince-président continuera son œuvre de restauration chrétienne, en faisant ériger l'Algérie en province ecclésiastique et en donnant à cette colonie quelques évêchés de plus. C'est là le seul moyen d'assurer l'avenir chrétien de l'Afrique.

ger Québec en évêché titulaire, il désirait obtenir en même temps pour cette nouvelle église un chapitre et un séminaire, avec une dotation convenable pour soutenir ces divers établissements. Il fit sentir également au roi la nécessité d'ériger un conseil souverain ou civil, pour protéger la colonie et juger en dernier ressort les affaires des particuliers, jusque là soumises à l'autorité arbitraire des gouverneurs-généraux. Le roi entra avec plaisir dans toutes ses vues. Il approuva le projet de l'évêché de Québec, et l'en nomma le premier évêque. Il chargea en même temps son ambassadeur à Rome d'en solliciter les bulles d'érection; mais il se passa plusieurs années encore avant que cette affaire se fût terminée, et les nombreuses négociations qu'elle entraîna prouvèrent suffisamment que le Pape entendait que l'évêché de Québec ne relevât que de Rome seule. Louis XIV promit de le doter et donna à l'évêque l'abbaye de Maubec en Berry, à la charge de l'unir à l'évêché lorsqu'il serait érigé. Il accorda l'établissement d'un séminaire, promit celui d'un conseil souverain, et agréa toutes les mesures qui lui furent proposées pour arrêter les désordres qui commençaient à s'introduire dans la Nouvelle-France, surtout par la traite de l'eau-de-vie. Le prélat, infiniment satisfait, rendit grâce à Dieu du succès de son voyage. Il retourna au Canada l'année suivante, par le premier vaisseau ; mais il n'attendit pas son retour pour travailler à son séminaire, dont il jeta les fondements à Paris.

Sous l'influence des pères Bagot et de Rhodes, qui, mieux que les autres, avaient compris la nécessité de l'épiscopat et de l'institution du clergé indigène dans les missions lointaines, plusieurs des anciens amis de l'évêque de Pétrée s'étaient réunis pour fonder la congrégation des Missions étrangères. Cette institution commença dans une maison de la rue du Bac, à Paris, donnée à cet effet par l'évêque de Babylone; elle y existe encore actuellement. Ce fut sur les règlements de cette maison que l'évêque de Pétrée forma ceux de son séminaire.

Le 26 mars 1663, il rendit un mandement pour l'établissement d'un séminaire épiscopal à Québec. Le mandement portait que les supérieurs du séminaire seraient à la nomination de l'évêque, que toutes les cures du diocèse y seraient unies, que tous les curés seraient amovibles et pris de la maison, que le séminaire jouirait de toutes les dîmes, et serait chargé de la nourriture et de l'entretien des ecclésiastiques sains ou malades, de tous les frais de traversées, et que l'évêque n'en pourrait aliéner les fonds sans nécessité, ni sans le consentement des quatre premiers directeurs. Le roi confirma cette ordonnance par des lettres-patentes du mois d'avril suivant, enregistrées depuis au conseil souverain de Québec. Louis XIV rendait le séminaire capable de tous effets civils, le déchargeait à perpétuité des droits d'amortissement et nouveaux acquêts pour toutes acquisitions faites ou à faire, lui donnait sans exception la totalité des dîmes dans toute la Nouvelle-France, dont la quotité demeurait fixée au treizième, sans que les évêques pussent en disposer autrement que dans l'intérêt du séminaire.

La plupart de ces articles furent changés depuis. Le séminaire des Missions-Étrangères de Paris, auquel celui de Québec avait été agrégé, nomma ou confirma, jusqu'à la conquête du Canada par les Anglais, les supérieurs et directeurs de celui de Québec, que l'on présentait simplement à l'évêque. Le nombre des directeurs, comprenant le supérieur, varia et se trouve aujourd'hui fixé à sept membres, qui agrégent les autres lorsqu'il en vient à manquer quelqu'un, et choisissent entr'eux le supérieur de la maison. Le séminaire, dont les cures ont été séparées depuis longtemps, ne reçoit plus aucune dîme, et il n'est plus chargé que de l'entretien de ses directeurs et professeurs, ou prêtres auxiliaires. Quant aux dîmes, elles furent réduites au vingt-sixième par une ordonnance du marquis de Tracy, vice-roi de la Nouvelle-France, datée du 23 août 1667.

Heureux des succès qu'il avait obtenus, le vicaire-apostolique n'en était que plus pressé de se réunir à son église. Il s'embarqua durant les fêtes de la Pentecôte de l'année 1663, dans un des vaisseaux du roi, chargé de porter à la Nouvelle-France le nouveau gouverneur que Louis XIV envoyait remplacer le baron d'Avaugour. C'était le chevalier de Mézy, ancien ami de M. de Laval, et que ce prélat avait lui-même désigné au roi comme celui de qui la piété et les mœurs offraient le plus de garanties pour la bonne administration de la colonie, dont les privilèges venaient de passer des mains des Cent-Associés entre celles de la compagnie des Indes-Occidentales. Le prélat amenait avec lui plusieurs ecclésiastiques ; tous, ainsi que lui, eurent occasion d'exercer leur zèle, en soignant les malades qui se trouvèrent en grand nombre sur le vaisseau durant la traversée.

Ils furent reçus à Québec avec une joie inconcevable, et l'on ne vit pas avec moins de plaisir les troupes que le même vaisseau avait apportées avec le nouveau gouverneur, et le commissaire Gaudais, nommé par le roi pour établir définitivement l'autorité royale en Canada. Le vicaire-apostolique fut le premier à se faire inscrire sur les registres du recensement général qui se fit de toute la colonie, dès les premiers jours de son arrivée.

L'établissement d'une cour souveraine n'était pas du ressort de l'Église ; ce fut néanmoins à son premier évêque que le Canada fut redevable de cette institution. Ce prélat en avait obtenu l'érection en 1662, avec le pouvoir d'en choisir les membres, de concert avec le gouverneur, ce qui fut exécuté vers la fin de l'année suivante. Les lettres-patentes en furent enregistrées ; leur inscription précéda de peu celle du séminaire, dont les lettres-patentes furent enregistrées aussi, le 10 octobre de la même année. Ce conseil souverain, à qui l'on trouva plus tard à propos de n'attribuer que le titre de conseil supérieur, ou de parlement de Québec, jugeait en dernier ressort les affaires du Canada. Le gouverneur, l'évêque, l'intendant, quatre conseillers, un procureur-général et un greffier en chef, en composaient le personnel. Ces derniers officiers devaient être choisis par le gouverneur, de concert avec l'évêque et l'intendant, parmi les notables de la ville, avec le droit de les changer tous les ans ou de les continuer. On leur donna aussi le pouvoir d'établir des juges inférieurs dans les justices royales, c'est-à-dire autres que celles des seigneurs. Le roi donnait au conseil toute juridiction en dernier ressort dans toute l'étendue de la colonie, ordonnant qu'on y suivit la coutume de Paris, la jurisprudence du parlement de Paris, et les ordonnances royales concernant la procédure tant civile que criminelle. Le nombre des officiers fut depuis augmenté, entre autres d'un conseiller ecclésiastique, qui fut adjoint comme aide de l'évêque.

L'établissement du séminaire de Québec était ce que le vicaire-apostolique avait le plus à cœur depuis son retour de France. A l'exemple de saint Augustin et de tant d'autres illustres évêques, il ne forma avec tout son clergé et son séminaire qu'une même communauté, qui ressemblait à une famille dont il était le père. La pauvreté des paroisses, celle des prêtres qu'il y envoyait en mission, les fatigues extrêmes qu'ils avaient à y supporter, et qui souvent les rendaient infirmes avant l'âge, la crainte de voir plus tard ces pauvres prêtres manquer du nécessaire dans leur vieillesse, avaient inspiré à l'évêque de Pétrée l'idée si chrétienne de ne faire de tout le clergé du Canada qu'une grande famille où tout serait en commun.

La maison de l'évêque demeura longtemps la maison commune de tous, et le supérieur du séminaire recevait le superflu des bénéfices tenus par les curés. Cet ordre de choses dut naturellement changer par la suite, et il y eut souvent des contestations de la part des gouverneurs ou du parlement au sujet des curés, que l'on chercha bien des fois à rendre inamovibles dans leurs bénéfices.

Ils ne le devinrent toutefois jamais entièrement, ce qui excita fréquemment des murmures contre l'évêque de Pétrée. L'inamovibilité avait de grands avantages ; mais, pour l'adopter, il aurait fallu, dans les cas prévus par les canons et lorsque le changement d'un curé était reconnu nécessaire par l'évêque et son officialité, que l'évêque pût le déplacer ou le révoquer, sans avoir besoin du concours d'un tribunal civil. C'est le contrôle que la puissance séculière a voulu établir sur les procédures des tribunaux ecclésiastiques, contrôle toujours nuisible à la liberté de l'Église, qui a seul empêché bien des évêques, et qui en particulier avait empêché l'évêque de Québec de rendre les curés inamovibles dans leurs diocèses. Les gouverneurs et les intendants du Canada, qui firent si souvent un crime aux évêques de Québec de la situation des curés, n'avaient pas eu toujours tort. Mais trop souvent aussi il leur arriva de ne vouloir rendre les curés indépendants de l'évêque, que pour se faire contre lui une arme de la désobéissance de quelques mauvais prêtres. Un diocèse privé de tribunaux ecclésiastiques et soumis au système de l'amovibilité, livre sans obstacle les prêtres à l'arbitraire de l'évêque ou de ses vicaires-généraux, et de cet état de choses que d'inconvénients et d'injustices quelquefois découlent! D'un autre côté, que de scandales peuvent subsister, que de révoltes il peut y avoir contre l'autorité épiscopale, dans un diocèse où les curés sont inamovibles et où les tribunaux ecclésiastiques ne peuvent les déplacer sans le concours et la sanction de l'autorité civile! L'inamovibilité ne serait donc à désirer qu'autant qu'elle pût céder, dans certaines circonstances prévues par les canons, à l'autorité épiscopale, jugeant par son officialité, dans l'esprit de l'ancienne discipline ecclésiastique.

Quoi qu'il en soit, nous devons dire que c'est à la sage administration de l'évêque de Pétrée que le Canada fut redevable des progrès rapides de la religion, et le clergé de la piété édifiante qui le distingua à toutes les époques. Laval leur servit de modèle. Défiant de lui-même et d'une humilité profonde, il leur montra qu'il savait suivre les préceptes évangéliques, *en se faisant le plus petit* parmi ses inférieurs, et en pratiquant le conseil du prince des apôtres : *Gardez-vous de dominer sur le clergé, mais rendez-vous de bon cœur la règle de votre troupeau*[1]. Il avait des assemblées fréquentes avec ses

---

[1] I *Epist. B. Petri,* c. 5, v. 3.

grands-vicaires, les principaux de son chapitre, les supérieurs des communautés et les religieux distingués par leur vertu ou leur mérite. Point d'affaire importante qu'il ne la leur proposât : aussi jamais prélat ne fut plus aimé, obéi et respecté de son clergé, et moins accusé de despotisme par ses prêtres, que le premier évêque de Québec.

Il ne se borna pas seulement à l'union des membres du clergé. Il trouva encore le moyen de lier entre elles les diverses communautés religieuses du Canada, et, lorsque l'abbé de Quaylus fut parti, les Sulpiciens de Montréal furent les premiers à s'unir de prières, d'hospitalité et de bonnes œuvres aux Jésuites et au vicaire-apostolique, pour l'avantage de chacun en particulier et de tout le diocèse en général.

L'église de Québec, que l'évêque de Pétrée avait destinée à remplacer la chapelle bâtie par Champlain, était en voie de construction. Il en avait chargé Henri de Bernières, en faveur duquel il l'érigea en paroisse, le 5 septembre 1664. Le bâtiment ne fut toutefois terminé que l'année suivante. Sur la fin de cette même année 1664, le prélat fit la bénédiction solennelle des trois premières cloches qui eussent été fondues dans le Canada. On commença aussi alors à se servir pour la première fois des orgues qu'il avait apportées de Paris, et sur le modèle desquelles un ecclésiastique bon musicien et mécanicien distingué en fabriqua d'autres assez bonnes pour l'usage de diverses églises [1].

[1] *Mémoire sur la vie de M. de Laval.*

Nous avons rapporté que la nomination du nouveau gouverneur du Canada avait été laissée par le roi au choix du vicaire-apostolique, et que celui-ci avait désigné le major de Mézy, ancien commandant de la citadelle de Caen, avec lequel il avait autrefois été lié intimement chez le trésorier général de Bernières. De Mézy faisait profession d'une haute piété ; et le prélat pouvait, ce semble, tout attendre d'un homme que la religion, l'amitié, et la reconnaissance devaient attacher inviolablement à sa personne. Mais à peine De Mézy fut-il installé, qu'il parut tout autre. Les esprits inquiets qui avaient aigri le baron d'Avaugour rallumèrent plus que jamais le feu de la discorde. Le gouverneur changea presque subitement. On lui rendit suspects le clergé et l'évêque, qu'il avait jusque-là respectés, et on parvint à lui inspirer un violent chagrin de n'avoir pas dans la colonie l'autorité des anciens gouverneurs. Le changement que le roi avait apporté dans l'administration du Canada privait d'ailleurs le nouveau gouverneur d'une assez forte partie des honoraires dont avaient joui ses prédécesseurs, et que leur payait la compagnie des Cent-Associés. Il prétendit que la colonie devait lui faire la même pension, et les membres du conseil qui s'opposèrent à ses prétentions éprouvèrent les effets de sa mauvaise humeur. Deux des principaux conseillers furent embarqués violemment par son ordre, renvoyés en France sans forme de procès, et d'autres mis à leur place. Il se forma alors contre lui une opposition juridique qui protesta de la nullité de ces nominations, ce qui ne fit d'ailleurs que l'aigrir davantage [1].

L'évêque lui-même s'attira son indignation pour avoir voulu, en qualité d'ami, lui faire des remontrances. Il traita le prélat avec la dernière inconvenance, le traversa dans toutes ses vues, et affecta de lui refuser jusqu'aux moindres égards de la bienséance. Enfin il en vint à des extrémités incroyables. Un jour, à la tête de ses gardes et de la garnison du château, il investit l'église et la maison de l'évêque, en proférant des menaces contre sa vie. Le prélat, sans s'étonner, fait au pied de l'autel sa prière avec le sacrifice de sa personne, puis paraît à la porte de l'église, devant le gouverneur et sa petite armée. Le bruit courut que Mézy avait donné ordre de le saisir ou de tirer sur lui. Mais les soldats, loin de lui faire la moindre insulte, défilèrent respectueusement devant lui, et lui firent en passant, comme s'ils se fussent donné le mot, le salut des armes qu'on ne fait qu'aux princes et aux généraux. Le gouverneur, confus de sa conduite, se hâta de se retirer [2].

Cette affaire fit naturellement grand bruit à la cour. A la vérité l'évêque ne porta aucune plainte à ce sujet; mais toute la colonie le fit pour lui. De Mézy n'en continua pas moins ses efforts pour contrecarrer le prélat dans tous ses plans, surtout à l'occasion des dîmes et des cures. Ainsi que nous l'avons fait observer, les

---

[1] Charlevoix, *Histoire de la Nouvelle-France.*
[2] *Mémoire de la vie de M. de Laval.*

prêtres ne desservaient d'abord les paroisses du Canada que par commission de l'évêque ou du séminaire, auquel une promesse de vive voix ou par écrit les liait d'ordinaire, suivant le dessein que Laval avait formé de ne faire de tous les ecclésiastiques de son diocèse qu'un peuple de frères. Lors de son voyage en France, on lui avait accordé que les dîmes seraient payées aux directeurs du nouveau séminaire et taxées au treizième de tout ce qui se doit à l'Église. Ce chiffre parut élevé à beaucoup de colons qui étaient pauvres dans les commencements, et De Mézy en profita pour fomenter parmi eux des mécontentements contre l'évêque. Au lieu de chercher à faire conclure un nouvel arrangement avec l'autorité épiscopale, il excita les colons à se soulever contre les missionnaires, et, malgré les concessions que fit le prélat, les plaintes devinrent bientôt si menaçantes, qu'il fallut retirer le missionnaire qui desservait la côte de Beaupré, où il n'était plus en sûreté[1].

Ces représentations et ces clameurs ne cessèrent que lorsque le conseil supérieur eût réduit les dîmes au vingt-sixième. Un arrêt fut rendu alors qui réglait cet objet, en disant qu'elles seraient payées en grain, et non en gerbes, et que les terres nouvellement défrichées ne paieraient rien durant les cinq premières années.

Ce règlement était sage et il fut exécuté. Mais dans

---

[1] Id., ibid.

la suite, la colonie s'étant accrue, il parut nécessaire d'établir de nouvelles missions et de nouveaux curés. On demanda alors que les cures fussent détachées du séminaire, et que les dîmes appartinssent aux curés, et en même temps on traita de leur fixation, malgré les réclamations de l'évêque. Ces deux points furent ordonnés par un édit royal (1679), cinq ans après l'érection de l'évêché titulaire de Québec. Le même édit confirma le règlement provisoire du conseil supérieur touchant les dîmes; mais il ajouta que, si les dîmes n'étaient pas suffisantes pour l'entretien des curés, le conseil y ajouterait un supplément qui serait fourni par les habitants et les seigneurs. Cette mesure toutefois ne fut pas exécutée, le roi ayant alors accordé sur son domaine la somme de sept mille six cents livres par an, pour aider à la subsistance des curés; plus tard il y ajouta encore une somme de deux mille livres pour ceux que l'âge ou les infirmités rendaient incapables de servir. Quant au patronage des cures, il demeura toujours à l'évêque [1].

Après la conduite extravagante du major de Mézy, le conseil du roi ne put douter longtemps qu'il ne fût coupable, surtout lorsqu'on vit, à la tête de ses accusateurs, les deux principaux membres du conseil que le gouverneur avait fait embarquer sans aucune forme de justice. On ne laissa pas néanmoins de faire attention aux mémoires qu'il avait envoyés au ministre

---

[1] *Mémoires de la vie de M. de Laval.*

pour sa défense ; et, quoiqu'ils ne l'eussent pas justifié, ils firent naître des soupçons, dont quelques personnes eurent dans la suite bien de la peine à revenir. Il avait surtout insisté sur le grand crédit dont les Jésuites jouissaient dans la colonie; et, comme la cour ne s'était guère mêlée jusque-là des affaires de la Nouvelle-France, qu'elle avait en quelque façon abandonnée à la compagnie commerciale du Canada, et que dans les relations qu'on en recevait toutes les années, et qui se répandaient partout, il était beaucoup parlé de ces missionnaires, que leurs fonctions obligeaient d'entrer dans toutes les affaires qui regardaient les Sauvages, bien des gens s'imaginèrent que les plaintes du gouverneur n'étaient pas sans quelque fondement. On jugea de ce qui était par ce qui pouvait être, et on conclut que des personnes qui avaient un si grand crédit devaient naturellement mettre tout en usage pour le conserver, et pouvaient bien quelquefois en abuser[1].

D'un autre côté, on se persuadait aisément dans le conseil royal, et on ne faisait aucune difficulté de le publier, que la Nouvelle-France leur avait en bonne partie l'obligation de s'être soutenue dans les circonstances fâcheuses où elle s'était trouvée : on les y estimait nécessaires, surtout à cause des indigènes qui ne connaissaient qu'eux, et dont on ne pouvait s'assurer que par leur moyen.

---

[1] Charlevoix, *Histoire de la Nouvelle-France*, t. II.

Enfin le major de Mézy, en se récriminant, ne s'était pas disculpé, et l'évêque de Pétrée avançait contre lui des faits dont il ne se défendait point. Colbert, alors ministre de Louis XIV, crut devoir le rappeler, pour satisfaire à toutes les plaintes qu'on dressait contre lui, tout en se disposant à prendre les plus grandes précautions pour mettre des bornes à ce qu'on appelait la puissance des prêtres et des missionnaires, dont l'influence salutaire commençait à gêner le despotisme des gouverneurs. Il songea donc à choisir pour la colonie des chefs qui fussent de caractère à ne donner, dans sa pensée, aucune prise à leur conduite, et à ne pas souffrir qu'on partageât avec eux une autorité dont il paraissait convenable qu'ils fussent seuls revêtus. Sur ce dernier point, il réussit presque toujours, et Mézy fut révoqué [1].

Peu de temps avant que les dernières plaintes de la colonie fussent arrivées à Paris, le marquis de Tracy, nommé lieutenant-général des armées du roi, était parti avec une grande escadre pour visiter les diverses colonies que la France possédait en Amérique. Il était chargé de se rendre dans le Canada, avec le titre de vice-roi, afin d'y rétablir l'ordre et de chasser entièrement les Iroquois. Ces nouvelles y parvinrent plusieurs mois avant son arrivée, et firent trembler c Sauvages, qui demandèrent humblement la paix. vinrent à Montréal avec des présents considérabl

---

[1] Id., ibid.

le gouverneur et l'évêque montèrent dans cette ville pour conférer avec eux (1664).

Au mois de mars 1665, le roi envoya une commission particulière à Québec, pour le marquis de Tracy, afin d'informer contre le major de Mézy, conjointement avec Daniel de Courcelles, nommé gouverneur à la place de ce dernier, et le célèbre Talon, auparavant intendant du Hainaut, appelé maintenant à l'intendance du Canada. Mais, avant l'arrivée de ces divers personnage, De Mézy était mort, après avoir réparé ses fautes par une pénitence aussi édifiante que sa conduite avait été scandaleuse[1].

Laval n'avait cessé de demander au ciel la conversion de son ancien ami : ses prières furent exaucées. Le gouverneur, étant tombé malade de la maladie dont il mourut, se fit porter à l'Hôtel-Dieu et placer par humilité dans la salle des pauvres. Il fit prier le vicaire-apostolique de le venir voir, se réconcilia sincèrement avec lui, lui demanda pardon, et renonça à toutes ses prétentions. Il fit publier à son de trompe et afficher à tous les carrefours un acte où il rétractait tout ce qu'il avait dit, écrit ou répandu contre lui, dans ses divers écrits publiés, affichés et distribués partout contre l'évêque et le clergé, demandant au public pardon du scandale qu'il avait donné, et à l'évêque des outrages commis contre sa personne. Bien plus, il voulut avoir le prélat pour son confesseur, et mourir entre ses bras.

---

[1] *Mém. de la vie de M. de Laval.*

Enfin, pour mettre le sceau à sa pénitence, il renouvela dans son testament les mêmes protestations, et demanda par humilité d'être enterré dans le cimetière des pauvres, sans aucune pompe, ni distinction. (6 mai 1665.)

Ses volontés furent exécutées, à l'exception des honneurs funèbres, que l'évêque, à la tête de son clergé et des divers corps de la colonie, lui rendit avec toute la solennité qui convenait au rang du défunt. Le corps fut porté par les quatre membres les plus distingués de la congrégation de la Sainte-Vierge, établie à Québec par M. de Laval, et dont le major avait fait partie, et les coins du poêle par quatre chefs sauvages. Il fut déposé à l'église, où il demeura toute la nuit, dans une chapelle ardente, et transporté le lendemain à l'Hôtel-Dieu [1].

Malgré une réparation si authentique, les démêlés du gouverneur et de l'évêque n'en firent pas moins un grand tort à la religion dans le Canada, ainsi qu'à la cour, où le major avait essayé de se justifier par ses lettres et ses mémoires, aux dépens de l'évêque et du clergé, mais surtout des Jésuites, qu'on accusait, mais à tort comme toujours, de chercher à se mêler partout des affaires publiques ou particulières, moins dans l'intérêt de l'Eglise que dans celui de leur ordre [2].

---

[1] *Mémoires de la vie de M. de Laval.*

[2] Charlevoix, *Histoire de la Nouvelle-France*, t. II. — *Mémoires pour servir à la vie de M. de Laval.* — *Voyages de la Hontan*, etc.

CHAPITRE VII.

DEPUIS L'ARRIVÉE DU MARQUIS DE TRACY, VICE-ROI DE LA NOUVELLE-FRANCE, JUSQU'A LA FONDATION DU PREMIER VILLAGE D'IROQUOIS CHRÉTIENS, EN 1669.

Arrivée du marquis de Tracy à Québec. Réception qui lui est faite. Arrivée du régiment de Carignan-Salières, de Courcelles gouverneur du Canada et de l'intendant Talon. Voyage du père Allouez sur le lac Supérieur. Son arrivée chez les Chippewas (1655-67). Plusieurs nations sauvages y viennent trouver le missionnaire. Les Sioux lui parlent du Mississippi. Retour d'Allouez à Québec. La construction des forts de Sorel, de Chambly, et de Sainte-Thérèse, jette l'alarme parmi les Iroquois. Plusieurs de leurs chefs se rendent à Québec pour traiter de la paix. Insolence barbare d'un chef Mohawk châtiée par le vice-roi. Humiliation des nations iroquoises. État moral de la colonie. Portrait de l'église du Canada tracé par la mère Marie de l'Incarnation. Consécration de la cathédrale de Québec (1666). Conduite édifiante du vice-roi. Son expédition contre les Mohawks. Le régiment de Carignan-Salières licencié dans le Canada. Origine de la noblesse canadienne. Divers missionnaires chez les Iroquois. Ferveur de leurs néophytes. Catherine Tegahkouita, la Geneviève du Canada. Les pères Dablon et Marquette fondent la mission du Sault-Sainte-Marie. Dangers et charmes de la vie des missionnaires dans les déserts. Fondation du petit séminaire de Québec. Fermeté de l'évêque de Pétrée, au sujet de la vente des liqueurs fortes aux Sauvages. Mécontentement du gouverneur. Assassinat d'un chef iroquois, provoqué par les désordres de l'eau-de-vie. Le gouverneur donne satisfaction aux Sauvages. Les chefs des nations sauvages se réunissent à Québec. Déclaration de foi publique de Garakonthié, sachem des Onondagas. Son baptême solennel. Retour de l'intendant Talon à Québec, où il ramène les pères Récollets. Ferveur des Iroquois chrétiens. Fondation du village Iroquois de la Prairie, près de Montréal.

Le marquis de Tracy arriva enfin à Québec (30 juin 1665), accompagné d'une suite nombreuse et d'une grande partie du régiment de Carignan-Salières. On s'était préparé à lui faire une réception magnifique; mais il refusa toute espèce d'honneur, se contentant des cris de joie qui l'accompagnèrent depuis son débarquement jusqu'à l'église, où il arriva au son des cloches et au bruit du canon. François de Laval, revêtu de ses ornements pontificaux, l'attendait à la porte, environné de son clergé. Il lui présenta l'eau bénite et la croix, et le mena ensuite près du chœur, au prie-Dieu qui lui avait été préparé. Mais le vice-roi, bien qu'affaibli par la fièvre, se mit à genoux sur le pavé, sans vouloir se servir du carreau qui lui était destiné. Le *Te Deum* fut chanté solennellement, et l'évêque le reconduisit ensuite dans le même ordre et avec les mêmes honneurs.

Environ deux mois après l'arrivée du vice-roi, d'autres navires vinrent mouiller devant Québec, portant le nouvel intendant Talon et le gouverneur De Courcelles, et amenant avec eux les autres compagnies du régiment de Carignan-Salières; l'escadre portait en outre un grand nombre de familles, une foule d'artisans et de paysans de la Picardie et de l'Ile-de-France, avec quantité de troupeaux, et les premiers chevaux qu'on eût vus dans le Canada.

L'arrivée de tout ce monde, où il y avait beaucoup de malades, donna occasion à l'évêque et à son clergé de déployer les ressources de leur charité; leur zèle toucha les huguenots qui se trouvaient parmi eux, dont une partie se convertirent. De son côté, le vice-roi ne perdit point de temps : dès qu'il eût reçu ces divers secours, il se mit à la tête de toutes ses troupes, et les mena à l'entrée de la rivière de Richelieu, où il les fit travailler en même temps à la construction de trois forts. Le premier fut bâti à l'endroit même où se trouvaient les ruines de l'ancien fort de Richelieu, construit autrefois par le chevalier de Montmagny, et il prit le nom de Sorel du nom de l'officier qui en reçut le commandement [1]. Le second prit le nom du capitaine De Chambly, qui en eut la direction, et fut placé au pied du rapide que l'on trouve en remontant le Richelieu ; le troisième, appelé fort de Sainte-Thérèse, fut bâti trois lieues plus haut.

Tandis que ces choses se passaient dans le centre de la colonie, de nouvelles missions se formaient vers le lac Supérieur. Sans être découragé par le triste sort du père Mesnard, le père Allouez s'offrit à accompagner les Ottawas de l'ouest, qui étaient revenus demander un missionnaire. Son offre fut acceptée, et, au mois d'août 1665, il s'embarqua avec ceux qui étaient venus le chercher, et se dirigea par l'Ottawa vers le lieu de sa nouvelle mission. Le premier jour de septembre, il arriva aux rapides du Sault-Sainte-Marie, par où les eaux du lac Supérieur se précipitent dans le lac Huron. Il admirait, en passant, la rivière avec ses îles boisées et ses criques charmantes. Le second jour il entra dans le lac, que les Sauvages révèrent comme une divinité, et dont le commencement offre un spectacle d'une magnificence bien rarement surpassée dans les sombres tableaux de cette nature septentrionale. Il longea les hautes dunes de sable nu qui étalent sur le rivage leur

[1] C'est aujourd'hui la petite ville du même nom, appelée aussi William-Henry.

effrayante stérilité; il vogua contre les rochers pittoresques qui élèvent à une hauteur immense, pendant plus de douze milles, leurs formes fantastiques, sans cesse battues et creusées par les vagues, et employa tout le mois de septembre à parcourir la côte méridionale du lac Supérieur. Il y rencontra plusieurs chrétiens baptisés par le père Mesnard, qui se montrèrent charmés de le voir et qu'il fortifia dans la foi, baptisa plusieurs enfants moribonds, et dit à plusieurs reprises la sainte messe sur le rivage boisé du lac, consacrant ainsi ces forêts séculaires au Dieu dont il était l'envoyé [1].

Il cingla au delà de la baie de Sainte-Thérèse, et, après avoir vainement cherché le rocher de cuivre pur, dont les Sauvages lui avaient fait accroire la fable, il arriva le 1er octobre au grand village des Chippewas, dans la baie de Che-goi-me-gon, au moment où les jeunes guerriers se préparaient à une lutte avec la nation vaillante des Sioux. Il se fit alors une assemblée de dix ou douze nations de la langue algonquine, qui se disposaient à arracher le tomahawk des mains de ces tribus, et Allouez fut admis à se faire entendre devant cette grande réunion. Il parla longtemps de la religion chrétienne, d'une manière vive et pathétique, mais proportionnée à l'intelligence des Sauvages. Ensuite, au nom de Louis XIV et de son vice-roi, il recommanda la paix à toutes ces nations, et fit des offres de

---

[1] Journal du père Allouez, 37. — Charlevoix, *Histoire de la Nouvelle France* —Schoolcraft.

commerce et d'alliance contre les Iroquois. — Les soldats français adouciront, ajoutait-il, le sentier entre les Chippewas et Québec; ils balaieront les canots pirates de toutes les rivières, et ne laisseront aux Cinq-Nations d'autre alternative que la tranquillité ou la destruction [1].

Sur le rivage de la baie, où l'abondance de la pêche attirait la multitude, une chapelle s'éleva, qui donna naissance à la mission du Saint-Esprit (1665 à 1667). Ces hommes rouges qui n'avaient jamais vu d'Européens vinrent avec admiration considérer l'homme blanc, et les peintures du paradis et de l'enfer qu'il avait placées dans sa chapelle. Les Chippewas apprirent à chanter les louanges du vrai Dieu, et, durant le long séjour du père Allouez dans cette contrée, il répandit les semences de la foi dans plus de vingt nations diverses. Les Sauvages des environs du Sault, les Outchibouecs, ainsi que les Jésuites appelaient les Chippewas, dressèrent leurs tentes pendant un mois autour de sa cabane, et reçurent ses instructions. Les restes dispersés des Hurons et des Ottawas, qui erraient dans les déserts au nord du lac Supérieur, en appelèrent à sa compassion, et avant son retour obtinrent sa présence dans leurs marécages.

Des profondeurs encore inconnues du lac Michigan vinrent les Potawatomies, adorateurs du soleil, qui l'invitèrent à se rendre parmi eux. Les Sacs et les Renards

---

[1] *Relation*, 1666—1667, chap. 4.

arrivèrent à pied de leur pays, qui offrait en abondance des daims, des castors, et des buffles. Les Illinois eux-mêmes, race hospitalière, à qui les canots étaient inconnus, et qui n'avaient d'autres armes que l'arc et la flèche, vinrent lui raconter leurs chagrins. Leur gloire antique et leur nombre avaient été affaiblis par les Sioux, d'un côté, et, de l'autre, par les Iroquois armés de mousquets. Ils excitèrent la curiosité du missionnaire par tout ce qu'ils racontèrent du noble fleuve près duquel ils demeuraient, et qui coulait vers le sud. Ils n'avaient point de forêts, mais, au lieu de bois, de vastes prairies, où des troupeaux de daims, de buffles, et d'autres animaux paissaient sur les grandes herbes [1]. Ils expliquèrent aussi les merveilles de leur calumet de paix, et déclarèrent leur coutume de saluer amicalement avec des acclamations joyeuses l'arrivée des étrangers parmi eux. « Leur pays, disait Allouez, est le meilleur champ pour l'Évangile; si j'avais eu le temps, je serais allé visiter leurs cabanes, pour voir de mes propres yeux tout le bien qu'on m'a dit d'eux [2]. »

C'est alors aussi que le missionnaire rencontra les sauvages et impassibles guerriers de la nation des Sioux, qui se nourrissaient de riz sauvage et couvraient leurs cabanes de peaux de bêtes, au lieu d'écorces. Ils demeuraient à l'extrémité occidentale du lac Supérieur,

---

[1] *Relation*, 1666—1667.

[2] *Relation*, 1666-7, p. 110.

dans une terre de prairies, sur les bords du Grand-Fleuve, dont Allouez rapporta le nom pour être Messipi. De retour à la baie de Che-goi-me-gon, après toutes ses courses, le père Allouez, dont le nom est à jamais uni à la découverte du territoire de l'ouest, ayant formé le dessein d'y établir une mission fixe, se joignit à un grand convoi d'Ottawas qui allaient porter leurs pelleteries à Montréal; de là il se rendit à Québec, où il arriva au mois d'août 1667, ayant l'espoir d'en emmener quelques Français avec lesquels il désirait former une petite colonie. Mais la mauvaise volonté de ses conducteurs ne lui permit d'embarquer avec lui que le père Louis Nicolas, et tous deux se mirent en route deux jours après pour retourner à la baie de Che-goi-me-gon.

Cependant les forts que le marquis de Tracy avait commandé de construire sur le Richelieu avaient jeté l'alarme parmi les Iroquois, et le vice-roi étant de retour à Québec sur la fin de décembre 1665, Garakonthié, grand sachem de la nation des Onondagas, arriva avec des députés de son canton et de ceux des Cayugas et des Senecas. Il assura le général de la parfaite soumission de ces trois nations, et, après lui avoir fait de grands présents, le supplia de leur accorder la paix et la liberté de tous les prisonniers iroquois appartenant à ces nations que les Français avaient entre leurs mains. Tracy les accueillit avec bonté, leur accorda leurs demandes et les renvoya chargés de présents; mais en même temps il se disposa à porter la guerre chez les Mohawks et les Oneidas, dont le silence semblait annoncer qu'ils n'avaient pas renoncé à leurs perfidies et à leurs insultes : un de leurs partis même surprit et tua trois officiers, dont l'un était Chazy, neveu du vice-roi. Le capitaine De Sorel était en campagne avec un corps de troupes près de tomber sur un village mohawk; il rencontra une bande de guerriers de cette nation ayant à leur tête un chef à qui sa naissance avait fait donner le surnom de *Bâtard-Flamand*. Il se disposait à le charger, lorsque ce chef, ne voyant nul moyen d'échapper aux Français, qui avaient sur lui la supériorité du nombre, prit avec son astuce sauvage le parti d'aborder cet officier et lui dit d'un air assuré qu'il allait à Québec traiter de la paix avec Ononthio, de la part de son canton. Sorel le crut et le mena lui-même au vice-roi, qui le reçut avec bonté. Un autre chef mohawk arriva peu de jours après à Québec et se donna encore pour député de sa nation. Alors on ne douta pas que les Mohawks ne fussent véritablement disposés à la paix. Mais un jour que Tracy avait invité les deux prétendus députés à sa table, au château Saint-Louis, le discours étant tombé sur la mort du jeune de Chazy, neveu du vice-roi, le chef mohawk, levant le bras avec orgueil, dit que c'était ce bras qui avait cassé la tête au jeune officier. On peut juger de l'indignation de tous ceux qui étaient présents. Le vice-roi dit à cet insolent sauvage qu'il ne tuerait plus personne, et sur-le-champ le fit étrangler par le bourreau, en présence du Bâtard-Flamand, qu'il retint prisonnier.

L'humiliation des Mohawks, dont le gouverneur Courcelles ravagea les bourgades au commencement de l'année 1666, était une conjoncture favorable ; on pouvait en profiter pour engager cette nation et toutes les autres à se rendre dociles aux instructions des missionnaires. La politique concourait alors avec la religion à ne la point laisser échapper. Mais les mœurs changeaient dans la colonie à mesure qu'on s'y croyait plus en sûreté ; le zèle pour la conversion des infidèles, dont la plupart des habitants avaient paru auparavant aussi animés que les ouvriers évangéliques, se ralentissait chaque jour chez les premiers ; et les seconds commençaient à se plaindre de ne plus trouver dans les chefs le même appui qu'ils avaient trouvé dans leurs prédécesseurs. Ils se voyaient presque réduits à regretter ces temps d'orage et de calamité où leur liberté et leur vie même ne tenaient à rien, et où leur sang mêlé avec leurs sueurs multipliait les chrétiens à vue d'œil.

J'ai dit les causes du relâchement parmi les néophytes. Parmi les Français la piété s'était assez bien raffermie depuis le tremblement de terre dont on ressentit encore quelques secousses en 1665. On remarqua même que dans les nouveaux venus les plus libertins ne pouvaient tenir longtemps contre les exemples de vertus qu'ils avaient généralement sous les yeux, et qu'au bout de six mois plusieurs n'étaient plus reconnaissables et ne se reconnaissaient plus eux-mêmes. Les soldats ne parlaient de la guerre des Iroquois que comme d'une guerre sainte, du succès de laquelle dépendait la conversion des infidèles. Ils avaient, il est vrai, dans la personne de Tracy, un chef de qui les vertus chrétiennes ne le cédaient point aux vertus guerrières, et qui auraient fait honneur aux religieux les plus parfaits. Il en laissa dans la Nouvelle-France des marques dont, après tant d'années, on pourrait encore reconnaître l'impression. Son séjour à Québec fut donc extrêmement utile à l'église naissante du Canada, dont il protégea toujours les ministres contre les malveillants qui les avaient si mal servis dans l'esprit des deux derniers gouverneurs.

« Tout est magnifique à présent dans cette église qui vous a tant coûté, s'écriait à cette époque la mère Marie de l'Incarnation, dans une de ses lettres au père Poncet[1], et c'est une bénédiction de Dieu de voir l'union qui est entre Monseigneur notre évêque et vos Révérends Pères. Il semble qu'eux et Messieurs du Séminaire ne soient qu'un. M. de Tracy, qui m'en a déclaré ses sentiments, en est ravi, comme aussi de la majesté de l'église, et des grandes actions de piété de ceux qui la servent. Vos Pères y éclatent à l'ordinaire et en font l'un des plus grands ornements. Vous verriez vos petits enfants qui commençaient de votre temps à connaître les lettres, porter aujourd'hui la soutane et étudier en théologie. Votre collége est florissant, et notre séminaire (le pensionnat des Ursulines), qui n'est

---

[1] Lettres de la mère Marie de l'Incarnation, première supérieure des Ursulines de Québec.

qu'un grain de sable en comparaison, fournit d'excellents sujets. »

La cathédrale, ou paroisse de Québec, à laquelle l'évêque de Pétrée faisait travailler depuis son retour de France, se trouva enfin terminée pendant le séjour du marquis de Tracy en Canada. Elle fut consacrée le dimanche 11 juillet 1666, sous le titre de l'*Immaculée-Conception,* avec toutes les cérémonies d'usage dans le rituel romain. Le maître-autel des Ursulines fut ensuite inauguré sous le nom de *Saint-Joseph,* et l'église des Jésuites sous le patronage du *Saint-Nom-de-Jésus.* L'évêque ordonna que toutes ces dédicaces se célèbreraient désormais le même jour.

Peu après, on fit avec solennité la translation des reliques des saints martyrs Flavien et Félicité, que le Pape avait données au vicaire-apostolique en 1662. La procession, environnée d'une multitude de flambeaux, parcourut toutes les rues de la ville; on alla chercher au château, où l'on avait préparé un riche reposoir, les reliques de ces Saints, et celles qui étaient destinées aux diverses églises de Québec; elles furent saluées au départ par plusieurs décharges d'artillerie.

« Il ne s'était pas encore vu dans ces contrées, dit [1]

---

[1] La Mère de l'Incarnation était veuve avec un fils lorsqu'elle se fit ursuline à Tours. Son fils, Dom Martin, était de la congrégation des Bénédictins de Saint-Maur. Il est l'éditeur de ses *Lettres* et l'auteur de la *Vie de la Mère de l'Incarnation,* qui fut surnommée la sainte Thérèse de France. Ces lettres, qui sont bien écrites et dignes de la grande réputation de sainteté, d'esprit, d'habileté dans toutes sortes d'affaires, et surtout de la vie spirituelle de cette femme admirable, contiennent beaucoup de faits historiques arrivés pendant les trente-deux années qu'elle vécut en Canada, où elle mourut, en 1672, en odeur de sainteté.

aussi, dans une de ses lettres à son fils, la Mère de l'Incarnation, une si belle cérémonie. Il y avait à la procession quarante-sept ecclésiastiques en surplis, chapes, chasubles et dalmatiques. Comme il fallait porter les reliques dans les quatre églises de Québec, nous eûmes la consolation de voir cette magnifique cérémonie. M. de Tracy, vice-roi, M. de Courcelles, gouverneur, avec les deux plus considérables de la noblesse, portaient le dais. Les plus élevés en dignité d'entre les ecclésiastiques portaient les quatre grandes châsses sur des brancards magnifiquement ornés. La procession, sortant d'une église, y laissait une châsse. La musique ne cessa point, tant dans le chemin que dans les stations. Monseigneur suivait les saintes reliques et la procession, en habits pontificaux. Je n'aurais jamais espéré de voir une si grande magnificence dans l'église du Canada, où, quand je suis venue, je n'avais rien vu que d'inculte et de barbare. C'est une chose ravissante de voir M. de Tracy dans une exactitude merveilleuse à se rendre le premier à toutes ces saintes cérémonies, car il n'en perdrait pas un moment.... Son exemple a tant de force, que le monde le suit comme des enfants suivent leur père. Il favorise et soutient l'église par la piété et par le crédit qu'il a universellement sur tous les esprits. »

La fête de la Translation des Saintes-Reliques fut dès lors établie, avec octave, au second dimanche de septembre. Dans les nécessités publiques, on porta depuis ces reliques en procession, comme on le faisait à Paris de celles de sainte Geneviève, et toujours on le fit avec succès [1].

Cette année, si célèbre dans les annales religieuses par la ferveur qui distingua également les colons et les soldats, ne l'est pas moins dans les annales militaires de la colonie, par la grande expédition que le marquis de Tracy conduisit en personne, au cœur de l'hiver, jusqu'au fond du territoire des Mohawks. Il marcha de Québec, à la tête de vingt-huit compagnies régulières et de toute la milice du Canada, et s'avança à plus de sept cents milles de cette ville dans l'intérieur des terres iroquoises, avec l'intention d'exterminer jusqu'aux derniers restes de cette tribu turbulente. Mais ils furent avertis à temps, et le vice-roi n'eut d'autre succès que celui de jeter la terreur parmi eux et de brûler leurs villages. Cette expédition eut cependant pour conséquence éloignée d'empêcher la colonie de retomber jamais par la suite dans cet état de marasme et d'épouvante où elle avait quelquefois été réduite auparavant par les incursions des Iroquois. Elle rendit ces barbares plus soumis et plus circonspects, et elle aurait eu certainement des résultats encore plus avantageux, si les Iroquois n'avaient pas gagné un puissant appui dans les Anglais, devenus depuis peu les maîtres des possessions hollandaises de la Nouvelle-Amsterdam et d'Orange, qui reçurent alors les noms de New-York et d'Albany. De-

---

[1] *Mémoires de la vie de M. de Laval.*

puis le 1ᵉʳ octobre, le Saint-Sacrement fut solennellement exposé dans toutes les églises, avec les prières des Quarante-Heures, pour le succès des armes du vice-roi ; mais, au second jour de novembre, d'heureuses nouvelles de son expédition étant arrivées à Québec, les prières se changèrent en actions de grâces, et l'on chanta partout le *Te Deum*, avec beaucoup de pompe et de solennité.

Pour mettre ensuite de plus en plus les colons à l'abri des incursions des Iroquois, le roi fit rendre un arrêt par lequel il fut ordonné que dorénavant il ne serait plus fait de défrichements que de proche en proche, et que l'on réduirait les habitations autant que possible en forme de paroisses françaises, afin que les habitants fussent plus à même de s'entr'aider en cas d'attaque. Mais ce qui aida le plus à fortifier et à soutenir la colonie, fut l'établissement en Canada du régiment de Carignan-Salières, qui fut licencié quelques années après, à la condition qu'il s'y établirait. Les ecclésiastiques qui avaient suivi le marquis de Tracy dans son expédition s'étaient signalés par les services qu'ils avaient rendus aux soldats. Dieu bénit leurs travaux par la conversion d'un grand nombre de pécheurs, qui avaient passé leur vie dans le crime. Mais le régiment de Carignan s'était distingué par sa moralité et ses sentiments religieux. Les officiers donnaient les premiers l'exemple aux soldats. Après le départ du vice-roi, qui eut lieu au printemps de l'année 1666, ils demeurèrent en Canada, à l'exception de six compagnies qui accompagnèrent Tracy en France, mais qui revinrent deux ans après, tant pour renforcer les garnisons des postes les plus importants, que pour augmenter le nombre des colons. Leurs officiers, ayant obtenu des terres avec des droits seigneuriaux, s'y marièrent, et c'est d'eux que descend presque toute la noblesse actuelle du Canada, où l'on est surpris encore de nos jours de retrouver plusieurs des plus beaux noms de la France.

Les Mohawks et les Oneidas s'étaient enfin soumis; et, après le départ du vice-roi, ils avaient envoyé des députés au gouverneur-général de Courcelles, pour lui demander la paix et la faveur d'obtenir quelques missionnaires. Le supérieur des Jésuites s'empressa d'accéder à leur demande; et, dans le temps même que plusieurs Pères partaient pour les villages des Mohawks, des Oneidas et des Onondagas, où le sachem Garakonthié venait de leur bâtir une chapelle, l'évêque de Pétrée envoyait les prêtres Trouvé et Fénélon, tous les deux membres du séminaire de Montréal, exercer leur zèle apostolique chez les Iroquois établis à l'extrémité occidentale du lac Ontario, parmi lesquels se trouvaient déjà un grand nombre de chrétiens.

La traite de l'eau-de-vie, que ces Sauvages faisaient librement avec les Anglais du New-York, fut néanmoins toujours un obstacle à leur entière conversion. Les Mohawks n'avaient jamais cessé d'être parmi eux les ennemis les plus déclarés du Christianisme. Ils étaient les plus fiers et les plus féroces de toutes les nations iroquoises; eux seuls avaient jusque-là trempé leurs mains dans le sang des ministres de l'Évangile, et on ne pouvait douter qu'une haine plus que barbare de nos saints mystères ne fût entrée pour beaucoup dans ces fureurs que nous leur avons vu exercer contre les pasteurs et le troupeau. Ce fut toutefois dans cette nation que le progrès de l'Évangile fut plus rapide, et la récolte plus abondante. On y vit bientôt une chrétienté composée de fervents néophytes, qui fondèrent depuis les florissantes missions du Sault-Saint-Louis et de la Montagne [1], si longtemps fécondes en héros chrétiens, et dont la colonie tira de si grands avantages. Enfin c'est de la nation des Mohawks que sortit la Geneviève de l'Amérique septentrionale, l'illustre Catherine Tegahkouita, que le ciel continua longtemps à rendre célèbre par des miracles d'une authenticité à l'épreuve de la plus sévère critique [2].

La paix, dont on jouissait alors dans la colonie (1668), continuait à favoriser les progrès de la domination française dans le Canada. La compagnie des Indes-Occidentales, ayant aussi vers ce temps-là résigné le monopole du commerce des fourrures, donna ainsi une nouvelle impulsion à l'esprit d'entreprise des Canadiens. D'un autre côté, de nouveaux missionnaires arrivèrent de France, et les pères Claude Dablon et Marquette allèrent fonder chez les Chippewas du Sault la mission de Sainte-Marie. C'était le plus

---

[1] Depuis transférée au lac des Deux-Montagnes, à l'entrée de l'Ottawa.

[2] Charlevoix, *Histoire de la Nouvelle-France*, t. II.

ancien établissement européen dans les limites actuelles de la république du Michigan.

Durant les années suivantes, les pères Allouez, Dablon et Marquette, travaillèrent à fortifier, avec l'influence du Christianisme, celle du nom français, dans les vastes régions qui s'étendent depuis la Baie-Verte jusqu'à l'extrémité du lac Supérieur. Heureux des souffrances qu'ils enduraient pour la gloire de leur divin Maître, ils obtenaient, en même temps et sans la rechercher, une gloire immortelle aux yeux de la postérité, par leurs travaux et leur infatigable persévérance. En effet, à quelles rigueurs, à quels dangers ne s'exposait pas le missionnaire, du côté de la nature et des hommes, en se rendant au milieu des Sauvages! Luttant chaque jour contre les aspérités du climat, frayant son chemin sur les eaux ou la neige, privé de toutes les douceurs du foyer domestique, n'ayant d'autre pain que du maïs broyé sous la pierre, et souvent d'autre nourriture que la mousse délétère qui croissait sur les rochers, il s'exposait à vivre pour ainsi dire sans manger, à dormir sans asile, à voyager au loin au milieu des dangers, prêt à subir chaque jour toutes les horreurs de la faim, de la captivité ou de la mort, qu'il la reçût d'un coup de tomahawk, ou au milieu des tortures du feu et des supplices inventés par les Sauvages [1].

Avec tout cela, cependant, la simplicité et l'indépen-

---

[1] Bancroft, *History of the United States*, t. III.

dance de la vie du désert ne manquaient pas de charmes. Le cœur du missionnaire s'épanouissait, lorsque, sous un ciel serein, dans un climat délicieux, respirant l'air pur du matin ou la brise fraîche du soir, il voguait tranquillement sur les eaux limpides des fleuves aux traits gigantesques ou des grands lacs d'Amérique. Lorsqu'il n'avait rien à craindre de la perfidie des Sauvages, il trouvait partout des campements sûrs et agréables, où il pouvait se donner à peu de frais les plaisirs de la chasse. Il songeait aux anciens patriarches, qui, n'ayant point de demeure fixe, habitaient sous la tente, maîtres, en quelque sorte, de tous les pays qu'ils parcouraient, et qui profitaient de toutes les productions du sol, sans aucun des embarras de la propriété ordinaire. Combien de fois, en s'asseyant sous le chêne séculaire des forêts américaines, pensait-il à celui de Mambré, à l'ombre duquel Abraham invitait les anges à se reposer ! Combien de fois, en mettant sa tête sur une pierre, songeait-il à celle où Jacob eut la vision mystérieuse ! Chaque jour, un nouveau site, à son choix, lui offrait une nouvelle demeure, aussitôt préparée, avec un tapis de verdure émaillé de fleurs toujours fraîches, et embelli de toutes les beautés que donne la nature et que l'art ne saurait imiter. Enfin, s'il voulait méditer, il avait devant lui un livre toujours ouvert, qui lui rendait sensible la dépendance où il vivait d'une Providence divine, qui ne se servait point pour l'éprouver des mauvaises passions des hommes, mais des vicissitudes des saisons et du caprice des éléments. Quelle facilité, par conséquent, d'acquérir des mérites, par sa confiance et sa résignation à la volonté de Dieu [1] !

Tour à tour environnés des dangers ou des charmes de la vie des forêts, les missionnaires pouvaient toujours, sinon avec une égale sécurité, au moins avec une liberté toujours égale, prêcher sous leur ombrage séculaire la morale austère de la croix aux Sauvages qui venaient les entendre. Mais, dans les villes de la colonie, la puissance temporelle commençait à se défier de l'influence du clergé; sa conduite indépendante et ferme au sujet des désordres occasionnés par la vente des liqueurs fortes, lui paraissait un abus, dont il fallait nécessairement forcer les prêtres à se corriger. De tout temps on a vu les hommes amis de la corruption redouter et persécuter ceux qui osaient leur dire la vérité et la proclamer au grand jour. Talon, qui avait plus de qualités politiques que de vertus religieuses, avait été rappelé cette même année (1668) de l'intendance du Canada. De Bouteroue, qui le remplaça, reçut pour recommandation particulière de Colbert de modérer sagement la trop grande sévérité des confesseurs, ainsi que de l'évêque, et de maintenir la bonne intelligence entre tous les ecclésiastiques du pays. Ce dernier article de ses instructions n'était fondé sur aucune plainte, l'union étant parfaite entre tous les corps qui composaient le clergé séculier et régulier; et rien

---

[1] Charlevoix, *Histoire de la Nouvelle-France*, t. IV.

n'édifiait davantage le peuple que cette harmonie si parfaite ; mais on en avait porté plus d'une sur le premier, et nous verrons bientôt ce qui y avait donné lieu et le remède qu'on apporta à ce prétendu mal.

François de Laval, qui avait fondé le grand séminaire pour l'enseignement de la théologie et la préparation des jeunes gens aux saints ordres, avait formé cinq ans après un petit séminaire pour donner aux enfants les éléments de la grammaire, et les conduire jusqu'en théologie. Le 9 octobre 1668, il en fit solennellement l'ouverture. Cet établissement eut tout le succès qu'on en pouvait désirer : plus de soixante élèves s'y trouvèrent peu d'années après réunis, se formant à la piété sous la conduite des directeurs nommés par le grand séminaire. Jusque-là, les Jésuites avaient été seuls chargés de ceux que l'on destinait à étudier la théologie ; mais Laval avait trouvé de l'inconvénient à les laisser avec les enfants que les Jésuites élevaient pour le monde, et il se décida à les leur reprendre, tout en continuant à les envoyer aux classes du collége, tenu par les Pères. On les mit sur le pied d'assister régulièrement les dimanches et les fêtes aux offices de la cathédrale, conjointement avec les élèves du grand séminaire. Ceux-ci s'acquittaient, comme de nos jours, des fonctions respectives de leurs ordres, et les écoliers de celles d'enfants de chœur.

A la recommandation de l'intendant Talon et de Colbert, l'évêque de Pétrée travailla aussi à ériger des écoles et un collége pour les enfants sauvages ; mais l'inconstance du caractère de ces peuples les empêcha de réussir. Un troisième établissement fut formé ensuite sur la côte de Beaupré, pour les enfants de la campagne, qu'on y élevait à moins de frais, et que l'on envoyait ensuite au séminaire de Québec, s'il s'en trouvait parmi eux en qui l'on découvrît plus d'intelligence que dans les autres.

L'année suivante, les Hospitalières de Montréal, établies dans cette ville depuis dix ans, reçurent la confirmation royale de leur établissement, à la prière des magistrats du Canada, mais surtout du vicaire-apostolique. Ce digne pasteur se consolait, par la formation de tant d'institutions utiles, des déboires qu'il éprouvait d'un autre côté. Nous avons dit tout ce qu'il avait souffert de la vente de l'eau-de-vie sous le baron d'Avaugour. De Mézy, qui vint après, s'était laissé gagner comme celui-ci, soit par les importunités des colons, soit par son intérêt propre, et il favorisa sourdement la traite qu'il avait eu ordre et qu'il avait promis d'empêcher. Tracy, qui vint ensuite, était trop éclairé et trop pieux pour ne pas tenir la main à l'exécution des ordres donnés à ce sujet par le roi. Il y ajouta même, en ordonnant que tous les Français qui reviendraient de chez les Sauvages apporteraient une attestation des missionnaires, comme quoi ils ne leur avaient point vendu d'eau-de-vie, sous peine de confiscation de leurs pelleteries. Mais son séjour fut trop court en Canada, et le gouvernement du baron de Courcelles n'agit que faiblement. Talon vint deux fois en qualité d'intendant au Canada. Poussé par quelques hommes qui intéressèrent sa politique, en apportant pour prétexte que les Sauvages, ne pouvant avoir d'eau-de-vie des Français, se tourneraient vers les Anglais, qui n'avaient pas les mêmes scrupules sur les suites qui en pouvaient résulter pour les mœurs ou la religion, il eut encore moins d'égard que les autres aux réclamations du clergé. Mais l'évêque de Pétrée ne perdit rien de sa fermeté. Il renouvela les premières défenses qu'il avait faites, et fulmina, avec plus de solennité encore que la première fois, les censures de l'Église contre les coupables.

Le jour de Pâques 1669, il célébra pontificalement la sainte messe. Après l'Évangile, il monta en chaire, environné de son clergé, la tête ceinte de la mitre et la crosse à la main. Après un discours pathétique, où il avait pris pour texte ces paroles de Dieu à Moïse : *Descende, peccavit populus meus,* il prononça l'excommunication contre tous ceux qui se rendraient coupables du trafic de l'eau-de-vie avec les Sauvages. Il ajouta qu'il se réservait le péché de ceux qui feraient, permettraient ou favoriseraient ce commerce d'une manière quelconque. Le gouverneur était présent à la Messe. Se trouvant ainsi implicitement compris dans l'anathême, il s'en offensa et se plaignit avec amertume. Des malveillants lui firent entendre que ce cas ne pouvait être réservé et qu'un gouverneur devait en être exempt. C'était une erreur. Tout péché extérieur peut être réservé, et tout homme soumis au tribunal de la pénitence se trouve dans le cas de la réserve, s'il s'adresse à un confesseur qui n'ait pas le droit de l'absoudre. La distribution de l'eau-de-vie aux Sauvages étant condamnée comme un péché mortel, le gouverneur qui la favorisait n'était ni moins coupable, ni plus privilégié que les autres. L'évêque n'écouta d'ailleurs aucune plainte, et les confesseurs firent leur devoir [1].

Cette année même (1669), les désordres occasionnés par la traite allèrent si loin, que l'on fut à la veille de voir recommencer la guerre avec toutes les nations sauvages, et les évènements ne justifièrent que trop bien les sages et énergiques mesures de l'évêque. Trois soldats français avaient tué un des principaux chefs iroquois, après l'avoir enivré, afin de s'emparer de ses pelleteries : ils furent découverts; et, dans le temps même qu'on instruisait leur procès, trois autres soldats tuèrent de la même manière six Sauvages de la nation des Mohikans, pour se rendre également les possesseurs de leurs dépouilles, évaluées à plus de mille écus. Les Mohikans et les Iroquois se levèrent aussitôt en armes, et la colonie menaçait de nouveau d'être mise tout en feu. Les missionnaires parvinrent cependant à les apaiser; ils les déterminèrent à se rendre à Montréal, où l'on s'entendrait avec le général pour la réparation des crimes commis. Le gouverneur comprit sur-le-champ toute l'importance de cette affaire, et il pria l'évêque de s'y transporter avec lui, afin que sa pré-

---

[1] *Mémoires de la vie de M. de Laval.*

sence imposât davantage. Les Sauvages firent leurs réclamations, auxquelles on fit droit. On leur rendit la valeur de ce qui avait été pris : le gouverneur se fit ensuite amener les trois soldats qui avaient assassiné le chef Iroquois, et leur fit casser la tête en leur présence. Une justice si prompte désarma les Iroquois, et De Courcelles ajouta qu'il ne négligerait rien pour avoir en sa puissance et punir avec la même rigueur les assassins des Mohikans.

Peu de temps après, les chefs de toutes les nations sauvages se rendirent à Québec, afin de faire entendre au gouverneur Courcelles les griefs dont les Ottawas et les Iroquois avaient à se plaindre mutuellement. Ce seigneur, qui voulait les empêcher de se faire la guerre, leur avait promis de faire droit à leurs demandes et de rendre justice égale à tous. Ils firent leurs plaintes; et, par la prudence de Garakonthié, l'illustre sachem des Onondagas, qui était venu de la part de son canton, et la fermeté de Courcelles, l'accord fut conclu, à la satisfaction de tout le monde. Garakonthié était encore païen; mais il parla aux Ottawas avec toute la générosité d'une grande âme sur la manière indigne dont ils avaient traité les missionnaires qu'on avait eu, disait-il, la bonté de leur confier. Et, comme s'il n'eût attendu que l'occasion d'une assemblée si nombreuse pour faire profession de sa foi, il se déclara publiquement adorateur de Jésus-Christ.

Il ajouta qu'il était depuis longtemps chrétien dans le cœur; qu'il avait détesté toute sa vie la superstition dans laquelle il avait été élevé, et qu'il ne pouvait plus différer de se procurer à lui-même l'avantage qu'il avait procuré à tant d'autres. Puis, s'adressant à l'évêque, qui était présent, il le conjura de le recevoir sans délai au nombre des enfants de Dieu. Tout concourait à engager le prélat à accorder à un tel prosélyte ce qu'il demandait avec tant d'instance. Apôtre avant que de se déclarer chrétien, il avait toujours paru avoir autant à cœur l'établissement du Christianisme dans sa nation que les missionnaires eux-mêmes, et toute la colonie lui avait de grandes obligations.

Rien n'était d'ailleurs plus capable de rehausser la religion parmi les nations sauvages, que de rendre leurs députés témoins de la conversion d'un homme aussi généralement estimé. L'évêque ne fit donc aucune difficulté de faire entrer cet illustre prosélyte dans le sein de l'Église. Le sachant suffisamment instruit, il le baptisa lui-même. Le gouverneur-général voulut lui servir de parrain, et la fille de l'intendant Bouteroue fut sa marraine. De Courcelles lui donna le nom de Daniel, qui était le sien. On n'omit rien pour rendre cette cérémonie éclatante ; tous les députés des nations sauvages y assistèrent et furent ensuite invités à un repas magnifique.

Peu de temps après cette cérémonie, l'intendant Bouteroue fut rappelé à Paris. Le gouverneur-général Courcelles, qui, comme presque tous les gouverneurs-généraux, voyait avec chagrin l'influence de l'épiscopat dans la colonie, avait blâmé plus d'une fois ce gentilhomme des ménagements qu'il semblait avoir pour le clergé, contre lequel lui-même s'était laissé prévenir. C'est ce que Colbert donnait à entendre dans une lettre qu'il lui écrivit en 1670, où il lui mandait de s'habituer à souffrir un peu plus de ceux avec qui il avait à vivre; qu'avec le temps il pourrait reconnaître moins de défauts et plus de bonnes qualités dans M. de Bouteroue, lequel était à la cour dans une grande estime; que cet intendant était louable d'avoir eu de la déférence et d'avoir marqué de la considération pour l'évêque de Pétrée et pour les Jésuites, et qu'il n'y avait pas lieu de craindre qu'il s'en laissât gouverner [1].

Il fut remplacé dans l'intendance par Talon; celui-ci ramenait avec lui à Québec les pères Récollets qui avaient, l'année précédente, obtenu par son influence un édit du roi pour leur rétablissement. Le père Germain Allard, provincial de leur compagnie, depuis évêque de Vence, s'embarqua avec trois religieux prêtres, un diacre nommé le frère Luc, estimé pour ses peintures, et un frère convers. Leur voyage fut heureux, et le provincial, après avoir mis ses religieux en possession de la maison et du terrain qu'ils avaient occupés sur la rivière Saint-Charles, auprès de Québec, avant l'invasion des Anglais, retourna en France. L'évêque savait que Talon n'avait amené ces religieux que dans l'espoir de donner à la colonie des ministres plus indul-

---

[1] Lettre de Colbert à M. de Courcelles, etc., 1670. Charlevoix, *Histoire de la Nouvelle-France*.

gents, et qui, d'après ses idées, ne gênassent point les consciences et ne repoussassent point du sacré tribunal ceux que le prélat condamnait. Mais François de Laval, plein de confiance en Dieu, considérant les besoins d'une église naissante, qui n'a jamais trop d'ouvriers, et trouvant du mérite dans ces religieux, leur fit, ainsi que son clergé, l'accueil le plus favorable [1]. Il leur procura des secours abondants, leur fournit pendant plus d'une année la nourriture et les meubles, et leur donna, dès le commencement, quatre missions importantes : les Trois-Rivières, l'île Percé, la rivière Saint-Jean, et le fort Catarocoui, depuis appelé Frontenac [2], où les Iroquois avaient formé une grosse bourgade.

A la suite d'une maladie qui avait désolé la bourgade de Sillery, près de Québec, le père Chaumonot rassembla les Sauvages chrétiens au village de Lorette, qu'il forma à deux lieues de cette ville, et où nous avons vu les restes des anciennes tribus huronnes. Les missionnaires occupés à répandre la parole de Dieu dans les cantons iroquois n'y travaillaient pas en vain; malgré le voisinage des Hollandais et des Anglais protestants du territoire de New-York, qui cherchaient à ébranler la croyance catholique, en attaquant les Iroquois convertis, sur la dévotion à la Mère de Dieu, le

---

[1] *Mémoires de la vie de M. de Laval.* — Charlevoix, *Histoire de la Nouvelle-France.*

[2] C'est aujourd'hui la ville de *Kingston*, à l'entrée du lac Ontario, sur le Saint-Laurent.

culte des saints et des images, les néophytes surent résister partout aux séductions des ministres de l'erreur et repousser avec un égal courage les caresses et les menaces. Mais les Mohawks qui avaient embrassé le Christianisme, prévoyant qu'ils n'auraient jamais dans leur pays une entière liberté de vivre selon les maximes de leur religion, projetèrent d'aller demeurer avec les Hurons de Lorette. De ce nombre était une femme distinguée par la qualité d'*Oyander*, qui lui donnait un grand crédit dans son canton et le droit d'assister aux conseils les plus secrets. Toujours troublée par ses parents dans l'exercice de sa dévotion, elle leur déclara enfin sa résolution d'aller à Québec, pour y finir ses jours avec les chrétiens. On n'omit rien pour la forcer à changer de dessein, et, après bien des efforts inutiles, on la dégrada en plein conseil. Loin d'être sensible à cet affront, elle n'en témoigna que plus d'ardeur pour se procurer la liberté de vivre en chrétienne, qu'elle désespérait de trouver dans son pays, et elle se rendit à Lorette, où elle soutint jusqu'au bout la généreuse démarche qu'elle venait de faire.

Le gouverneur-général, instruit des dispositions des néophytes iroquois, comprit aussitôt le parti que la colonie pourrait en tirer ; il sentit que leur nombre augmentant il pourrait en former une peuplade qui, avec le temps, servirait de barrière contre les Cinq-Nations, si la guerre recommençait. Il reçut donc à bras ouverts tous ceux qui se présentèrent, et veilla à ce qu'ils ne manquassent de rien. Ils étaient d'abord en assez petit nombre ; mais bientôt après, le père Boniface lui ayant amené plusieurs familles de la nation des Mohawks, il jugea à propos de les séparer des Hurons, et de les placer vis-à-vis de Montréal, sur la partie du rivage de la côte méridionale du Saint-Laurent appelée la Prairie de la Madeleine. On les transporta plus tard à une lieue de là, vis-à-vis du Sault-Saint-Louis, dont leur village garda le nom même lorsqu'ils eurent été placés, quelque temps après, à une lieue au delà de ce rapide. Leur nombre s'accrut rapidement, et ils se signalèrent dans la suite, durant toute la domination française en Canada, autant par leur attachement à la France que par celui qu'ils avaient pour la religion. Lorsqu'au milieu des guerres qui éclatèrent plus tard ils venaient à tomber entre les mains de leurs compatriotes ou des Anglais, on leur laissait le plus souvent le choix, ou de renoncer à Jésus-Christ et de retourner dans leur clan, ou de souffrir la mort la plus cruelle, et il n'y a point d'exemples qu'aucun ait accepté la vie à cette condition. Quelques-uns même périrent de misère dans les cachots de New-York, d'où ils auraient pu sortir en changeant de croyance, ou du moins en renonçant à vivre parmi les Français, ce qu'ils ne croyaient pas pouvoir faire, sans s'exposer à perdre la foi [1].

---

[1] *Journal historique de Charlevoix*, etc.

CHAPITRE VIII.

DUPUIS LA GRANDE RÉUNION DES NATIONS SAUVAGES AU SAULT-SAINTE-MARIE, EN 1669, JUSQU'A LA PRISE DE POSSESSION DE LA LOUISIANE PAR LA SALLE, EN 1682.

Mission de Nicolas Perrot parmi les tribus sauvages de l'Ouest. Grande réunion des tribus sauvages au Sault-Sainte-Marie. Elles reconnaissent la souveraineté de la France. Établissement du village huron de Saint-Ignace à Michilimackinac (1671). Marquette et Joliet de Québec chargés par Talon de la découverte du Mississippi. Étonnement de Potawatomies à la nouvelle de cette entreprise. Arrivée de Marquette sur la rivière des Renards. Il s'embarque avec ses compagnons sur le cours du Wisconsin (10 juin 1673). Ils arrivent sur les eaux du Mississippi. Découverte de la rivière des Moines ou Moingona. Hospitalité des vieillards illinois d'Iowa. Ils arrivent au confluent du Missouri et du Mississippi. Desseins de Marquette. Changement dans le climat en continuant à descendre le grand fleuve. Arrivée au village de Mitchigama, autrefois visité par les Espagnols. Influence du calumet de paix sur les Sauvages de cette contrée. Arrivée à Akansea, terme du voyage de Marquette. Il remonte le fleuve, après s'être assuré du lieu de son embouchure. Retour à la Baie Verte. Mort de Marquette. Sa mémoire. Robert de la Salle, commandant du fort de Catarocoui. Ses desseins pour la colonisation du Mississippi. Fondation du comptoir de Niagara. Il lance le premier navire sur le lac Érié et va fonder un autre comptoir à Mackinaw ; le fort de Mia.r.is, et celui de Crèvecœur. Il descend le Mississippi jusqu'au golfe du Mexique et donne à tout le vaste pays qu'il découvre le nom de Louisiane (1682).

Cependant un grand nombre de peuplades de la langue algonquine, reconnaissant qu'elles devaient aux Français le repos dont elles jouissaient, s'attachèrent plus étroitement qu'elles ne l'avaient fait jusque-là, et l'intendant Talon, en habile politique, crut devoir profiter de cette disposition favorable, pour établir les droits de la couronne sur les parties les plus reculées du

Canada. Nicolas Perrot, que ses relations avec les Jésuites avaient mis en état de connaître ces peuples et d'apprendre leur langue, fut choisi à cette fin, et parut dans l'ouest comme l'agent de l'intendant, afin d'inviter toutes les nations à se réunir en congrès à Sainte-Marie, où le grand Ononthio, c'est-à-dire, le roi de France, enverrait un de ses officiers pour leur déclarer ses volontés. L'invitation de Perrot fut portée jusqu'aux tribus du lac Supérieur, et jusqu'aux hordes nomades les plus éloignées de l'ouest ; il se rendit ensuite dans le sud, et une escorte de Potawatomies étant venue le prendre à la Baie-Verte, l'accompagna avec honneur jusque chez le grand sachem des Miamis à Chicago.

Au jour désigné pour être le témoin du spectacle, inouï jusque-là, de toutes les nations sauvages réunies, Saint-Lusson, subdélégué de Talon, ayant le père Allouez pour interprète, arriva des frontières méridionales du Canada, c'est à dire des bords du Kennebec, au Sault-Sainte-Marie. Là se trouvèrent rassemblés en ce jour les envoyés des Sauvages républicains du désert et les brillants officiers de la monarchie française. Après un discours du père Allouez, destiné à leur donner une haute idée de la puissance du roi, les indigènes des sources du Saint-Laurent, du Mississipi et de la Rivière-Rouge, réunis au centre des bois de pins et d'érables qui mêlent si pittoresquement leur ombrage à la verdure des ormeaux, sur les eaux de la Sainte-Marie, reconnurent pour leur grand chef le grand Ononthio, et acceptèrent la protection de la France. On planta ensuite une croix de cèdre, tandis que toutes les voix chrétiennes chantaient le *Vexilla Regis*. A côté de la croix s'éleva un poteau, portant un écusson aux armes de France. On entonna l'*Exaudiat*, et la cérémonie fut terminée par le *Te Deum*, que l'on chanta au bruit de la mousqueterie, dont les décharges multipliées se confondirent avec le fracas des eaux mugissantes de la rivière, qui se précipite en écumant à travers les nombreuses petites îles qui embellissent son cours.

C'est au père Marquette que l'on doit le dessein de la découverte du Mississippi, dont les indigènes avaient tant de fois proclamé la magnificence. Il avait résolu de la tenter dans l'automne de l'année 1669; et lorsqu'il se vit forcé de la remettre à un autre temps, par la nécessité où il se trouva de prendre soin de la mission de Che-goi-me-gon, que le père Allouez avait dû laisser pour une autre mission à la Baie Verte, il se choisit pour compagnon un jeune Illinois, à l'aide duquel il se rendit familier le dialecte de cette tribu (1670). La même année qu'eut lieu l'assemblée des nations sauvages à Sainte-Marie (1671), le père Marquette amena les restes de la tribu errante des Hurons-Tionnantatez autour de la chapelle de Saint-Ignace, sur l'extrémité septentrionale du Michigan, près de Michilimackinac. Le climat n'y était pas attrayant; mais le poisson abondait en toute saison dans le canal, et leur établissement fut longtemps maintenu comme la clef de l'ouest, et le rendez-vous le plus commode des nations éloignées de la langue algonquine. « Et, ici comme ailleurs, selon l'expression de l'historien des Etats-Unis [1], Marquette peut être regardé comme un des fondateurs du Michigan. »

Les contrées au sud du village fondé par ce missionnaire furent explorées par les pères Allouez et Dablon, qui portèrent la croix dans le Wisconsin oriental et au nord de l'Illinois, visitèrent en passant les Mascoutins et les Kickapous de la Milwaukie, et les Miamis du lac Michigan. Les jeunes guerriers de cette dernière tribu étaient sur le point de faire une expédition contre les Sioux, et ils prièrent les missionnaires de leur donner la victoire. Après avoir terminé ce circuit, Allouez, insensible au danger, étendit ses pas errants jusqu'aux cabanes des Renards, sur la rivière qui porte leur nom (1672).

La découverte si longtemps attendue du Mississippi allait enfin avoir lieu : Talon en avait chargé Joliet, bourgeois de Québec, dont il ne reste aucun souvenir, mais à qui cette expédition assura un nom immortel, ainsi que le père Marquette qui, après avoir travaillé pendant bien des années au salut des tristes restes de la nation huronne, et les avoir établis à l'extrémité poissonneuse du Michigan, allait commencer avec la même humilité une carrière nouvelle et pleine de dangers, mais dont le résultat devait être d'une si

---

[1] Bancroft, *Hist. of the United States*.

grande importance dans la destinée des nations. Talon voulait employer le peu de temps qui lui restait encore dans la colonie à signaler son séjour par cette grande découverte, et s'assurer le premier que les Français, en descendant la grande rivière centrale de l'ouest, pourraient porter le drapeau de la France sur l'Océan Pacifique ou le planter à côté de celui de l'Espagne, sur le golfe du Mexique.

Plusieurs Potawatomies d'une tribu qui connaissait Marquette apprirent avec étonnement la nouvelle de ce hardi dessein. — Ces nations lointaines, lui dirent-ils, jamais n'épargnent les étrangers; leurs guerres mutuelles remplissent leurs frontières de nombreuses troupes de guerriers. Le grand fleuve est plein de monstres qui dévorent ensemble et les hommes et les canots, et les chaleurs excessives y donnent la mort. — Je donnerai volontiers ma vie pour le salut des âmes, répondit Marquette. — Et ce peuple docile se mit aussitôt en prière avec lui [1].

Au dernier village connu des Français, établi sur la rivière des Renards, Marquette trouva des Kickapous, des Mascoutins et des Miamis demeurant ensemble, sur une belle colline, au centre de prairies et de bois magnifiques qui s'étendaient aussi loin que l'œil pouvait atteindre. Allouez y avait déjà érigé une croix, que les Sauvages avaient ornée de riches pelleteries et de baudriers teints en rouge, comme une offrande au

---

[1] Marquette dans Thevenot et dans Hennepin. Édit. angl. de 1696.

Grand-Esprit. Les anciens s'y assemblèrent en conseil pour recevoir les voyageurs. — Mon compagnon, dit Marquette, est un envoyé de la France, chargé de découvrir de nouvelles contrées, et moi je suis un ambassadeur du vrai Dieu, envoyé pour les éclairer de la lumière de l'Évangile. — Offrant alors des présents aux anciens, il leur demanda deux guides pour le lendemain. Les Sauvages répondirent avec politesse, et lui donnèrent en retour une natte pour lui servir de couche durant son long voyage.

Le lendemain de bonne heure (10 juin 1673), Marquette, Joliet, et cinq autres Français, ses compagnons de voyage, avec deux Algonquins pour guides, qui portaient leurs deux canots sur leurs épaules, traversèrent l'étroit portage qui sépare la source de la rivière des Renards du cours du Wisconsin. Laissant derrière eux les eaux qui pouvaient porter leurs adieux jusque sous les murs du château de Québec, ils arrivèrent sur ses bords en invoquant la Vierge immaculée, patronne de l'Amérique. « Ici, les guides nous abandonnèrent, dit Marquette, nous laissant seuls sur cette terre inconnue, entre les mains de la Providence. » La France et le Catholicisme prenaient possession de la vallée du Mississippi. Embarqués sur le large lit du Wisconsin, les voyageurs voguèrent vers l'ouest, descendant solitairement le cours de cette rivière, entre deux rives alternativement bordées de côteaux ou de prairies, sans voir aucune trace d'hommes, ni vestige des animaux, habitants ordinaires de la forêt. Nul autre bruit ne rompait le silence profond de cette solitude que le sillage de leurs canots et le mugissement lointain du buffle. Au bout de sept jours, ils entrèrent enfin dans le grand fleuve, avec une joie, dit Marquette, que rien ne pouvait exprimer. Les deux pirogues d'écorces de bouleau, déployant leurs voiles légères sous ce ciel nouveau, aux brises inconnues de cette contrée, se laissèrent aller au courant peu rapide encore du grand fleuve, dont la large surface leur rappelait l'Océan. Ils glissèrent sans encombre sur les bas-fonds de sable clair, rendez-vous d'innombrables oiseaux aquatiques, saluèrent en passant les mille archipels qui s'élancent du milieu des eaux avec leurs massifs de verdure, et les vastes plaines d'Iowa et d'Illinois qui leur apparaissaient, tantôt couvertes de forêts séculaires, tantôt d'immenses bosquets qui ressemblaient à des îles dans l'espace incommensurable de la prairie.

A soixante lieues plus bas que l'embouchure du Wisconsin, le rivage occidental du Mississippi leur offrit une trace humaine marquée sur le sable ; ils découvrirent un petit sentier qui menait à une belle prairie. Laissant alors les canots, Joliet et Marquette résolurent de braver seuls la rencontre des Sauvages. Après une marche de six milles, ils aperçurent un village sur le bord d'une rivière, et deux autres situés sur le versant d'une colline, à un mille et demi du premier.

La rivière était la Mou-in-gou-e-na, ou Moingona,

dont les Français ont fait la rivière des Moines [1]. Joliet et le père Marquette étaient les premiers Européens qui eussent foulé le sol d'Iowa. S'étant recommandés à Dieu, ils poussèrent un grand cri. Les indigènes les entendirent, et quatre vieillards s'avancèrent lentement à leur rencontre, portant le calumet de paix, richement orné de plumes brillantes. — Nous sommes Illinois, dirent-ils, ce qui signifie, nous sommes des hommes, — et ils offrirent le calumet aux voyageurs. Un vieux sachem les reçut dans sa cabane en levant les mains au ciel, et s'écria : — Comme le soleil est beau, ô Français, lorsque tu viens nous visiter ! tout notre village t'attend ; tu entreras en paix dans toutes nos demeures. — Et la foule étonnée les suivit du regard au fond de la cabane.

Présenté au grand conseil de la nation, Marquette leur annonça la vérité d'un Dieu unique, leur créateur et leur père. Il parla aussi du grand capitaine des Français, le gouverneur du Canada, qui avait châtié les Cinq-Nations, et leur avait commandé la paix. Il les questionna ensuite lui-même au sujet du Mississippi et des nations qui en possédaient les rives. On ne pouvait manquer de bien accueillir ceux qui annonçaient la soumission des Iroquois, dont ces Sauvages avaient déjà souffert les incursions, et on leur prépara un festin magnifique, composé du poisson le plus exquis et des viandes les plus savoureuses de la prairie.

---

[1] Voyez la carte du Journal du père Marquette, et comparez avec Charlevoix, *Histoire de la Nouvelle-France*, t. III.

Après y avoir demeuré six jours et fait la promesse de les visiter au retour, Marquette et son compagnon, accompagnés du grand sachem et de cent guerriers de la tribu, regagnèrent leurs canots. Le chef, ayant choisi un calumet orné de la tête d'un oiseau aux plumes brillantes, l'attacha au cou de Marquette, comme un mystérieux symbole de paix et une sauvegarde parmi les autres nations.

Les voyageurs alors continuèrent leur route. « Je ne craignais point la mort, dit Marquette, et j'aurais estimé comme le plus grand bonheur de mourir pour la gloire de Dieu. » Ils passèrent les rochers perpendiculaires qui bordent le fleuve, et qui ont l'apparence de monstres hideux, et, longtemps encore avant d'y arriver, entendirent le bruit des eaux du Missouri, qui ne leur était connu que par son nom algonquin de Pekitanoni. Lorsqu'ils arrivèrent au confluent des deux rivières, le plus grand peut-être qui soit au monde, là où le Missouri, beaucoup plus rapide, semble entrer en conquérant dans les eaux du Mississippi, au travers duquel il porte ses eaux blanches jusqu'à l'autre bord, sans les mêler, et qu'il entraîne ensuite avec précipitation vers la mer, Marquette forma intérieurement la résolution de remonter ce grand fleuve jusqu'à sa source, de passer la chaîne de montagnes qui divise les deux mers, et de la descendre par une rivière coulant à l'occident vers l'Océan Pacifique, pour annoncer l'Évangile à tous les peuples du Nouveau-Monde.

Il ne se doutait guère alors que, moins de deux siècles après, la vallée du Mississippi serait couverte de villes florissantes, et que sur l'angle méridional formé par les deux fleuves s'élèverait la métropole de l'ouest[1], destinée peut-être un jour à devenir la première des métropoles catholiques de la plus grande république des temps modernes. Un peu moins de quarante lieues plus bas, ils passèrent devant l'embouchure de l'Ohio, alors et longtemps encore après appelé la Wabash. Ses bords étaient couverts des nombreux villages des Shawnees, qui résistaient avec peine aux envahissements des Iroquois.

De grands changements se faisaient insensiblement sentir dans le climat : les roseaux qui croissaient sur les bords du fleuve commençaient à devenir si forts et si épais, que le buffle avait peine à passer au travers, pour venir s'abreuver dans ses eaux; les moucherons de toute espèce devenaient insupportables, et, en guise d'abri contre les ardeurs du soleil de juillet, on fut obligé de tendre les voiles au dessus des canots. Les prairies disparaissaient, et des forêts de noyers, remarquables par leur étendue et leur hauteur, croissaient jusque sur la grève battue par les flots.

A la latitude du trente-troisième degré, sur le rivage occidental du Mississippi, se montrait le village de Mitchigama, dans une contrée autrefois visitée par les Espagnols. « C'est maintenant, pensait Marquette,

---

[1] Saint-Louis du Missouri, fondé par quelques Canadiens français, à la fin du siècle dernier, fut érigé en évêché catholique en 1826, et élevé au rang de métropole en 1847. C'est aujourd'hui une ville de cent mille âmes.

que nous devons implorer le secours de la Mère de Dieu. » Armés d'arcs et de flèches, de haches, de massues et de boucliers, les naturels, préparés à la guerre, s'embarquèrent avec de grands hurlements sur leurs longues pirogues, creusées dans un tronc d'arbre ; mais, à la vue du symbole mystérieux figuré par le calumet de paix que leur montrait Marquette, Dieu touchait le cœur des vieillards, qui calmaient alors l'impétuosité des jeunes gens, et, jetant leurs armes dans les canots de nos voyageurs, comme un signe de paix, ils se préparaient à leur faire un accueil hospitalier.

Le lendemain, une longue pirogue contenant une dizaine d'hommes escorta les explorateurs au village d'Akansea, qui fut le terme de leur voyage. Ils avaient laissé bien loin derrière eux les régions algonquines, et, se trouvant maintenant au milieu des Sioux et des Chickasas, ils ne pouvaient plus parler que par interprète. A une demi-lieue plus bas qu'Akansea ils furent rencontrés pas deux canots, dans l'un desquels se tenait le chef, ayant à la main le calumet de paix, et qui chantait en s'approchant des voyageurs. Après leur avoir offert son calumet, il leur donna du pain de maïs. Des peaux de buffles composaient toute la richesse de sa tribu ; leurs armes étaient des haches d'acier, preuve indubitable de leur commerce avec les Européens.

Nos voyageurs avaient déjà dépassé le confluent de l'Arkansas ; ils s'approchaient des chaudes régions qui n'ont presque d'autre hiver que des pluies, au delà des limites des langues algonquine et huronne, non loin des contrées que baigne le golfe du Mexique, et des tribus indiennes qui avaient obtenu des armes européennes par des échanges avec les Espagnols ou les Anglais de la Virginie. Marquette y parla du vrai Dieu et des mystères de la foi catholique, et, après s'être assuré que le Père-des-Eaux[1] ne descendait ni vers la côte orientale de la Floride, ni même au golfe de Californie, les voyageurs laissèrent Akansea, et remontèrent le Mississippi.

Au trente-huitième degré, ils entrèrent dans la rivière des Illinois, et découvrirent un pays incomparable pour sa fertilité et la beauté de ses prairies, couvertes de buffles et de cerfs, pour l'agrément de ses ruisseaux, et la prodigieuse abondance des canards, des cygnes, et de toutes les variétés de perroquets et de poules d'Inde sauvages. Une tribu d'Illinois, qui demeurait sur ses bords, engagea Marquette à venir demeurer parmi eux. Un de leurs chefs, suivi de ses jeunes guerriers, conduisit les voyageurs, par la route de Chicago, au lac Michigan ; et, avant la fin de septembre, ils étaient tous heureusement de retour à la Baie-Verte.

Joliet retourna à Québec pour y annoncer la découverte du Mississippi, dont la renommée, portée par Talon à la cour de France, enflamma l'ambition de Colbert. L'humble Marquette resta pour prêcher l'Évangile parmi les Miamis, qui demeuraient dans l'Illinois, au-

---

[1] *Mississippi*, ou plutôt *Meschacebé*, signifie le *Père des Eaux*, nom que l'immensité de ses eaux a fait donner à ce fleuve.

tour de Chicago. Deux ans après, comme il voguait de Chicago à Mackinaw, il entra dans une petite rivière du Michigan. Il débarqua sur le rivage, dressa son autel, et y dit la messe. Il s'éloigna ensuite un peu pour faire son action de grâces, et pria les deux hommes qui conduisaient son canot de le laisser seul pendant une demi-heure. Ce temps passé, ils allèrent le chercher; ils le trouvèrent à genoux; mais il était mort sur le bord de la rivière qui porte son nom. Ces deux hommes, se trouvant trop éloignés de Michilimackinac, l'inhumèrent à l'endroit où il était. Depuis lors son nom est demeuré à la rivière, et, jusqu'aux hardis trappeurs de la prairie et aux chasseurs des forêts, tous invoquent encore son souvenir, lorsqu'ils se trouvent en danger sur le lac Michigan. Les peuples de l'ouest ont conservé sa mémoire tout le long du Mississippi, et ce sont eux qui plus tard bâtiront le tombeau de cet humble et illustre missionnaire. [1].

De son côté, Joliet, avant d'arriver à Québec, avait passé par le fort de Catarocouy, sur le lac Ontario, où commandait le prudent et courageux Robert de La Salle. Ce jeune homme en avait obtenu le domaine avec une vaste concession, du comte de Frontenac, qui venait

---

[1] D'après le manuscrit d'un père jésuite compagnon du père Marquette, découvert il y a peu de temps par un gentilhomme de Montréal, et communiqué à M. Robert Greenhow, ancien employé au département des affaires étrangères à Washington, et auteur d'une histoire de l'Orégon et de la Californie, le corps du père Marquette fut enlevé par son compagnon, deux jours après sa mort, du lieu où il avait été enterré, et transporté en grande pompe dans l'église de Mackinaw, vis à vis l'île du même nom, où il fut réinhumé. Il s'y opéra aussitôt un miracle, la guérison instantanée d'une femme qui souffrait d'un mal considérable, et qui en fut délivrée dès qu'elle eut invoqué l'intercession du père Marquette.

de succéder au général de Courcelles dans le gouvernement du Canada (1672). Le récit de Joliet enflamma l'imagination ardente de La Salle, qui forma aussitôt des plans pour la colonisation du Mississippi. Il passa en France, développa ses projets à Colbert, et revint en 1678, accompagné des hommes et des choses nécessaires pour en opérer l'exécution. Du fort Frontenac, c'était le nom qu'il avait donné à Catarocouy, il lança avant l'hiver une barque de dix tonneaux sur le lac, et alla fonder sur la rivière du Niagara, à peu de distance de la chute, un comptoir pour le commerce des fourrures avec les Senecas, qui y étaient établis.

En 1679, au bruit des salves de sa petite artillerie, et au chant du *Te Deum*, il lança aux regards étonnés des Senecas un brigantin de soixante tonneaux, nommé *le Griffon*, sur le haut Niagara : c'était le premier navire qu'on eût vu dans ces lieux déserts. Chargé d'une petite colonie de trafiquants en pelleteries, destinés pour la vallée du Mississippi, il se mit en route le septième jour du mois d'août, et déploya ses voiles aux brises du lac Érié. Indifférent à la malignité de ceux qui enviaient son génie, ou qui se sentaient offensés de ses priviléges, La Salle, le premier qui ait navigué sur ce lac et entre les îles verdoyantes du majestueux Détroit, fut aussi le premier à songer à la fondation d'une colonie sur les bords de cette rivière. Il donna au lac Saint-Clair le nom qu'il porte, en mémoire du jour où il traversa ses eaux peu profondes, et, après avoir échappé aux tourmentes du lac Huron et formé un comptoir à Mackinaw, il alla jeter l'ancre à la Baie-Verte. Il envoya de là son brigantin, chargé d'une riche cargaison de fourrures, à Niagara, et s'embarquant lui-même avec ses gens dans des canots d'écorces, il alla fonder à l'entrée de la rivière Saint-Joseph, au village des Miamis réunis par le père Allouez, le comptoir fortifié de palissades connu sous le nom de fort de Miamis. Après avoir attendu vainement pendant longtemps des nouvelles de son navire, il pénétra dans l'Illinois, où, après bien des fatigues et de cruelles déceptions, il fonda le fort de Crèvecœur. Il retourna de là au fort de Frontenac; ayant préparé ensuite avec sa prudence et son courage ordinaires une nouvelle expédition, il reprit le chemin du Mississippi dans le commencement de l'année 1682, et descendit ce fleuve jusqu'à la mer. Son génie comprenait les magnifiques ressources qu'on pouvait tirer de cette contrée. C'est ainsi qu'en se laissant entraîner sur cet immense courant, en bâtissant la première cabane à Chickasa, ou en plantant le drapeau de la France sur le golfe du Mexique, il ouvrait la marche aux flots d'émigrants qui plus tard suivraient ses traces, comme s'il eût entendu déjà dans le lointain les pas pressés de cette multitude qui devait cent ans après prendre possession de la vallée du Mississippi. En attendant, il la réclamait au nom de la France, et lui donnait, en l'honneur de Louis XIV, le nom de Louisiane.

CHAPITRE IX.

depuis l'érection de l'évêché de québec, en 1670, jusqu'à la démission de m. de laval, évêque de québec, en 1684.

L'évêché de Québec est érigé en faveur de François de Laval. Érection de la cathédrale et du chapitre de cette ville. Église de Sainte-Anne, surnommée *la Bonne*. Miracles de sainte Anne. Pèlerinage célèbre en cet endroit. Retour de l'abbé de Quaylus en Canada. Son éloge et celui de sa communauté. Accroissements de la ville de Montréal. Nicolas Perrot, gouverneur de cette ville. Ses démêlés avec le comte de Frontenac : celui-ci fait mettre en prison l'abbé de Fénelon. Violences du comte de Frontenac. Ordonnance royale en faveur du séminaire de Saint-Sulpice de Montréal (1677). Démarches nouvelles de l'évêque de Québec contre la traite de l'eau-de-vie. Il reconstruit le séminaire de cette ville. Infirmités de François de Laval. Turbulence des Récollets. Leurs brouilleries avec l'évêque. Maladie de l'évêque de Québec. Rappel du comte de Frontenac. De la Barre gouverneur-général du Canada. Convocation des notables de la colonie. Alliance des Cinq-Nations avec le gouverneur de New-York (1684). Plaintes de De la Barre. Réponse menaçante des Iroquois. Préparatifs de De la Barre. Il marche contre les Iroquois. Il se voit forcé à leur demander une paix honteuse. Fierté d'Haaskouan, chef des Senecas. Bienfaisance de François de Laval, au milieu des malheurs de la colonie.

Cependant l'érection de l'évêché de Québec avait été consommée en 1670. Mais les prétentions de Louis XIV, d'un côté, et, de l'autre, la sage fermeté du Pape à ne point se relâcher sur la dépendance immédiate où le nouveau siége devait être de Rome, furent cause que les négociations relatives à cette affaire ne se firent qu'avec une extrême lenteur. Le Pape consentit néanmoins à ce que l'évêché de Québec fût uni d'une certaine manière au clergé de France, comme l'était celui du Puy, qui relevait également d'une manière immédiate de Rome. J'ai dit que le roi, pour doter le nouvel évêché, y avait fait réunir les deux menses de l'abbaye de Maubec; mais Saint-Valier, qui succéda à François de Laval, obtint depuis la réunion de l'abbaye de Bénévent, à partager entre l'évêché et le chapitre de la cathédrale. Le défaut d'argent pour payer ses bulles obligea le nouvel évêque de Québec à passer en France, pour y obtenir de quoi y satisfaire, et l'affaire ne fut entièrement terminée qu'en 1674. Son voyage eut lieu dans le courant de l'année 1672, et son absence dura près de trois ans. Il est intéressant pour l'histoire de l'église du Canada de mentionner l'ordination qu'il avait faite, une année auparavant (14 mars 1671), dans la personne de Charles Amados Martin, ecclésiastique du séminaire de Québec, et le premier Canadien de naissance qu'il eût élevé aux ordres sacrés.

L'évêque de Québec profita de son séjour à Paris pour consommer l'union de son séminaire avec celui des Missions-Étrangères de la rue du Bac (19 mai 1675). Le 13 novembre de la même année eut lieu l'érection du chapitre de Québec. et celle de l'église paroissiale de cette ville au rang de cathédrale, par une bulle du pape Clément X. La paroisse alors fut éteinte, et le soin des âmes commis au chapitre, à la charge pour les dignitaires, chanoines, et prébendés, d'exercer les fonctions curiales tour à tour, ou de les faire remplir par quelque desservant, avec l'agrément de l'évêque.

Quatre ans auparavant, Laval avait uni la paroisse au séminaire, en chargeant les directeurs de la desservir en commun après la mort de M. de Bernières.

L'érection de la paroisse en cathédrale n'apporta guère de changement à sa situation, le chapitre et le séminaire ne faisant qu'un dans les commencements. Mais le chapitre en sentit plus tard les inconvénients; aussi donna-t-il, en 1684, sa démission de la cure de Québec, en gardant toutefois le droit d'administrer seul le baptême pendant la quinzaine de Pâques, et de faire l'office à tous les enterrements où il assisterait en corps; mais ceci n'eut lieu que lorsque le chapitre eut été effectivement composé d'ecclésiastiques différents de ceux du séminaire. L'évêque accepta alors cette démission, et par le même acte le titre de chanoine honoraire, avec tous les droits du chapitre, fut accordé au curé qui serait institué par le prélat. Laval alors l'unit de nouveau au séminaire, mais à la charge de desservir la cure, non plus en commun, comme auparavant, mais par un titulaire fixe pris du corps, au choix du supérieur et de son conseil, avec l'institution canonique donnée par l'évêque; cet état subsista encore, malgré ses inconvénients, assez longtemps après.

De retour dans son diocèse, après une si longue absence, avant la fin de l'année 1675, l'évêque de Québec s'occupait de nouveau des travaux de sa chère église. Ses soins embrassaient tout, et il ne se lassait de porter la main à toutes les parties de son vaste diocèse. En 1676, Fillon, curé de Sainte-Anne, surnommée la Bonne, fit rebâtir, avec l'agrément de son évêque, l'église de cette paroisse plus grande et plus belle. La chapelle Sainte-Anne était regardée comme une des plus anciennes du Canada. Elle avait été bâtie sur la rive gauche du Saint-Laurent, dans une situation pittoresque, mais trop rapprochée du rivage; la marée, qui y montait quelquefois, obligea de la transporter plus haut, et on la reconstruisit alors sur un terrain qui avait été donné par l'abbé de Quaylus. Cette chapelle était célèbre, dès l'origine du Canada, par les miracles opérés à l'intercession de la mère de celle qui est à si juste titre appelée la Mère des miséricordes, miracles dont François de Laval avait fait faire un recueil authentique [1].

« A sept lieues d'ici, écrivait en 1665 la mère Marie de l'Incarnation, il y a un bourg appelé le Petit-Cap, où il y a une église de Sainte-Anne, dans laquelle notre Seigneur fait de grandes merveilles en faveur de cette sainte mère de la très sainte Vierge. On y voit marcher les paralytiques, les aveugles recouvrer la vue, et les malades de quelque maladie que ce soit recevoir la santé [2]. » De nombreux pèlerinages se faisaient à la Bonne Sainte-Anne, et l'on y voyait accourir, comme de nos jours encore, des peuplades entières de Sauvages, qui se revêtaient de leurs plus beaux ornements pour venir honorer celle qui, après Marie, est si justement regardée comme la patronne et la protectrice spé-

---

[1] *Mémoires de la vie de M. de Laval.*

[2] *Lettres de la mère Marie de l'Incarnation.*

ciale du Canada. La reine Anne d'Autriche y avait jadis envoyé de magnifiques ornements à sa patronne, et le vice-roi Tracy s'était distingué par les présents considérables dont il était venu lui-même faire hommage aux pieds de la sainte, avec le tribut de ses prières. Ce fut pour satisfaire à la piété des pèlerins, et surtout des marins, qui l'invoquent ordinairement au milieu des dangers de la mer, que l'évêque de Québec accorda l'agrandissement de cette église. C'est à sainte Anne qu'on faisait alors, comme aujourd'hui, des vœux avec confiance, et qu'on apportait avec gratitude ses offrandes en arrivant dans le fleuve [1].

Depuis plusieurs années déjà, l'abbé de Quaylus, que nous avons vu, dans le commencement de cette histoire, opposé à l'évêque de Québec, et qui avait été forcé, lors de son retour en France, d'aller se justifier à Rome du reproche de jansénisme, s'était réconcilié avec ce prélat durant son séjour à Paris. C'était avec son agrément qu'il était ensuite retourné en Canada, en qualité de simple missionnaire, emmenant avec lui les abbés d'Urfé, d'Alet, et de Salignac-Fénelon[2], qui avaient avec joie abandonné toutes leurs espérances du monde pour servir Dieu plus librement en Amérique.

---

[1] J'ai entendu, il n'y a pas bien longtemps encore, sur le navire qui me ramenait en Europe, un protestant, M. Heath, négociant distingué de Québec, homme d'éducation et de bonne société, me raconter les miracles opérés par sainte Anne, aussi fréquents encore aujourd'hui qu'au temps de l'évêque Laval. Il parlait devant d'autres protestants, et le ton pénétré et convaincu avec lequel il s'exprimait ne pouvait laisser le moindre doute sur sa sincérité (1846).

[2] Il paraîtrait, par des manuscrits récemment découverts, que cet abbé de Salignac-Fénelon était le même que le grand archevêque de Cambrai.

« M. l'abbé de Quaylus avec M. Drouart, tous les deux prêtres de Saint Sulpice, dit l'auteur de l'*Histoire de l'Hôtel-Dieu de Québec*[1] en parlant du séminaire qui avait été fondé à Montréal, commencèrent cette nouvelle maison, qui a été soutenue depuis par les sujets que le séminaire de Paris lui envoie tous les ans, qui édifient le peuple par leurs vertus, qui l'aident et le consolent par leurs instructions, et qui le soulagent par les abondantes aumônes qu'ils répandent dans toute l'étendue de cette île. » Les avantages que cette communauté apporta, en effet, à l'île de Montréal, et les développements rapides de cette ville occasionnèrent, en 1670, des changements dans son administration. Chomedey de Maisonneuve, qui en avait gardé le gouvernement depuis sa fondation, ayant témoigné le désir de se retirer, l'abbé de Bretonvilliers, supérieur-général de Saint-Sulpice et seigneur de Montréal, nomma de droit pour le remplacer Nicolas Perrot, qui avait épousé la nièce de l'intendant Talon. Perrot, craignant que la commission d'un simple particulier ne fût pas suffisante pour un officier du roi, et que les services qu'il pourrait rendre dans ce poste ne lui fussent pas assez comptés, demanda et obtint des provisions du monarque; mais, en les lui donnant, on y marqua expressément qu'elles ne lui étaient octroyées que sur la nomination de l'abbé de Bretonvilliers.

Perrot eut à souffrir quelques années après des ma-

---

[1] *Histoire de l'Hôtel-Dieu de Québec*, par une religieuse hospitalière de cette maison.

nières hautaines du comte de Frontenac, dont l'inflexible volonté voulait tout faire plier devant lui, dans le gouvernement du Canada. Également prévenu contre le clergé et les missionnaires, dont il ne pouvait souffrir l'esprit d'indépendance, même dans les choses qui regardaient l'intérêt spirituel de la colonie, Frontenac ne tarda pas à se brouiller encore avec les prêtres du séminaire de Saint-Sulpice de Montréal. L'abbé de Fénelon fut mis en prison, sous le prétexte qu'il avait prêché contre le gouverneur-général, mais réellement parce qu'il avait essayé de justifier Perrot [1]. Quoique ses actes ne fussent pas tous également répréhensibles, l'air de violence qu'il y mettait toujours, diminuait beaucoup d'ordinaire le tort des coupables, en rendant le châtiment odieux.

Ce qui mit le comble à sa mauvaise humeur fut l'arrivée d'un ordre du roi, en 1675, apporté par le nouvel intendant Du Chesneau, qui succédait à Talon. Jusqu'alors le gouverneur-général avait eu seul la présidence du conseil de Québec. Mais le roi, qui craignait de lui laisser une puissance trop absolue, jugea à propos de déléguer les fonctions de premier président à l'intendant, sans toutefois lui en donner le nom, en laissant néanmoins la première place d'honneur au gouverneur-général et la seconde à l'évêque. Ces dispositions chagrinèrent vivement le comte de Frontenac, qui s'en plaignit amèrement à la cour, et, sous divers pré-

---

[1] Charlevoix, *Histoire de la Nouvelle-France*, t. II.

textes, n'en traita que plus mal tous ceux qui osèrent résister à ses volontés. Un autre arrêt, mais qui avait le séminaire de Montréal pour objet, vint, deux ans après, consoler les prêtres de cette maison des vexations que leur avait fait essuyer le gouverneur-général. Le roi signa en 1677, à Saint-Omer, l'ordonnance de l'établissement de Saint-Sulpice, amortissant à perpétuité la terre et la seigneurie de l'île de Montréal, *comme à Dieu dédiée et consacrée* [1], en faveur du séminaire de cette ville.

Ce qui avait fait déjà tant de fois auparavant l'objet des démêlés entre les gouverneurs-généraux et l'évêque de Québec se représenta plus que jamais sous le gouvernement du comte de Frontenac. Nous avons vu les désordres que causait parmi les Sauvages chrétiens la traite de l'eau-de-vie; elle avait recommencé depuis quelques années, et produisait les mêmes effets qui avaient déjà coûté tant de larmes à tous ceux qui s'intéressaient au salut de ces peuples. L'évêque, le clergé, et les missionnaires s'en plaignirent. Mais on avait trouvé le secret de persuader au conseil du roi que ce commerce était absolument nécessaire pour attacher les indigènes à la France; que les abus dont les ecclésiastiques faisaient tant de bruit, s'ils n'étaient pas tout à fait imaginaires, étaient du moins fort exagérés, et que leur zèle sur cet article ne servait guères que de prétexte pour persécuter ceux qui les empêchaient de

---

[1] Recueil des ordonnances du roi touchant le Canada.

dominer dans le pays, et pour solliciter leur révocation.

Cependant le mal allait croissant; en 1675, l'évêque de Québec avait envoyé en France l'abbé Dedouit, un de ses grands-vicaires, pour obtenir le renouvellement des anciennes défenses. Mais, ces mouvements ne produisant aucun effet sur Colbert, le digne prélat prit le parti d'aller lui-même à la cour solliciter encore une fois un remède qu'il croyait si nécessaire. Mais la cour était prévenue par le gouverneur-général, qui y était fortement appuyé, et François de Laval eut à essuyer des refus et des difficultés de toutes sortes.

Il y eut cependant en 1678 un arrêt du conseil, daté du 12 mai, qui ordonnait qu'il serait fait une assemblée de vingt des principaux habitants de la Nouvelle-France, pour avoir leur avis touchant la traite de l'eau-de-vie. Les raisons ayant ensuite été apportées de part et d'autre, le roi voulut que l'archevêque de Paris et le père de La Chaise donnassent leur jugement définitif; et l'un et l'autre, après en avoir conféré avec l'évêque de Québec, qui était alors à Paris, jugèrent que le moins qu'on pût faire était de défendre la traite de l'eau-de-vie dans les habitations des Sauvages, sous les peines les plus sévères. Le roi consentit à appuyer ce jugement par une ordonnance qui restreignit la traite aux habitations françaises, c'est-à-dire qu'on ne pourrait porter de l'eau-de-vie aux Sauvages, mais seulement leur en donner dans les maisons françaises : faible barrière à opposer au torrent qui entraînait ces malheureux. Laval, ne pouvant faire mieux, revint en Canada, après deux ans de poursuites presque inutiles, accablé de chagrins et d'infirmités, et il se borna dès lors à n'user de son autorité que dans le for intérieur.

Durant les quatre années qui suivirent celle de son retour, il continua à s'occuper de son diocèse avec toute l'activité que sa santé pouvait encore lui permettre. Mais le désir d'assurer l'avenir de son séminaire paraissait être l'objet le plus constant de ses vœux. En 1678, il avait posé les fondations d'un nouvel édifice destiné à renfermer tout le personnel du grand et du petit séminaire, ainsi que le clergé de la ville. Il fut dédié à la Sainte-Famille, et, après en avoir délibéré avec son clergé, l'évêque ordonna qu'on y suivrait à perpétuité, ainsi que dans tout le diocèse, le cérémonial avec le bréviaire et le missel romains ; ce qui depuis a toujours été en vigueur. Le bâtiment fut bientôt achevé ; ce fut un des plus beaux du pays, et d'une étendue capable de renfermer plus de cent personnes avec toutes les choses nécessaires à leur bien-être sous ce climat rigoureux. Pour assurer ensuite l'avenir de cette maison, l'évêque fit faire à Paris, sur sa procuration et en son nom, une donation générale de tous ses biens au séminaire des Missions-Étrangères de Paris, pour être employés à l'entretien de celui de Québec (12 avril 1680). Cette donation fut ratifiée à Québec l'année suivante ; mais, la distance des lieux rendant le recours à Paris souvent impossible, et le long délai pouvant nuire aux affaires, le séminaire de Paris accorda, par acte public du 6 juin 1682, à celui de Québec la faculté de disposer de ces biens, et de se choisir un supérieur, à la charge d'en demander la confirmation à Paris [1].

Ce n'était pas sans dessein que Laval avait travaillé à mettre ordre à ses affaires. Depuis longtemps sa santé était altérée, et, sans être encore d'un âge bien avancé, il voyait chaque jour ses forces diminuer sensiblement. Les infirmités qu'il avait contractées dans ses courses apostoliques, les souffrances de tout genre par lesquelles le Seigneur avait voulu éprouver son serviteur, les démêlés qu'il avait eus avec les gouverneurs, les chagrins qu'il avait ressentis à la vue des désordres d'une partie de son troupeau, sans pouvoir les arrêter, avaient sensiblement miné sa constitution.

Les Récollets, dont il voulut arrêter les prétentions, lui donnèrent de nouveaux chagrins. Ces religieux, revenus à Québec par la protection spéciale de l'intendant Talon, s'étant remis en possession des terrains qu'ils avaient autrefois possédés dans le faubourg de Saint-Roch près de Québec, y avaient construit un monastère sous l'invocation de Notre-Dame-des-Anges. Mais, cette situation ne pouvant contenter l'ambition de quelques-uns d'entre eux qui désiraient se donner parmi les citoyens une importance impossible à acquérir hors de la ville, ils cherchèrent les moyens d'y en-

---

[1] *Mémoires de la vie de M. de Laval.*

trer et de s'y établir. Leurs menées se faisaient à l'insu de l'évêque; mais le prélat ne tarda pas d'en être instruit, et il leur fit entendre que la ville de Québec n'ayant encore que quatre à cinq mille habitants, dont beaucoup étaient pauvres, les églises des Jésuites, des Ursulines, et de l'Hôtel-Dieu suffisaient amplement, avec la cathédrale, à tous les besoins spirituels; il ajouta néanmoins que, s'ils désiraient avoir un pied-à-terre dans la ville, il leur permettrait d'y bâtir un hospice, avec défense, toutefois, d'y ouvrir une chapelle au public. Les Récollets se contentèrent d'abord de cette autorisation; mais bientôt, après qu'ils eurent bâti leur hospice, ils y ajoutèrent une chapelle, sous le prétexte d'y dire la messe pour les malades. L'évêque ferma encore les yeux sur cette infraction; mais, un de leurs religieux étant venu à mourir, ils se disposèrent à l'enterrer dans cette chapelle, et à y célébrer publiquement ses funérailles. Laval leur en envoya signifier formellement la défense; pour en adoucir la rigueur, il leur faisait offrir en même temps de faire le service des funérailles à la cathédrale, et d'y enterrer le mort. Les religieux, loin d'obtempérer, envoyèrent publiquement des billets d'invitation à tous les citoyens, pour les engager à assister aux obsèques de leur confrère. Un mépris si flagrant de ses ordres indigna vivement l'évêque de Québec; il n'aurait cependant encore employé contre les Récollets aucune mesure de rigueur, car ces religieux avaient déjà rendu de grands services au diocèse, et ils pouvaient lui en rendre encore, malgré leur turbulence; mais, poussé par ses vicaires-généraux, qui ne paraissaient pas les aimer beaucoup, il mit la chapelle et les Récollets en interdit. Cet acte, quelque juste qu'il pût être au fond, n'en était pas moins déplorable, tant à cause du scandale qui devait en résulter, qu'à cause du conflit qu'il pouvait faire naître entre ces religieux et la puissance épiscopale. Ceux-ci effectivement se donnèrent un nouveau tort en faisant grand bruit de toute cette affaire, et, se sentant appuyés par l'autorité civile, ils prétendirent que l'évêque n'avait sur eux aucune juridiction, invoquant à l'appui de cette assertion tous les priviléges de l'ordre séraphique [1].

Ils passèrent outre sur la sentence épiscopale, et le religieux mort fut enterré en grande pompe dans la chapelle, avec un grand concours de citoyens. Le scandale fut grand; Laval en écrivit avec douleur aux supérieurs-généraux des maisons des Récollets de Paris et de Bretagne, d'où la plupart de ceux de Québec étaient venus, et il se plaignit amèrement qu'on n'envoyât en Canada que des mauvais sujets dont on voulait se débarrasser en France. Cette plainte de l'évêque était parfaitement fondée, à peu d'exceptions près; aussi y fit-on quelque droit en rappelant en France quelques-uns de ceux dont on avait le plus à se plaindre, et l'affaire pour lors en resta là [2].

---

[1] *Mémoires de la vie de M. de Laval.* — Archives de l'archevêché de Québec.

[2] Id., ibid.

Tous ces tracas, joints à ses autres chagrins, lui occasionnèrent alors une maladie longue et douloureuse, qui fit longtemps désespérer de ses jours. A peine rétabli, il recommença ses travaux; mais il en fut bientôt si épuisé et si incommodé, qu'il se vit contraint de se retirer dans une maison de campagne du séminaire, où il avait l'espoir de se remettre promptement. N'y pouvant trouver de soulagement à ses souffrances, et se sentant trop faible pour continuer ses courses dans son diocèse, il prit le parti de renoncer à l'évêché de Québec et de demander au roi de lui donner un successeur.

Cependant la Nouvelle-France était, depuis plusieurs années, dans une grande confusion, et se voyait menacée d'une guerre capable de la replonger dans ses premiers malheurs. Ses forces semblaient diminuer de jour en jour, et les Cinq-Nations ne gardaient plus bien exactement les articles de paix dont on était convenu avec elles; les Anglais, en recherchant leur alliance, leur inspirèrent une confiance qui ne faisait qu'accroître leur insolence et les dangers qui menaçaient le Canada. Sur ces entrefaites, le comte de Frontenac fut rappelé de son gouvernement, et le comte de la Barre envoyé à sa place (1682).

La ruine qui menaçait le Canada donna lieu à la convocation passagère d'une grande assemblée des notables, à laquelle le nouveau gouverneur invita non seulement l'intendant et l'évêque, mais encore les principaux officiers de l'armée, plusieurs membres du conseil supérieur, les chefs des juridictions subalternes, le supérieur du séminaire, et celui des missions, enfin toutes les personnes les plus considérables de la colonie ; il les pria de lui dire leurs avis sur les causes et la nature du mal, et sur les remèdes qu'on devait y apporter. Acte fut dressé des délibérations qui furent prises, et envoyé au roi; on y démontrait tout le tort que le monopole du commerce faisait à la colonie et on lui demandait d'envoyer de nouvelles troupes.

À la suite de cette assemblée, Dougan, gouverneur de New-York, reçut des instructions de son gouvernement pour garder avec les Français les relations les plus amicales ; mais il refusa d'obtempérer à ces instructions, dans la crainte de perdre l'alliance des Cinq-Nations iroquoises, qu'il entretenait dans l'intérêt des colons anglais. Les Iroquois, d'un autre côté, trouvant plus d'avantage à vendre leurs pelleteries à ceux-ci, qui leur en donnaient un prix plus élevé, laissèrent les Français, que gênait le monopole, et se lièrent plus étroitement avec nos rivaux. Les Oneidas, les Cayugas, les Onondagas et les Mohawks envoyèrent leurs députés à Albany, pour y traiter avec les gouverneurs de New-York et de la Virginie. Les haches furent cachées sous terre, et les tribus chantèrent avec allégresse leur chant de paix (1684).

— Frère Corlaer [1], dit un chef parlant au nom des

[1] Nom d'un des premiers gouverneurs hollandais de New-York et que les Sauvages donnèrent depuis à tous les gouverneurs anglais, comme celui d'Ononthio aux gouverneurs du Canada.

Onondagas et des Cayugas, votre sachem est un grand sachem, et nous sommes un petit peuple. Lorsque les Anglais vinrent pour la première fois à Manhattan[1], dans la Virginie et le Maryland, ils étaient un petit peuple, et nous étions grands. Parce que nous vous avons trouvé un bon peuple, nous vous avons traités humainement, et nous vous avons donné des terres. Maintenant donc que vous êtes grands et nous petits, nous espérons que vous nous protégerez contre les Français. Ils sont fâchés contre nous, parce que nous apportons des castors à nos frères.

Les députés des Senecas arrivèrent bientôt, et exprimèrent leur contentement de voir que le tomahawk était déjà enterré et toute mauvaise volonté bannie du cœur des sachems anglais. Le même jour, un messager du comte de de la Barre apparut à Albany. Mais on ne fit aucune attention à ses plaintes. — Nous ne nous sommes pas éloignés de nos sentiers, dirent les Senecas; mais Ononthio, le sachem du Canada, nous menace de la guerre; fuirons-nous pour l'éviter? resterons-nous tranquilles dans nos cabanes? Nos chasseurs de castors sont des hommes braves, et la chasse au castor doit demeurer libre. — Les chefs iroquois retournèrent alors chez eux et clouèrent les armes du duc d'York sur leurs villages fortifiés, comme un signe, selon eux, de protection contre les Français; mais, dans la pensée des Anglais, comme un signe de reconnaissance de la souveraineté britannique.

[1] Ancien nom de New-York.

Cependant, le téméraire et trop confiant La Barre s'avançait vers le fort Frontenac avec six cents soldats français, quatre cents Sauvages alliés, autant de Sauvages pour porter les bagages, et trois cents soldats destinés à composer la garnison du fort. Mais, au mois d'août, les exhalaisons délétères des marais qui bordent le lac Ontario épuisèrent promptement l'armée ; et, après avoir traversé le lac et débarqué ses troupes affaiblies par la fièvre sur la terre des Onondagas, il se vit contraint de solliciter la paix de ces mêmes tribus qu'il était venu dans le dessein d'exterminer. A la requête des Anglais, les Mohawks refusèrent de négocier ; mais les autres nations, offensées de la suprématie que s'arrogeait l'Angleterre, préférèrent assurer leur indépendance en faisant la paix avec les Français contre les Anglais. Un chef onondaga appela le Ciel à témoin de l'injure qui était faite à sa nation par l'envoyé anglais, qui avait prétendu faire reconnaître le duc d'York pour leur prince légitime. — Ononthio, s'écria-t-il, en s'adressant d'un ton rempli d'indignation à l'envoyé britannique, Ononthio est depuis dix ans mon père, Corlaer est depuis longtemps mon frère, et cela parce que je l'ai bien voulu : ni l'un ni l'autre n'est mon maître. Celui qui a fait le monde m'a donné la terre que j'occupe ; je suis libre, j'ai du respect pour tous les deux ; mais nul n'a droit de me commander, et personne ne doit trouver mauvais que je mette tout en usage pour empêcher que la terre ne soit troublée. Vous nous appelez des sujets ; moi je dis que nous sommes des frères et que c'est à nous de prendre soin de nous-mêmes. Je veux me rendre auprès de mon père, puisqu'il a pris la peine de venir jusqu'à ma porte, et qu'il n'a que des propositions raisonnables à me faire. Nous embrasserons la paix au lieu de la guerre et nous jetterons le tomahawk au fond de l'eau [1].

Les députés des tribus se rendirent auprès du gouverneur du Canada, et triomphèrent de son humiliation. — Nous avons bien fait, s'écria fièrement Haaskouan, chef des Senecas, en élevant son calumet, d'avoir caché sous terre la hache qui a été si souvent teinte du sang des Français. Nos enfants et nos vieillards auraient porté leurs arcs et leur flèches dans le cœur de votre armée, si nos braves ne les avaient retenus derrière eux. Nos guerriers n'ont pas assez de castors à donner pour les armes que nous avons prises aux Français, et nos vieillards n'ont pas peur de la guerre. Nous avons le droit de guider les Anglais sur nos lacs. Nous sommes nés libres. Nous ne dépendons ni d'Ononthio, ni de Corlaer [2].

Ces paroles insolentes ne pouvaient manquer d'indigner l'armée; mais le gouverneur-général, effrayé de l'énergie du chef seneca, accepta un traité honteux, laissant tous ses alliés à la merci de leurs ennemis (1684).

---

[1] Charlevoix, *Histoire de la Nouvelle-France*, t. II.

[2] La Hontan, *Voyages et Mémoires sur l'Amérique Septentrionale*.

Ce fut au milieu de toutes ces circonstances malheureuses que François de Laval songea enfin sérieusement à se rendre à Paris, afin de prier le roi de lui donner un successeur. Une maladie populaire qui avait enlevé beaucoup de monde, l'apparition d'une comète qui avait jeté la consternation dans le pays, et l'incendie de la basse-ville de Québec, qui avait eu lieu en 1682, avaient achevé d'épuiser les forces de l'évêque. Il avait fallu toute sa charité et son courage pour ne pas succomber à tant de maux. En bon pasteur, il visitait et consolait tout le monde, ordonnait des prières publiques et des processions, afin de fléchir la colère de Dieu, et d'obtenir enfin la paix pour la colonie. Il avait donné en aumônes tout ce qu'il avait apporté de son dernier voyage en France, et s'était réduit à une sorte d'indigence. On compte que durant ces tristes années il distribua plus de trente mille livres, somme exorbitante pour le temps et pour le pays, comme pour un homme qui n'avait ni bénéfice, ni patrimoine. Dès que la paix eut été conclue avec les Sauvages, il fit tous les préparatifs de son départ. « Les forces de M. de Laval ne pouvaient suffire à son zèle, dit l'Historien de l'Hôtel-Dieu de Québec[1]; les fatigues continuelles qu'il essuyait dans la visite de son diocèse, qu'il faisait quelquefois l'hiver avec un simple habit de gros drap, lui avaient déjà fait contracter plusieurs infirmités; et, par-dessus tout cela, son humilité lui persuadait qu'un

---

[1] *Histoire de l'Hôtel-Dieu de Québec.*

autre à sa place ferait plus de bien que lui, quoiqu'il en fît véritablement beaucoup, parce qu'il ne cherchait que la gloire de Dieu et le salut de son troupeau. Sa doctrine et ses éminentes vertus le faisaient regarder comme un très-digne prélat ; lui seul souhaitait d'être déchargé. »

CHAPITRE X.

DEPUIS LA NOMINATION DE JEAN-BAPTISTE DE SAINT-VALIER AU SIÉGE DE QUÉBEC, EN 1685, JUSQU'EN 1690.

Laval se rend à Paris, pour demander un successeur dans l'évêché de Québec. Démission de François de Laval. L'abbé de Saint-Valier choisi pour lui succéder. Départ de Saint-Valier pour le Canada avec le marquis de Denonville, nouveau gouverneur-général de la colonie. Saint-Valier consacré second évêque de Québec (1688). Retour de François de Laval en Canada. Saint-Valier vient prendre possession de son siége. Empiètements des Anglais. Lettre de Louis XIV au gouverneur Denonville, au sujet des Iroquois. Conduite déplorable de Denonville à l'égard des chefs Onondagas. Générosité des autres sachems de cette tribu à l'égard du père de Lamberville. Expédition de Denonville sur les terres iroquoises. Menaces des Cinq-Nations. Fier langage d'Haaskouan (1688). Conclusion d'une nouvelle paix. Situation de la Nouvelle-France à cette époque. État du commerce français dans les possessions de l'Amérique septentrionale. Le comte de Frontenac nommé pour la seconde fois au gouvernement général de la Nouvelle-France. Il part avec le dessein de s'emparer de New-York. Il apprend en arrivant la nouvelle du massacre de la Chine. Invasion des Iroquois dans l'île de Montréal. Leurs cruautés abominables. Arrivée de Frontenac à Montréal, ses premières mesures. Expédition des Abénakis du Penobscot contre les Anglais de Pémaquid. Ils s'emparent de ce fort. Sanglantes représailles du massacre de la Chine contre les établissements des colonies anglaises. (1690.)

L'évêque de Québec partit enfin pour la France, dans les derniers mois de l'année 1684, avec le dessein de demander à la cour un successeur plus jeune et plus capable que lui de travailler à l'extension de l'église du Canada. Mais il trouva à le réaliser encore bien des difficultés. Le roi, qui connaissait son mérite et le besoin que le Canada avait d'un tel pasteur, ne consentit qu'à force d'instances à lui accorder ce qu'il lui demandait ; mais, en se rendant à ses désirs, il voulut qu'il fît lui-même le choix de son successeur. L'évêque de Québec pria le père Valois, de la compagnie de Jésus, de vouloir bien l'aider dans ce choix. Celui-ci lui parla de l'abbé de Saint-Valier, aumônier du roi, et le lui dépeignit comme un ecclésiastique d'une grande piété, d'un rare exemple, et d'un zèle ardent pour le salut des âmes. Saint-Valier s'était en effet toujours distingué à la cour par sa modestie et sa régularité. L'évêque de Québec ne crut pas pouvoir faire un meilleur choix ; il s'en ouvrit à l'abbé de Saint-Valier, à qui le roi donna son agrément, et il fut convenu que celui-ci partirait pour le Canada avec la qualité de vicaire-général de l'évêque de Québec, afin de visiter le pays, et d'y prendre les mesures nécessaires pour y faire ensuite le bien, tandis que Laval solliciterait ses bulles du Saint-Siége.

Saint-Valier fit ses préparatifs, et s'embarqua pour le Canada dans la compagnie du marquis de Denonville, que le roi envoyait dans cette colonie pour y prendre le gouvernement général, à la place du vieil et incapable La Barre. Ils arrivèrent à Québec le 30 juillet 1685. Saint-Valier fut reçu avec tout le respect et les attentions que l'on croyait devoir témoigner au représentant et futur successeur de l'évêque. Il resta deux ans dans le Canada, où il se fit connaître avantageusement à la colonie, dont il prit une connaissance exacte, détaillée, et approfondie ; il publia plus tard une relation de ce voyage en forme de lettre [1] ; le mérite en fut vivement apprécié à son époque. De retour en France avant la fin de l'année 1687, il y trouva ses bulles, datées de la même année, qui lui donnaient l'institution canonique de l'évêché de Québec. Le pape Innocent XI les avait envoyées dans un temps où il n'en donnait à aucun évêque nommé de France, à cause du différend survenu entre la cour de Rome et Louis XIV, et dont le sujet n'est que trop connu. On crut à Rome pouvoir sans conséquence donner des bulles à un évêque qui ne dépendait que du Saint-Siége et qui appartenait à un pays étranger, et, par la même raison, le roi permit au prélat de les recevoir.

Jean-Baptiste de la Croix-Chevrière de Saint-Valier appartenait par sa naissance à une noble famille du Dauphiné. Il reçut la consécration épiscopale des mains de Jacques-Nicolas Colbert, archevêque de Carthage et coadjuteur de Rouen, assisté de François de Laval, son prédécesseur au siége de Québec, dans l'église de Saint-Sulpice de Paris, le 25 janvier 1688. Il partit la même année pour le Canada, et vint prendre possession de son diocèse. François de Laval l'avait précédé de quelques mois. On désirait ardemment son retour à Québec, dont il était absent depuis plus de trois ans. L'affection qu'il avait pour ses anciens diocésains et pour les prêtres de son séminaire le détermina à y revenir, malgré les efforts que sa famille et ses amis

---

[1] *État présent de l'église et de la colonie française dans la Nouvelle-France*, par M. l'évêque de Québec. Paris 1688.

avaient employés pour le retenir en France après la consécration de Saint-Valier. Après son arrivée, il ne demeura que quelques jours à Québec ; désirant visiter une dernière fois les paroisses qu'il avait fondées avec tant de travaux, il remonta le Saint-Laurent et s'arrêta assez longtemps à Montréal, où il fut reçu avec une joie et un respect indicibles par tous les habitants, les corps religieux, et le clergé de cette ville. Il y passa une partie de l'été, et ne revint ensuite à Québec que pour se retirer tout-à-fait dans son séminaire.

Le marquis de Denonville, en venant prendre, en 1685, possession du gouvernement du Canada, avait amené avec lui un corps considérable de troupes nouvelles, et la cour, en faisant choix de cet officier, également distingué par sa valeur, sa droiture, et sa piété, s'était résolue à faire un nouvel effort pour le mettre en état d'assurer la tranquillité dans le Canada. Après avoir pris connaissance pendant tout l'hiver de la situation de la Nouvelle-France, il crut nécessaire pour sa défense de construire un fort à Niagara. Cette mesure, qui aurait donné à la France un contrôle sur tout le commerce des grands lacs, fut traversée par Dougan, les Anglais, disait-on, ayant la prétention d'être les maîtres de tout le pays des Iroquois situé au sud des lacs. Ainsi commença cette fameuse contestation pour la possession du territoire de l'ouest, dont les limites entre la France et l'Angleterre ne furent jamais déterminées. Mais les Cinq-Nations étaient déjà un assez puissant boulevard contre ce qu'on appelait les empiètements des Canadiens, et, dans l'été de l'année 1686, un parti de marchands anglais pénétra jusqu'à Michilimackinac.

Denonville, dont l'obéissance aveugle ne connaissait que les ordres du roi, chercha alors à châtier les Iroquois, en mettant à exécution les termes d'une lettre écrite par Louis XIV, deux ans auparavant, au comte de la Barre, et dont celui-ci n'avait pu suivre les instructions avant son rappel : « Comme il importe
» au bien de mon service, disait la lettre, de diminuer autant qu'il se pourra le nombre des Iroquois,
» et que d'ailleurs ces Sauvages serviront utilement sur mes galères, je veux que vous fassiez tout
» ce qui sera possible pour en faire un grand nombre
» prisonniers de guerre, et que vous les fassiez passer
» en France [1]. » On ne pouvait alors aisément faire de prisonniers, les hostilités n'étant pas ouvertes. Mais Denonville crut qu'il lui était permis d'user de toutes les voies possibles pour affaiblir et intimider des barbares que leurs perfidies, leurs cruautés inouïes, et toute la suite de leurs procédés, rendaient indignes qu'on observât à leur égard les règles ordinaires. Sur ce principe, et ne réfléchissant pas assez qu'il se devait à lui-même ce qu'il jugeait ne pas devoir aux Iroquois, avant que de leur déclarer la guerre, il se servit de différents prétextes pour attirer, à l'aide du père de Lamberville, missionnaire chez les Onondagas, plusieurs

---

[1] Lettre du roi à M. de la Barre, gouverneur général de la Nouvelle-France.

de leurs principaux chefs au fort de Frontenac, sur le lac Ontario. Quand ils y furent arrivés, il les fit enchaîner, et les envoya ensuite sous bonne garde à Québec, avec ordre au commandant de les embarquer sur les navires de France; et les guerriers des Cinq-Nations, accoutumés à chasser librement le castor, de la baie d'Hudson à la Caroline, se virent injustement attachés à la rame des galères de Marseille.

Avec les grandes qualités qui étaient l'apanage de Denonville, on ne pouvait que blâmer une telle conduite; et son obéissance aveugle aux ordres d'un monarque absolu, qu'il aurait pu interpréter d'une manière plus conciliable avec la justice et la raison, l'exposait non seulement à discréditer le ministère évangélique des missionnaires, dont il s'était servi sans les instruire de ses desseins, mais encore à punir des innocents pour des coupables, et à s'attirer la haine de toutes les nations sauvages.

En apprenant ce qui venait de se passer au fort Frontenac, les sachems onondagas s'étaient réunis en conseil, et avaient fait appeler le père de Lamberville. Après lui avoir exposé la trahison du gouverneur-général avec toute l'énergie de cœurs indignés, l'un d'eux continua : — On ne saurait disconvenir que toutes sortes de raisons nous autorisent à te traiter en ennemi; mais nous ne pouvons nous y résoudre. Nous te connaissons trop pour n'être pas persuadés que ton cœur n'a point eu de part à la trahison. Fuis donc, car tout le monde ne te rendrait pas ici la même justice que nous. Quand une fois nos jeunes gens auront chanté le chant de guerre, ils ne verront plus en toi qu'un perfide, qui a livré nos chefs à un rude et indigne esclavage, et ils n'écouteront plus que leur fureur, à laquelle nous ne pourrions plus te soustraire. Ils l'obligèrent à partir sur-le-champ, et lui donnèrent des guides qui le conduisirent par des routes détournées, et ne le quittèrent que lorsqu'il fut hors de tout danger. On ne douta point que Garakonthié n'eût été le principal auteur d'un procédé si noble. Généreux barbare! la postérité conservera son souvenir, quoique le nom des Iroquois ait, depuis bien des années déjà, disparu des contrées dont ils furent les maîtres (1687).

Tout était prêt pour déclarer la guerre, et Denonville envahit le pays des Senecas. Les Sauvages se retirèrent dans les profondeurs de leurs forêts. Leurs villages furent saccagés par les Français, et un fort fut construit à Niagara. La France paraissait avoir pris entièrement possession du New-York occidental. Mais, à mesure que l'armée française se retirait, le désert retournait à ses anciens habitants. Les Senecas, à leur tour, firent une excursion sur le Canada, et les Onondagas menacèrent de se joindre à eux pour nous faire la guerre. — Ononthio a arrêté nos chefs, dirent-ils, et rompu la paix. — Dougan offrit sa médiation, mais à la condition de rendre les chefs enlevés, de raser les forts de Niagara et de Frontenac, et de restituer le butin conquis sur les Senecas.

Les négociations manquèrent; Haaskouan s'avança

à la tête de cinq cents guerriers pour dicter les termes de la paix. — J'ai toujours aimé les Français, dit avec hauteur le chef iroquois, et j'en viens donner la preuve ; car, ayant appris que nos guerriers avaient formé le dessein de brûler vos forts, vos maisons, vos granges et vos grains, afin qu'après vous avoir affamés ils puissent avoir bon marché de vous, j'ai si bien sollicité en votre faveur, que j'ai obtenu d'avertir Ononthio qu'il pourrait éviter ce malheur en acceptant la paix aux conditions proposées par Corlaer. Au reste, je ne puis vous donner que quatre jours pour vous résoudre, et, si vous différez davantage à prendre votre parti, je ne réponds de rien [1].

Un discours si fier, et douze cents Iroquois sur le lac Saint-François, d'où ils pouvaient en moins de deux jours tomber sur l'île de Montréal, jetèrent la consternation dans tous les esprits. Quelques circonstances heureuses vinrent néanmoins rassurer Denonville, et la paix fut faite à des conditions moins humiliantes. Mais toute la contrée située au midi de la chaîne des lacs demeura affranchie du gouvernement du Canada, et l'État actuel du New-York doit encore ses frontières à la valeur des Cinq-Nations (1688).

Au milieu de tous ces événements, la France pouvait toujours se considérer comme la plus grande puissance européenne dans cette partie de l'Amérique Septentrionale. Non seulement le Canada, l'Acadie, la

---

[1] Charlevoix, *Histoire de la Nouvelle-France*, t. II.

baie d'Hudson et Terre-Neuve, reconnaissaient son autorité, mais elle étendait ses prétentions sur la moitié du Maine, du Vermont, et même de l'État de New-York; et toute la vallée du Mississippi, avec le Texas, jusqu'au Rio-Grande-del-Norte, lui était soumise. Ses établissements cependant étaient encore peu nombreux, les postes qu'elle avait à Frontenac, à Mackinaw, et sur l'Illinois, n'étant d'ailleurs que de peu d'importance. Il n'y avait aucun dessein arrêté de maintenir un poste à Niagara sans une occupation permanente. Les garnisons en étaient si faibles, que les marchands anglais, conduits par une escorte de Sauvages, s'étaient aventurés jusqu'à Mackinaw, et, par l'entremise des Senecas, avaient obtenu une forte part dans le commerce des lacs. La politique française avait bien, à la vérité, tenté de pénétrer dans l'ouest, et concerté, en 1687, une alliance avec les tribus qui s'étendaient du lac Ontario au Mississippi; les marchands avaient été appelés des plaines des Sioux; Tonté, le compagnon d'aventures de Lasalle, avait songé, avec les Illinois, à se précipiter sur les Senecas par le chemin de l'Ohio et des Alleghanis; et La Durantaye, qui commandait au fort de Mackinaw, aurait dû descendre du lac Michigan, avec les Ottawas et les autres tribus algonquines, au moment où Denonville était venu les attaquer. Mais la puissance des Illinois avait été brisée; les Hurons eux-mêmes et les Ottawas avaient été sur le point de devenir les alliés des Senecas. Les Sauvages tenaient encore la clef des vastes contrées occidentales. Il n'y avait d'autre correspondance avec ces pays éloignés que par le moyen des coureurs de bois, qui s'étaient avancés jusqu'aux landes stériles de la baie d'Hudson, dans les marécages du nord-ouest, jusqu'aux demeures des Sioux et des Miamis, et qui pénétraient au fond de toutes les forêts où il y avait un Sauvage à trouver ayant des peaux de castor à vendre. « Dieu seul pouvait sauver le Canada », écrivait Denonville en 1688. Et, si ce n'eût été des missions et du courage des Jésuites qu'on envoyait dans l'ouest, l'Illinois eût été abandonné, le fort de Mackinaw perdu, et un soulèvement général des indigènes, que les missionnaires seuls parvinrent à retenir, aurait achevé d'anéantir la Nouvelle-France.

Des entreprises particulières avaient pris la direction du commerce des fourrures. Port-Nelson, dans la baie d'Hudson, et le fort Albany, avaient originairement appartenu à la France. L'attention de la cour commençait alors à se porter vers la pêche, et l'Acadie avait été représentée par l'intendant de Meules comme l'établissement le plus important de la France. Pour le protéger contre l'Angleterre, les Jésuites Vincent et Jacques Bigot réunirent un village d'Abénakis sur les bords du Penobscot, et une ville florissante marque actuellement l'endroit où le baron de Saint-Castin, officier-vétéran du régiment de Carignan, établit un comptoir fortifié [1]. Séparés des possessions anglaises

---

[1] Bangor, ville importante de l'état du Maine.

par le Kennebec, les Français réclamaient toute la côte orientale du New-Brunswick, la Nouvelle-Écosse (Acadie), le Cap-Breton, Terre-Neuve, le Labrador, et la baie d'Hudson; et, pour soutenir et défendre cette immense étendue de pays, l'Acadie et ses dépendances comptaient à peine un millier de Français, l'influence des missionnaires sur les Abénakis étant leur unique et véritable ressource (1689).

Lors de la déclaration de guerre faite par la France à l'Angleterre, en 1689, pour soutenir les droits du roi Jacques II, détrôné par son gendre, le comte de Frontenac, nommé gouverneur de la Nouvelle-France pour la seconde fois, fut chargé de recouvrer le territoire de la baie d'Hudson, de protéger l'Acadie, et d'assister la flotte qu'on devait envoyer à la conquête de New-York. Le chevalier de Callières fut d'avance nommé gouverneur de cette place, dont il était convenu qu'on enverrait tous les habitants protestants dans la Nouvelle-Angleterre. Mais, en arrivant devant l'île Percé, à l'entrée du Saint-Laurent, les Récollets de cette mission vinrent lui apprendre que la Nouvelle-France était dans la plus grande consternation, causée par une irruption d'Iroquois dans l'île de Montréal.

Le 25 août, dans le temps qu'on se croyait le plus en sûreté, quinze cents Iroquois avaient fait une descente avant le jour au village de La Chine, qui est sur la côte méridionale de l'île, environ trois lieues plus haut que la ville. Ils y avaient trouvé tout le monde endormi, et avaient commencé par massacrer tous les hommes ; ensuite ils avaient mis le feu aux maisons. Tous ceux qui y étaient restés tombèrent de cette façon entre les mains des Sauvages, et essuyèrent tout ce que la fureur pouvait inspirer à ces barbares. Ils la poussèrent à des excès dont on ne les avait pas encore crus capables. Ils ouvrirent le sein des femmes enceintes, pour en arracher le fruit qu'elles portaient ; ils mirent des enfants tout vivants à la broche, et contraignirent les mères à les tourner pour les faire rôtir. Ils inventèrent des supplices inouis, et deux cents personnes de tout âge et de tout sexe périrent ainsi en moins d'une heure dans les plus affreux tourments [1].

L'ennemi s'avança ensuite jusqu'à une lieue de la ville, exerçant partout les mêmes cruautés et les mêmes ravages ; ils firent encore deux cents prisonniers, qu'ils emmenèrent dans leurs villages pour les brûler, et s'emparèrent d'un fort où Denonville, qui était à Montréal, avait envoyé un de ses officiers, au premier bruit de l'attaque. Toute l'île, à l'exception de la ville, demeura en leur pouvoir jusqu'à la mi-octobre. Frontenac, en apprenant cette nouvelle de la bouche des Récollets de l'île Percé, avait fait voile aussitôt pour Québec, d'où il continua, sans s'arrêter, son voyage vers Montréal. Il y arriva le 22 novembre. Il apprit alors avec un vif chagrin que Denonville, dans le premier moment de la consternation, avait ordonné d'é-

---

[1] Charlevoix, *Histoire de la Nouvelle-France*, t. II.

vacuer et de démolir le fort qui commandait le lac Ontario. Mais il s'en consola par l'espérance de le rétablir bientôt, et travailla aussitôt, par une administration prudente et vigoureuse, à regagner tout le terrain perdu par ses prédécesseurs [1].

Dans le temps même que les Anglais excitaient les Iroquois à saccager l'île de Montréal, des Canadiens vengeaient le nom français à la baie d'Hudson, et les Abénakis du Penobscot tombaient sur les établissements anglais de Cocheco et de Pemaquid. Ce dernier poste surtout était d'une grande importance et causait beaucoup d'inquiétude au gouverneur de l'Acadie. Au mois d'août 1689, un parti de cent guerriers, la plupart Canibas, se mit en campagne pour en chasser les Anglais. Ils étaient d'un village du Penobscot, où un ecclésiastique nommé Thury, bon ouvrier et homme de tête, gouvernait une assez nombreuse mission. La première attention de ces braves chrétiens fut de s'assurer du secours du Dieu des armées. Ils se confessèrent tous, et plusieurs reçurent la sainte communion. Ils eurent soin que leurs femmes et leurs enfants s'acquittassent du même devoir, afin de pouvoir lever au ciel des mains plus pures, tandis que leurs pères et leurs maris combattraient contre les ennemis du pays et de la religion. Tout cela se fit avec une piété qui répondait au missionnaire du succès de l'entreprise. On établit dans la chapelle le Rosaire perpétuel pendant

---

[1] Charlevoix, *Histoire de la Nouvelle-France*, t. II.

tout le temps de l'expédition, les heures même des repas n'interrompant point un exercice si édifiant. Les cent guerriers, embarqués dans leurs canots, firent leur voyage par mer, et ramèrent jusqu'à une petite distance de Pemaquid ; ils s'en emparèrent, ainsi que du fort, après deux jours d'attaque. Ils s'en retournèrent ensuite avec leurs prisonniers au Penobscot, et d'autres triomphes obtenus par eux de ce côté, rendirent bientôt toute la côte déserte jusqu'à Falmouth.

Le principal avantage que la France retira alors de ces courses fut qu'elles rendirent longtemps irréconciliables avec les Anglais les Abénakis, ceux de tous les peuples de ce continent les plus réputés par leur valeur, et que leur sincère attachement à la religion chrétienne, ainsi que leur docilité, retenaient plus aisément dans l'alliance française.

Si Frontenac n'avait jamais quitté la Nouvelle-France, l'île de Montréal n'aurait probablement pas souffert de l'invasion. Il se résolut alors à faire tous ses efforts pour gagner l'amitié des Cinq-Nations, ou du moins pour les engager à demeurer neutres. Afin de recouvrer leur estime, et même celle de ses propres alliés, Hurons et Ottawas, il fallait vaincre et laver dans le sang les injures reçues. Telles étaient les tristes maximes que l'on puisait dans la guerre avec les Sauvages, où Français et Anglais apprirent plus d'une fois à devenir plus barbares et plus cruels que les Sauvages eux-mêmes. En conséquence, on décida de faire à la fois une triple descente dans les provinces anglaises. De Montréal, un parti s'avança à travers les marécages, les bois et les rivières, jusqu'à Schenectady, qui fut dévasté et brûlé avec d'horribles massacres. Un autre, sous la conduite d'Hertel, partit des Trois-Rivières, et tomba sur l'établissement de Salmon-Falls, sur la Piscataqua, qui fut détruit comme le premier; Hertel, ayant été renforcé à son retour par le baron de Saint-Castin, alla se jeter sur l'établissement et le fort de Casco-Bay, où il n'eut pas moins de succès que dans l'autre (1690). Ces sanglantes représailles du massacre de La Chine jetèrent l'épouvante dans les colonies anglaises, et provoquèrent le grand armement qui eut lieu peu de temps après contre Québec.

CHAPITRE XI.

DEPUIS LE COMMENCEMENT DE LA GRANDE EXPÉDITION DES ANGLAIS ET LE SIÉGE DE QUÉBEC, EN 1690, JUSQU'AU TROISIÈME SYNODE DE QUÉBEC, EN 1698.

Congrès de New-York convoqué par les Bostonais pour la défense commune des colonies anglaises. Sir William Phipps s'empare de l'Acadie. Préparatifs de l'expédition contre le Canada. Mauvais succès de celle par terre. Préparatifs de défense de Frontenac. Arrivée de la flotte anglaise dans les eaux de Québec (1690). Siège de cette ville. Combat de la Canardière, où les Anglais sont repoussés par Juchereau Saint-Denis, et défaits par les élèves du séminaire de Saint-Joachim. Levée du siège et retraite des Anglais. Église de Notre-Dame-de-la-Victoire dans la basse-ville. Port-Royal rentre sous le domaine de la France. L'Angleterre équipe une nouvelle flotte contre le Canada. La fièvre jaune décime ses matelots et ses soldats. Nouveaux excès causés par l'abus des boissons chez les Sauvages. Lettre de l'abbé de Brisacier, à ce sujet, au père de La Chaise (1693). Diverses missions confiées aux Récollets par les évêques de Québec. Fondation de l'hôpital général de Québec et de l'Hôtel-Dieu des Trois-Rivières. Démêlés de Frontenac et des Récollets avec l'évêque. Douceur de l'ancien évêque Laval. Rituel de Québec. Saint-Valier tient plusieurs synodes.

Cependant le danger avait appris aux colonies anglaises la nécessité de s'unir contre l'ennemi commun. Le 1ᵉʳ mai 1690, New-York assista au spectacle inouï jusque là, dans les annales américaines, d'un congrès national. L'idée leur en fut inspirée par le gouvernement de Massachusetts [1], dont la cour générale envoya des lettres de convocation à toutes les colonies jusqu'au

---

[1] Le Massachusets est le plus considérable des États de la Nouvelle-Angleterre, et c'est Boston qui en est la capitale.

Maryland. Boston, la mère de tant de colonies, l'était déjà de l'Union-Américaine, depuis si célèbre. Cent cinquante ans avant le congrès qui décida du sort de l'empire de Montézuma, devenu la République Mexicaine, celui de New-York décida la conquête du Canada, à l'aide d'une armée qui marcherait sur Montréal par le lac Champlain, tandis que Boston enverrait sa flotte mettre le siége devant Québec [1].

Sir William Phipps, qui la commandait, vint, en passant, s'emparer de l'Acadie. Port-Royal, qui n'avait qu'une garnison insignifiante, et nul moyen de se défendre, capitula par l'entremise de l'abbé Petit, prêtre du séminaire de Québec, qui était chargé de la mission de cette ville. Mais, après leur reddition, les habitants, à qui la capitulation accordait le libre exercice de leur religion, eurent la douleur de voir leur église honteusement profanée par les hérétiques, qui commirent ensuite les mêmes excès dans celle de l'île Percé. La Nouvelle-Angleterre était devenue maîtresse de toute la côte jusqu'à la pointe orientale de la Nouvelle-Écosse; mais elle n'avait rien pu faire pour empêcher les Sauvages de l'intérieur de persévérer dans la haine du nom anglais, et dans leur ancienne amitié pour les Français.

Pendant que le peuple de la Nouvelle-Angleterre et du New-York se concertait pour s'emparer du Canada, les Français avaient, par leurs succès, imprimé de

---

[1] Bancroft, *Hist. of the United States*, t. III.

nouveau le respect parmi les Sauvages, et renouvelé leurs relations avec l'ouest. Mais, au mois d'août, l'alarme se répandit dans Montréal, où un Sauvage vint annoncer que les Anglais s'occupaient à construire des canots sur le lac George. Frontenac, qui se trouvait dans cette ville, assembla les nations alliées ; il leur mit la hache entre les mains ; saisissant lui-même le tomahawk, il chanta la chanson de guerre, et, malgré son âge avancé, il dansa la danse guerrière des tribus indiennes.

Le 29 du mois d'août, on apprit qu'une armée ennemie se trouvait sur le lac Champlain ; mais, quatre jours après, les éclaireurs qu'on avait envoyés à la découverte ne purent trouver aucune piste, et les alliés furent aussitôt licenciés jusqu'à nouvel ordre. On sut plus tard que la division, qui s'était mise entre les chefs de l'armée anglaise, avait fait manquer le projet de l'attaque par terre, et c'est ce qui changea bientôt après toute la face des affaires.

Mais comme le gouverneur-général se disposait avec une sécurité pleine d'orgueil à retourner à Québec, il apprit qu'un Abénaki venu de Piscataqua, à travers les bois, avec cette rapidité que donne seul le dévouement, avait annoncé qu'une flotte était partie de Boston, dans le dessein de venir former le siège de Québec. La petite colonie de Massachusetts avait effectivement équipé une flotte de trente-quatre voiles, aux ordres de sir William Phipps ; cette flotte portait deux mille hommes, qui, sans le secours d'aucun pilote qui pût la diriger dans le Saint-Laurent, remontait alors, en le sondant, le cours du fleuve, dans l'incertitude inquiétante du résultat de l'expédition dirigée sur Montréal, mais avec l'espoir que les prières de la cité puritaine de Boston ne s'élèveraient pas en vain vers le Ciel pour le succès de leur expédition par mer.

Si le succès avait dû accompagner celle qui avait été dirigée sur Montréal, si les pilotes ou la faveur des vents, ou bien encore l'habileté du commandant, avaient pu donner à la flotte d'arriver trois jours plus tôt devant Québec, le château Saint-Louis eût infailliblement été surpris, et serait tombé entre les mains des Bostonais. Mais, dans la nuit du 14 octobre, Frontenac arriva à Québec. Il se montra satisfait de l'état de la place, où le major avait fait entrer un grand nombre d'habitants du voisinage, et mis toutes les fortifications à l'abri d'un coup de main. Le général y fit ajouter encore quelques retranchements, et tout avait été préparé pour opposer une vive résistance, lorsque, le 16, au point du jour, la flotte anglaise parut en vue de la ville et vint jeter l'ancre entre la côte de Beauport et l'île d'Orléans. Mais il était trop tard. Un héraut envoyé du vaisseau-amiral, et chargé de demander la reddition de la place, fut amené, les yeux bandés, en présence du gouverneur, qu'il trouva avec l'évêque et l'intendant, environné d'un nombreux et brillant état-major. Quand on lui ôta son bandeau, son trouble égala son étonnement; il n'en remit pas moins la lettre de son amiral à Frontenac, qui le renvoya avec un défi plein de hauteur, et Phipps, qui s'attendait à trouver une ville sans défense, se vit forcé d'en commander le siége dans toutes les règles. Pendant tout le temps qu'il dura, les deux évêques virent mettre plus d'une fois leur courage à de rudes épreuves. Au milieu des alarmes causées par le bruit du canon et l'éclat des boulets qui pleuvaient de toutes parts, et du feu qui ne cessa pas un moment de part et d'autre, Laval, que ses infirmités avaient pour ainsi dire confiné dans son séminaire, retrouva des forces pour parcourir les hôpitaux où l'on portait les blessés et les mourants, fortifier le courage de ses prêtres et consoler les religieuses dans leurs communautés, en les exhortant à prier pour les défenseurs du pays.

Les ennemis en voulaient surtout au clergé, aux divers corps religieux, et aux prêtres du séminaire, auxquels ils attribuaient tous les ravages que les Abénakis avaient faits dans la Nouvelle-Angleterre. Ils avaient déclaré qu'ils n'épargneraient ni religieux, ni missionnaires, s'ils venaient à s'emparer de la ville. Les Jésuites surtout étaient le grand objet de leur haine. Mais, par une disposition particulière de la Providence, aucune des maisons religieuses ne fut atteinte durant le siége, et les menaces des Anglais étant venues aux oreilles d'un officier nommé Sainte-Hélène, et de plusieurs de ses parents et de ses amis, tous protestèrent qu'ils se feraient plutôt tuer pour la défense des missionnaires que de souffrir qu'on leur fît le moindre mal. Sainte-Hélène reçut pour sa part un coup de feu dans la jambe, peu de jours après, et mourut, en effet, pour la cause de son pays et de la religion [1]. On lui fit des obsèques solennelles, et tout le monde pleura un jeune homme que son courage ne distinguait pas moins que ses autres qualités.

Le dernier jour du siége, les Anglais, qui n'avaient pu entamer les murs de la ville, firent, au nombre de quinze cents hommes, une descente sur la côte de Beauport, d'où le vieux mais vaillant Juchereau de Saint-Denis les repoussa avec une soixantaine d'hommes, tambour battant, jusqu'à la Canardière. Dieu, qui ménageait le Canada pour une autre époque, ne permit pas qu'il tombât aux mains des Anglais, alors ennemis fanatiques du Catholicisme, qu'ils persécutaient vivement chez eux. Aussi ne fut-ce ni la valeur des officiers, ni la multitude des soldats qui les délogea alors de la position où les avait chassés Saint-Denis. Quarante séminaristes qui étaient à Saint-Joachim, maison de campagne du séminaire de Québec, brûlant du désir de se battre contre les Anglais, ennemis de leur pays, obtinrent la permission de se rendre à Beauport. Ils maniaient habilement le mousquet : dès la première décharge qu'ils firent, l'épouvante saisit les ennemis, qui se persuadèrent que toutes les montagnes voisines étaient remplies de Sauvages qui venaient les prendre par derrière; sans tenir le moindre conseil, ils se rembarquèrent avec autant de hâte que de confusion, aban-

---

[1] Archives du séminaire de Québec. — Charlevoix, *Histoire de la Nouvelle-France*, t. III.

donnant leurs munitions et leur artillerie, qui fut ensuite transportée à Québec, à l'exception de trois canons, dont deux restèrent à Beauport, et dont les séminaristes emportèrent le troisième à Saint-Joachim. Cette action mit fin au siége de Québec, qui fut levé après sept jours d'attaque; la flotte anglaise leva l'ancre et sortit du fleuve, non sans avoir fait de nouvelles pertes. Il y eut à cette occasion de grandes réjouissances dans tout le Canada, et surtout dans Québec. Le souvenir de la délivrance de cette ville se perpétua dans l'érection de la nouvelle église qui fut bâtie par l'évêque Saint-Valier, dans la basse ville, et à qui l'on donna le nom de Notre-Dame-de-la-Victoire [1].

Repoussées du Canada, les colonies anglaises, épuisées par tant d'efforts inutiles, se contentèrent de défendre leurs frontières, où tout était rempli d'affliction et de crainte, et où le colon n'entrevoyait plus que la mort ou la captivité. On ne songea plus pour le moment à aucune espèce de conquête ; un navire français ayant paru devant Port-Royal, la bannière de Saint-George fit aussitôt place au drapeau fleurdelisé. L'Acadie rentra ainsi de nouveau sous la domination française (1691).

Deux ans après, l'Angleterre, résolue à se rendre maîtresse du Canada, équipa une flotte qui mit à la voile pour Boston; mais ses vaisseaux prirent, en passant à la Martinique, la fièvre jaune, qui lui en-

---

[1] *Mémoires de la vie de M. de Laval.* — Hawkins, p. 140 et 228.

leva les deux tiers de ses matelots et de ses soldats. Un traité de paix avec les Abénakis suspendit pendant une saison les hostilités dans le Maine. Moins d'une année après, elles recommencèrent avec plus de fureur que jamais. Français et Anglais rivalisèrent de cruauté avec les Sauvages, dont ils paraissaient adopter les mœurs, au lieu de chercher à les rendre plus humains, et, dans la Nouvelle-Angleterre comme sur les terres de New-York, la religion eut à déplorer de voir plus d'une fois des ministres d'un Dieu de paix et de miséricorde pousser les peuples à la guerre et à la vengeance [1].

Cependant l'ancien évêque Laval vivait retiré dans son séminaire, où ses infirmités, devenues d'année en année plus sensibles, l'avaient presque entièrement confiné. Sans s'occuper d'une manière directe des affaires du diocèse, il n'en surveillait pas moins ses progrès avec une tendre sollicitude; et, sans applaudir toujours à tous les actes de son successeur, dont il ne partageait pas en tout les vues, il n'en remerciait pas moins le Seigneur du zèle de Saint-Valier, et de l'activité avec laquelle le nouvel évêque de Québec travaillait au salut de son peuple et à l'avancement de son église. Saint-Valier se montrait digne en effet du choix qu'avait fait de lui son prédécesseur. Mais les tracasseries qui lui furent suscitées par le comte de Frontenac, et la tolérance que ce seigneur accordait à la traite de l'eau-de-vie, troublèrent les premières années de son épiscopat.

---

[1] Charlevoix, *Histoire de la Nouvelle-France.*

Les Jésuites surtout, qui voyaient de plus près le désordre que produisait ce malheureux commerce, et que le dépérissement sensible de leurs chrétientés naissantes tenait dans de continuelles alarmes, étaient contraints, pour ne pas aigrir le mal en voulant y remédier, de gémir en secret, et comptaient pour peu que leur vie même fût souvent en danger au milieu de leurs néophytes, que l'ivresse rendait furieux. Mais tout le monde ne se croyait pas obligé de garder les mêmes ménagements, et voici ce que l'abbé de Brisacier, prêtre du séminaire de Québec, écrivait le 17 janvier 1693 au père de La Chaise, confesseur du roi : « Il
» paraît absolument nécessaire que Sa Majesté soit
» avertie des brutalités et des meurtres qui ont été
» commis tout récemment dans les rues de Québec par
» les Sauvages et les Sauvagesses enivrés d'eau-de-vie,
» qui, en cet état, se sont portés à tout sans honte et
» sans crainte. M. l'intendant (de Champigny), tou-
» ché de ces excès horribles, et retenu par l'ordre qu'il
» a de ne rien écrire ici que de concert avec M. le gou-
» verneur, mande que, si on lui ordonne d'informer la
» cour de la vérité, il le fera ; mais, comme le mal
» presse, et que la chose est constante par plusieurs
» lettres de personnes dignes de foi, dont on vous don-
» nera des extraits, il faudrait tout de nouveau arrêter
» la licence des boissons, non-seulement pour empêcher
» que Dieu ne soit offensé par la continuation de tant
» de crimes, mais aussi pour retenir dans notre alliance
» les Sauvages, qui nous quittent et nous abandonnent

» dans la conjoncture présente et pressante de la
» guerre. Il n'y a que vous, mon très révérend Père,
» qui soyez en état de parler ; la cause du Seigneur
» et le bien public de la Nouvelle-France sont entre vos
» mains ; votre zèle ne sera pas sans récompense [1]. »

Ces observations, qui font connaître toute la profondeur du mal que l'eau-de-vie avait produit dans la colonie, n'aboutirent néanmoins pas à un meilleur résultat que toutes celles qu'avait faites auparavant l'évêque Laval. Trop d'intérêts étaient engagés dans ce commerce funeste, et les scandales qu'il occasionnait continuèrent à avoir leur cours.

Depuis le retour des Récollets en Canada, les deux évêques leur avaient successivement confié diverses missions importantes. Saint-Valier leur donna plus tard celle de Plaisance [2], qui était alors le port le plus fréquenté que les Français possédassent à Terre-Neuve ; il leur permit de s'y bâtir un monastère, et leur commit ensuite les missions de Saint-Pierre et de Miquelon [3], où les pêcheurs français se réunissent encore aujourd'hui pour la pêche de la morue. Enfin ils obtinrent, en 1693, l'autorisation si longtemps désirée de s'établir définitivement dans la ville de Québec. Pour leur donner plus de facilité à cet égard, Saint-Valier leur acheta à un prix élevé leur monastère de Notre-Dame-des-Anges, situé

---

[1] Charlevoix, *Histoire de la Nouvelle-France*, t. III.

[2] Lettre pastorale de M. de Saint-Valier, évêque de Québec, 22 avril 1689. — Archives de l'archevêché de Québec.

[3] Lettre pastorale du 15 avril 1692.

dans le faubourg de Saint-Roch, sur la rivière Saint-Charles, où il fonda un hospice pour les vieillards, sous le nom d'Hôpital-Général. Pour desservir cet hôpital, il y transporta une partie des religieuses hospitalières de l'ordre de Saint-Augustin, qui avaient, depuis un demi-siècle, la charge du service de l'Hôtel-Dieu de Québec, et leur donna, pour les distinguer de leurs sœurs, une croix d'argent suspendue sur la poitrine. Il ajouta à cet édifice des constructions considérables pour une somme de plus de cent mille écus; il s'y construisit en même temps un appartement, qui devint sa demeure ordinaire, ayant loué au profit des pauvres le palais épiscopal, qu'il avait bâti sur un terrain acheté par son prédécesseur, et il se mit à servir lui-même d'aumônier aux infirmes et aux sœurs de l'hôpital. Il ajouta à ce bienfait celui de fonder ensuite un autre hôpital dans la ville des Trois-Rivières, y joignit un monastère, où il amena quarante Ursulines de celles de Québec; il les chargea de la direction de cet établissement et du service des malades, et leur confia en même temps l'éducation des jeune filles.

Le rétablissement définitif des Récollets dans la ville de Québec, dont ils avaient été les premiers apôtres, avait été vu avec plaisir par une partie des habitants, qui aimaient dans ces religieux l'humble et douce piété, la franchise et la gaieté cordiale caractéristiques des enfants de saint François. Chéris également du peuple et des grands, charitables envers tous, ils remplissaient avec un zèle parfait les devoirs du ministère qui leur avait été confié, et, par leur obéissance et leur dévouement à l'autorité épiscopale, ils semblaient prendre à tâche de faire oublier ce qu'il y avait eu de fâcheux quelques années auparavant dans la conduite de quelques-uns des leurs à l'égard de l'ancien évêque Laval. Mais quelques esprits chagrins, imbus de jansénisme, trouvèrent mauvais que les Récollets prissent leur part dans la conduite des âmes, et cherchèrent de nouveau à semer la zizanie entre eux et l'évêque de Québec. L'occasion ne tarda pas à se présenter. Un des domestiques du comte de Frontenac menait depuis quelque temps une conduite peu conforme aux principes de la morale chrétienne. Au lieu de le faire reprendre avec douceur, et de prier le gouverneur-général d'user de son autorité sur ce serviteur pour le ramener au devoir, on cria de toutes parts au scandale, et l'on en rejeta tout l'odieux sur les Récollets, en les accusant d'en être les complices, puisqu'ils n'avaient pas usé de leur influence comme directeurs spirituels du comte de Frontenac pour faire cesser le désordre dont on se plaignait [1].

Cette accusation était d'autant plus injuste, qu'on n'avait aucune assurance que ces religieux n'eussent pas fait de démarche à cet égard, soit auprès du serviteur, soit auprès du gouverneur-général lui-même. Frontenac, blessé encore plus qu'eux de tous ces bruits, s'en plaignit à l'évêque, et avec cette hauteur qui lui

---

[1] *Mémoires de la vie de M. de Laval.* — Archives du séminaire et de l'archevêché de Québec.

était habituelle prit vivement la défense des Récollets. Saint-Valier, qu'on avait trouvé moyen de prévenir, en les lui dépeignant comme les créatures du gouverneur, se sentit offensé à son tour, et répondit avec non moins de vivacité; l'amour-propre, la vanité blessée, l'intrigue, et la malveillance, se mêlèrent de la dispute, qui s'envenima de plus en plus, et bientôt, de Québec aux Trois-Rivières, et de là à Montréal, toute la colonie se trouva divisée en deux camps : les Jésuites, le clergé, et l'évêque, d'un côté ; de l'autre, le gouverneur-général avec tous les officiers du gouvernement ainsi que les Récollets. Le comte de Frontenac, qui avait monté un théâtre de société dans Québec, au moyen des officiers de la garnison, fit donner à cette occasion plusieurs représentations du *Tartuffe* de Molière, qui furent extrêmement applaudies, aux dépens de l'évêque et du clergé. Des ecclésiastiques et des Récollets y assistèrent, et ce qu'il y eut de plus déplorable, c'est que plusieurs religieuses ayant témoigné le désir de voir la pièce, Frontenac la fit jouer dans le parloir du couvent des Ursulines de Québec et de celui des Trois-Rivières, au grand détriment des convenances et de la discipline ecclésiastique.

Dans de si tristes conjonctures, Saint-Valier, que de malveillantes suggestions avaient seules porté à agir avec trop de précipitation et pas assez de douceur dans ses réclamations au comte de Frontenac, vint répandre sa douleur et ses regrets dans le sein de son vénérable prédécesseur, qu'il ne consultait peut-être pas assez dans les affaires épineuses. Pendant tout le temps que durèrent les scandales et les troubles causés par la hauteur du gouverneur-général, et où les Récollets manquèrent si évidemment de prudence et de véritable sagesse, Laval eut à donner souvent des conseils de modération aux deux partis, et à travailler à adoucir les esprits irrités. Sa douceur et sa prudence arrêtèrent bien d'autres éclats auxquels vraisemblablement on se serait porté sans ses avis. Il ne voyait qu'avec douleur le trouble dans sa chère église; mais, comme il était d'ailleurs sans autorité, il ne pouvait que répandre des larmes et offrir au Ciel des vœux pour le maintien de la paix.

Saint-Valier, que ses chagrins particuliers et ses démêlés avec le gouverneur-général ne détournaient cependant pas des affaire plus graves de son diocèse, avait composé pour l'usage de l'église du Canada un Rituel[1] contenant un grand nombre d'instructions remarquables par leur simplicité et leur onction, et plusieurs statuts excellents, appropriés aux mœurs et aux besoins du pays; ces statuts avaient été dressés en plusieurs synodes diocésains, dont les deux premiers furent tenus à Montréal, en 1690 et en 1694, et le troisième à Québec, en 1698. C'est dans ces assemblées toujours si fécondes en heureux résultats, et tant recommandées par le Saint-Siége, mais aujourd'hui malheureusement tombées en désuétude dans le Canada, que le digne

---

[1] *Rituel de Québec*, publié par ordre de M⁀ʳ de Saint-Valier, Paris, 1714

évêque, bénissant le Seigneur de pouvoir s'éclairer des lumières et de l'expérience de son clergé, des missionnaires et des religieux, blanchis et courbés, comme leur premier évêque, par les travaux d'un rude apostolat, dressa les statuts et les règlements du Rituel de Québec, qui n'ont cessé depuis d'être suivis en Canada [1]. Ce devait être sans doute un bel et touchant spectacle : pourquoi faut-il qu'il se soit si peu renouvelé dans la suite, et qu'aujourd'hui, où le Canada possède, avec un plus grand nombre de siéges épiscopaux, un siége métropolitain, aucun concile provincial n'ait pas encore réuni une seule fois ses différents évêques [2] ?

[1] **Archives de l'archevêché de Québec.**

[2] **Ces paroles étaient écrites en 1846.** Depuis lors M**gr** Turgeon, archevêque de Québec et digne successeur des Laval et des Saint-Valier, a tenu un concile à Québec, au mois d'août 1851, auquel ont assisté un grand nombre de prélats : ce concile a été tenu avec une pompe et une solennité dignes des temps antiques.

CHAPITRE XII.

DEPUIS LA PAIX DE RISWYCK, EN 1697, JUSQU'A LA CAPTIVITÉ DE SAINT-VALIER, EN 1705.

Mort d'Ouréouharé, chef chrétien des Cayugas. Paix de Riswyck (1697). Mort du comte de Frontenac. Le chevalier de Callières, gouverneur général du Canada. Réunion des députés sauvages à Montréal. Eloquence et mort de Le Rat, chef huron. Ses obsèques. Description du détroit et du lac Saint-Clair. Établissement français à Détroit. Projets de l'évêque Saint-Valier au sujet de l'Acadie. Renouvellement de la guerre avec les Anglais. Captivité de l'évêque de Québec. (1703).

Depuis que les Anglais avaient échoué dans leur dessein de subjuguer le Canada, les Français, se sentant désormais à l'abri d'un coup de main, avançaient avec une hardiesse toujours plus grande leurs établissements dans l'intérieur de l'Amérique : mais, en érigeant de nouveaux comptoirs pour le commerce des pelleteries, ils inspiraient aux Anglais des colonies voisines, avec la crainte que leur causait notre agrandissement, la conviction intime qu'il serait désormais impossible aux deux nations de demeurer en présence sur le continent américain. Frontenac, dont le génie avait si puissamment contribué à relever les affaires du Canada, avait formé le projet de prendre possession de tous les points qu'il croyait pouvoir servir à étendre la domination française, de chasser les Anglais du commerce des fourrures, et enfin de les enfermer entre la chaîne des hautes montagnes de la Nouvelle-Ecosse et les Alleghanis. Il avait commencé par mettre un terme aux excursions iroquoises, et il parvint à affaiblir et à resserrer si bien dans un système de forts, ou de stations militaires, habilement distribuées, ces nations turbulentes, qu'il leur devint impossible désormais de causer au Canada des inquiétudes analogues à celles qu'elles avaient su inspirer autrefois à la colonie.

Durant la dernière année de la guerre qui se faisait alors (1697) entre les deux puissances, on apprit avec alarme dans les colonies anglaises que la France préparait un armement formidable destiné à ravager les côtes de la Nouvelle-Angleterre, et à faire la conquête de New-York. Dans ces conjonctures, les cantons iroquois s'empressèrent d'envoyer des ambassadeurs au comte de Frontenac. Ouréouharé, qui était chrétien, et l'un des chefs les plus distingués de la nation des Cayugas, était de ce nombre; il assura le gouverneur-général que son canton était sincèrement disposé à la paix, et on le crut, parce qu'on était persuadé qu'il ne l'eût pas dit si la chose n'eût été vraie. Peu de jours après, le brave sachem tomba malade d'une pleurésie qui l'emporta assez brusquement. Il mourut en vrai chrétien, et fut enterré avec les mêmes honneurs que l'on avait coutume de rendre aux capitaines des compagnies françaises. On raconte que le missionnaire qui l'assista pendant sa maladie lui parlant un jour des opprobres et des ignominies de la passion de notre Seigneur, il entra dans un si vif mouvement d'indignation contre les Juifs, qu'il s'écria : — Que n'étais-je là! je les aurais bien empêchés de traiter ainsi mon Dieu. Ce chef était fort aimé de tout le monde, et le comte de Frontenac le regretta d'autant plus, qu'il comptait toujours sur son crédit pour la conclusion de l'accommodement avec les Iroquois, qu'il avait tant à cœur de détacher des Anglais, espoir dont il ne cessa jamais de se flatter [1].

La paix de Riswyck, qui fut conclue à la fin de l'année 1697, mit momentanément alors un terme aux hostilités et aux grands projets du comte de Frontenac pour la conquête de New-York. Le traité de Riswyck laissait à la France toutes ses anciennes possessions en Amérique, depuis le Maine jusqu'au-delà du Labrador et de la baie d'Hudson, à l'exception de la partie orientale de l'île de Terre-Neuve, sans compter qu'il lui restait toujours le Canada et toute la vallée du Mississippi. La ligne qui séparait ses possessions de celles de l'Angleterre devait être réservée à la décision des commissaires nommés à Riswyck. A l'est, l'Angleterre réclamait tout le territoire jusqu'à la rivière Sainte-Croix, et la France jusqu'au Kennebec. Dans le territoire de New-York, la difficulté était plus grande encore. Le ministre Delius, envoyé de New-York, renfermait dans cette province tous les cantons iroquois, et déclarait ouvertement à Montréal que tous les pays

---

[1] Charlevoix, *Histoire de la Nouvelle-France*, t. III

à l'ouest, Mackinaw même, appartenaient à l'Angleterre. On se moqua de cette prétention extravagante, et les Français réclamèrent pour eux-mêmes la priorité du droit sur les Cinq-Nations. Pendant les négociations qui eurent lieu pour l'échange des prisonniers, lord Bellamont, gouverneur de la Nouvelle-Angleterre, chercha à obtenir des Iroquois qu'ils se reconnussent sujets de l'Angleterre.

Sur ces entrefaites, le comte de Frontenac fut attaqué d'une maladie qui l'emporta, le 28 novembre 1698; il était âgé de soixante-dix-huit ans. Il mourut comme il avait vécu, chéri de plusieurs, estimé de tous, avec la gloire d'avoir, sans presque aucun secours de France, soutenu et augmenté même une colonie ouverte, attaquée de toutes parts, et qu'il avait trouvée sur le penchant de sa ruine. Il paraissait avoir un grand fonds de religion; mais l'âcreté de son humeur atrabilaire ternit souvent ses grandes qualités. Ses funérailles se firent avec beaucoup de pompe; il fut enterré dans l'église des Récollets [1].

Le chevalier de Callières, qui lui succéda, l'année suivante, était depuis longtemps en Canada, et les mémoires du temps font de lui un grand éloge (1699). Il envoya directement des ambassadeurs à Onondaga pour régler l'échange des prisonniers, et chercha à détourner les Iroquois de toute décision au sujet des prétentions de lord Bellamont. Les Iroquois étaient fiers

---

[1] Id., ibid.

de leur indépendance. La France cherchait à faire valoir son droit, l'Angleterre se prétendait en possession. N'éprouvant que du dégoût pour le ministre qui avait tenté de faire parmi eux des prosélytes au protestantisme, les Cinq-Nations étaient poussées par leurs sympathies religieuses à s'unir aux Français ; mais les avantages commerciaux les attiraient d'un autre côté vers les Anglais. La France n'ayant d'autre pouvoir sur les Cinq-Nations que celui qu'elle obtenait par l'influence des Jésuites, la législature de New-York fit, en 1700, une loi condamnant à être pendu tout prêtre catholique qui mettrait volontairement les pieds sur son territoire. « Cette loi aurait dû toujours demeurer en vigueur », dit un fanatique historien [1] du Canada que nous aurons occasion de citer plus d'une fois.

Après bien des collisions et des actes d'hostilité entre les Iroquois et les alliés de la France, et surtout les Ottawas, après plus d'une tentative inutile de la part de lord Bellamont pour se constituer l'arbitre de la paix, et obtenir ainsi la reconnaissance de l'ascendant de l'Angleterre, les quatre nations supérieures envoyèrent, durant l'été de 1700, des députés à Montréal, « pour pleurer sur les Français qui étaient morts dans la guerre. » Quelques négociations rapides eurent lieu, et la paix fut ensuite ratifiée entre les Iroquois, d'un côté, et la France et ses alliés sauvages, de l'autre. Kondiaronk, surnommé *le Rat*, chef des Hurons de

---

[1] William Smith, *History of Canada*. Québec.

Mackinaw, alors le plus influent de cette nation, prit la parole et dit : — J'ai toujours obéi à mon père[1], et je jette la hache à ses pieds ; je ne doute point que tous les gens d'en haut ne fassent de même. Iroquois, imitez mon exemple. — Les députés des quatre nations des Ottawas parlèrent à peu près dans les mêmes termes. Celui des Abénakis dit qu'il n'avait point d'autre hache que celle de son père, et que son père l'ayant enterrée, il n'en avait plus. Les Iroquois chrétiens firent la même déclaration.

Les députés de toutes les nations signèrent alors une espèce de traité provisionnel. Le chevalier de Callières signa le premier, ensuite l'intendant, puis le gouverneur de Montréal, le commandant des troupes, et les supérieurs ecclésiastiques et réguliers qui se trouvaient à l'assemblée. Les Sauvages signèrent aussi, mettant chacun au bas du traité le symbole qui représentait sa nation. Les Onondagas et les Senecas tracèrent une araignée, les Cayugas un calumet, les Oneidas un morceau de bois fourchu avec une pierre au milieu, les Mohawks un ours, les Hurons un castor, les Abénakis un chevreuil, et les Ottawas un lièvre.

Il fut déclaré aussi que la guerre cesserait entre les alliés des Français et les Sioux, et que la paix s'établirait jusqu'au-delà du Mississippi. En faisant connaître ces dispositions aux divers officiers des postes avancés, Callières leur disait qu'il fallait laisser à tous les

---

[1] Il désigne le gouverneur-général sous le nom de père.

peuples répandus sur le continent une entière liberté sur le choix de leur religion, et ne les point forcer à accepter des missionnaires contre leur gré. De son côté, lord Bellamont, mécontent de tout ce qui s'était passé, voulut emporter par la force ce qu'il désespérait d'obtenir autrement. Il commença néanmoins par faire des présents aux Cinq-Nations pour les gagner ; il leur fit dire ensuite qu'il allait leur envoyer des ministres, et il ajouta que si les Jésuites paraissaient dans leurs villages, il les ferait pendre. Ce procédé choqua vivement les Iroquois, fiers surtout de leur indépendance, et ils ne se montrèrent que mieux disposés désormais à demander de nouveaux missionnaires catholiques.

Grâce à la confiance que le chevalier était parvenu à inspirer aux nations sauvages, il réussit à les réunir toutes à Montréal, dans l'intention de s'entendre avec elles pour le maintien de la paix. La première séance publique de leurs députés se tint le premier du mois d'août 1701 ; pendant qu'un chef huron parlait en présence du gouverneur-général et des membres les plus distingués de l'armée, de la noblesse et du clergé, le célèbre sachem Kondiaronk, surnommé le Rat, se trouva mal. C'était un vieillard, célèbre par ses grandes actions, et renommé pour son attachement à foi catholique. On le secourut avec d'autant plus d'empressement, que le gouverneur-général fondait sur lui sa principale espérance pour le succès de son grand ouvrage. C'est à lui qu'il avait presque toute l'obligation de cette harmonie extraordinaire, de cette réunion, sans exemple jusque alors, de tant de nations pour la paix générale. Quand il fut revenu à lui, et qu'on lui eut fait reprendre des forces, on le fit asseoir dans un fauteuil au milieu de l'assemblée, et tout le monde s'approcha pour l'entendre.

Il parla longtemps, avec une éloquence naturelle qui le faisait regarder comme le plus éloquent des Sauvages, et fit avec autant de modestie que de dignité le récit de tous les mouvements qu'il s'était donnés pour ménager une paix durable entre toutes les nations indiennes; il fit comprendre la nécessité de cette paix et les avantages qui en reviendraient au pays et à chacun en particulier; puis, se tournant vers le chevalier de Callières, il le conjura de faire en sorte que personne n'eût à lui reprocher qu'il eût abusé de la confiance qu'on avait eue en lui.

Sa voix s'affaiblissant, il cessa de parler, et reçut de toute l'assemblée des applaudissements auxquels il était trop accoutumé, même de ceux qui ne l'aimaient pas, pour y être sensible, surtout dans l'état où il était. Le gouverneur-général lui fit répondre qu'il ne séparerait jamais les intérêts de la nation huronne de ceux des Français, et qu'il lui engageait sa parole d'obliger les Iroquois à contenter les alliés des uns et des autres. Kondiaronk se trouva plus mal à la fin de la séance; on le porta à l'Hôtel-Dieu, où il mourut sur les deux heures après minuit, dans des sentiments fort chrétiens, muni des sacrements de l'Église. Sa nation sentit toute la grandeur de la perte qu'elle faisait, et c'était le sentiment général que jamais Sauvage n'eut plus de mérite, un plus beau génie, plus de valeur, plus de prudence, et plus de discernement pour connaître ceux avec qui il avait à traiter. Il était fort jaloux de la gloire et des intérêts de sa nation, et il s'était fortement persuadé qu'elle se maintiendrait tant qu'elle demeurerait attachée à la religion catholique. Il prêchait lui-même assez souvent à Michilimackinac, et ne le faisait jamais sans fruit.

Sa mort causa une affliction générale. Son corps fut quelque temps exposé sur une estrade, en habit d'officier, ses armes à ses côtés, parce qu'il avait dans les troupes françaises le rang et la paie de capitaine. Le gouverneur-général et l'intendant allèrent les premiers lui jeter l'eau bénite. Joncaire, officier distingué, y alla ensuite à la tête de soixante guerriers du Sault-Saint-Louis, qui pleurèrent le mort et le couvrirent, c'est-à-dire, suivant la coutume des Sauvages, qu'ils firent des présents aux Hurons, dont le chef lui répondit par un beau compliment.

Le lendemain, on fit ses funérailles, qui eurent quelque chose de magnifique et de singulier. Saint-Ours, premier capitaine, à la tête de soixante soldats sous les armes, ouvrait la marche, qui se dirigea vers la grande église de Montréal. Seize guerriers hurons vêtus de longues robes de castor, le visage peint en noir, et le fusil sous le bras, suivaient quatre à quatre. Le clergé venait après, et six chefs de guerre portaient le cercueil, qui était couvert d'un drap mortuaire semé de fleurs, sur lequel il y avait un chapeau à plumet, un hausse-col et une épée. Les frères et les enfants du défunt étaient derrière, accompagnés de tous les chefs des clans sauvages, et le chevalier de Vaudreuil, gouverneur de la ville, menant l'intendante de Champigny, fermait le cortége.

A la fin du service, qui fut chanté avec une grande solennité, il y eut deux décharges de mousquets, et une troisième après que le corps eut été descendu dans la fosse. Il fut enterré dans la grande église, et on grava sur sa tombe cette inscription laconique : *Ci gît Le Rat, chef Huron.* Une heure après les obsèques, Joncaire mena les Iroquois de la Montagne (le lac des deux Montagnes) complimenter les Hurons, auxquels ils présentèrent un soleil et un collier de wampum ; ils les exhortèrent à conserver l'esprit et à suivre toujours les vues de l'homme célèbre que leur nation venait de perdre, et à ne se départir jamais de l'obéissance qu'ils devaient à leur commun père Ononthio. Les Hurons le promirent et tinrent leur promesse. Les jours suivants, il se tint encore plusieurs conseils particuliers, et ce qu'il y eut de consolant pour la religion, à la suite de ces assemblées, c'est qu'un grand nombre d'entre les Sauvages infidèles se firent baptiser, et conclurent des arrangements pour amener de nouveaux missionnaires au milieu de leurs tribus[1].

Malgré les heureux résultats de cette assemblée, la

---

[1] Charlevoix, *Histoire de la Nouvelle-France,* t. III.

question de frontière n'en demeura pas moins suspendue, et, par le moyen des Cinq-Nations, l'Angleterre continua à prendre part dans le commerce de l'ouest avec les Sauvages. Mais la France avait gardé la suprématie sur les grands lacs, et le chevalier de Callières avait pris la résolution de fonder, pour l'affermir, un établissement à Détroit. Dans les assemblées qui venaient d'avoir lieu, les Iroquois avaient essayé par leurs députés de s'opposer à cette mesure, mais inutilement: et au mois de juin suivant la Motte-Cadillac fut envoyé avec un missionnaire et cent Français pour prendre possession de Détroit. C'était le premier établissement permanent que l'on entreprenait dans le Michigan.

Les environs du lac Saint-Clair et de la rivière du Détroit étaient regardés comme le pays le plus agréable du Canada. La nature y avait étalé tous ses charmes : des collines, des vallées, de riches prairies, des plaines superbes et de majestueuses forêts, entrecoupées de belles rivières et arrosées de nombreux ruisseaux. Les terres, bien qu'à divers degrés de fertilité, étaient toutes fécondes ; les îles répandues sur la surface du lac semblaient y avoir été jetées par la main de l'art. Le lac et les rivières, abondamment pourvus de poisson, offraient une eau plus pure et plus limpide que le cristal ; un air doux et serein, un climat tempéré et salubre : tout enfin semblait fait pour y attirer les émigrants du Bas-Canada. Deux villages indiens se formèrent promptement près du fort. D'un côté s'élevaient les wigwams des Hurons, qui de leurs pays avaient fui d'abord au Sault-Sainte-Marie, et ensuite à Mackinaw ; puis, de l'autre côté, sur la droite, les Ottawas, leurs inséparables compagnons, formèrent un établissement dans le Haut-Canada.[1]

Le chevalier de Callières, assuré des Iroquois dans le temps même qu'il venait d'apprendre que la guerre venait d'être de nouveau déclarée entre la France et l'Angleterre, ne doutait presque point que les premiers efforts des Anglais dans l'Amérique ne se tournassent contre l'Acadie ou contre l'île de Terre-Neuve, et sa conjecture se trouva juste. Il fut bientôt informé que l'ennemi en voulait à Plaisance ; mais il reçut peu de temps après la nouvelle que ce projet avait échoué, n'ayant abouti qu'à piller et à brûler quelques bateaux pêcheurs.

L'Acadie, moins fortifiée que Plaisance, plus difficile à garder et plus voisine de la Nouvelle-Angleterre, l'inquiétait davantage, d'autant plus qu'il lui était peu aisé d'y envoyer les secours dont elle avait un extrême besoin. Mais, sur ces entrefaites, les avis qu'il reçut de la cour de France le tirèrent de cet embarras, au moins pour quelque temps. On lui mandait qu'on y parlait beaucoup d'établir solidement cette province, et qu'on pensait aux moyens d'en augmenter considérablement le nombre des habitants (1702).

Le fait était certain, et la chose parut même si sé-

---

[1] Charlevoix, *Voyage dans la Nouvelle-France.*

rieuse à l'évêque de Québec, qui était revenu depuis peu en France pour les intérêts de son diocèse, qu'il crut devoir prendre des mesures pour établir en Acadie un corps d'ecclésiastiques qui pût fournir des sujets à tous les postes qu'on avait dessein de peupler, afin de n'être pas dans la nécessité d'en tirer du Canada, où il y en avait à peine assez pour ce pays. Il jeta d'abord les yeux sur les Bénédictins de Saint-Maur; mais le général de cette congrégation n'entra point dans ses vues. Il traita ensuite avec les Prémontrés, et s'adressa à l'abbé régulier de Saint-André-aux-Bois en Picardie. Il trouva un homme très-disposé à faire ce qu'il souhaitait, jusqu'à vouloir se consacrer lui-même aux missions de l'Acadie, et le traité fut fort avancé; mais les supérieurs de cet ordre exigèrent des conditions que le prélat ne put ou ne voulut pas accorder, et, la cour ayant abandonné quelque temps après le projet de peupler l'Acadie, les choses y restèrent, pour le spirituel et pour le temporel, sur le même pied qu'auparavant. La rupture de ce dessein, dont l'exécution eût été si avantageuse à toute la colonie, en y amenant des religieux riches, actifs, et travailleurs, est à jamais regrettable pour l'Amérique Septentrionale, où ils auraient pu se perpétuer et s'accroître jusque aujourd'hui, et peut-être sauver l'Acadie des malheurs qui fondirent bientôt après sur cette contrée.

Un accident bien sensible à tous les chrétiens, et surtout au clergé du Canada, vint sur ces entrefaites affliger cette jeune église. L'évêque de Québec, après avoir mis ordre à ses affaires, s'était embarqué, en 1705, sur un des vaisseaux du roi, qui devait le transporter en Canada avec quinze ou vingt prêtres qu'il amenait de France. C'était l'époque de la guerre de la succession. Le vaisseau monté par le prélat et sa suite fut rencontré, à peu de distance des côtes de l'Amérique, par une escadrille anglaise et capturé sans avoir pu se défendre.

Saint-Valier, amené en Angleterre avec sa suite, y demeura prisonnier durant tout le temps de la guerre, exposé aux avanies des fanatiques sujets de la reine Anne, qui se vengea par la prison de l'évêque de Québec de la captivité où la France avait tenu le prince-évêque de Liége, son allié et celui de l'Empire.

CHAPITRE XIII.

DEPUIS LA MORT DU CHEVALIER DE CALLIÈRES JUSQU'A L'ATTAQUE DE DÉTROIT PAR LES RENARDS, EN 1715.

Le marquis de Vaudreuil, gouverneur de la Nouvelle-France. Horribles cruautés de la guerre avec les Sauvages. Double incendie du séminaire de Québec. Mort de François de Laval, premier évêque de Québec (1708). Ses obsèques. Son éloge. Conquête de l'Acadie par les Anglais. Persécution contre les Catholiques de cette colonie (1710). Nouvelle expédition des Anglais contre le Canada. Préparatifs de Vaudreuil. Naufrage de la flotte anglaise dans le fleuve Saint-Laurent. Attaque des *Renards* contre le Détroit.

Le chevalier de Callières, qui, durant les courtes années de son gouvernement, avait administré la colonie avec tant de sagesse, avait payé à son tour son tribut à la nature. Le roi avait envoyé pour lui succéder le marquis de Vaudreuil, lequel, à son arrivée, avait cherché à se concilier les tribus iroquoises. Un traité de neutralité avec les Senecas avait été ratifié par le don de deux colliers de porcelaine ou de wampum ; pour empêcher la rupture de cet heureux traité, il résolut de n'envoyer aucun parti armé contre les Anglais du côté du territoire de New-York. Les Anglais avaient été moins heureux avec les Abenakis, qu'ils n'avaient pu engager à demeurer neutres, et, pendant plusieurs années les frontières du Canada et du

Massachusetts furent inondées de sang. Les Français et les Anglais, devenus aussi barbares que les Sauvages, incendiaient froidement les villages et les hameaux, massacraient sans pitié les femmes et les enfants, oubliant dans leurs querelles leur origine chrétienne, et ne tenant aucun compte des maximes célestes du Christianisme, au nom duquel ils prétendaient souvent avoir pris les armes.

Ces cruautés inutiles inspiraient, du côté du Canada, aux Français et aux Canadiens, une haine profonde contre les habitants de la Nouvelle-Angleterre et les ministres protestants ; de leur côté, ceux-ci avaient voué aux missionnaires jésuites une haine plus implacable encore. Forcés par les circonstances, la plupart des colons des provinces anglaises devenaient soldats, et ils s'accoutumaient peu à peu à l'idée de détruire toutes les races sauvages. Ceux-ci disparaissaient dès que leurs cabanes étaient envahies, et l'on ne pouvait parvenir à les réduire par les moyens ordinaires de la guerre. De là vint que l'on mit à prix chaque chevelure de Sauvage : aux engagés des troupes régulières on donnait dix livres sterling, aux volontaires en service, vingt livres ; mais si les colons voulaient former des parties de chasse contre ces infortunés et les traquer comme des bêtes fauves, dans les bois et les montagnes, on les encourageait par la promesse d'une récompense de cinquante livres sterling par chevelure de Sauvage [1]. Cette extermination systématique des

---

[1] Bancroft, *History of the United States.* t. III, p. 217.

aborigènes prévalut surtout chez les protestants, et elle a passé des colonies anglaises dans le gouvernement des États-Unis, dont les troupes l'exercèrent encore, il n'y a que bien peu d'années, avec une cruauté si raffinée à l'égard des malheureux Indiens séminoles de la Floride [1].

Cependant le vieux François de Laval continuait à mener un vie calme et tranquille, quoiqu'encore troublée parfois par les bruits du dehors, dans la maison dont il était à la fois le père et le bienfaiteur. Le premier chagrin personnel qu'il y éprouva fut causé par la mort d'Henri de Bernières, son ami et son compagnon, qu'il avait ordonné prêtre en Canada, quarante ans auparavant. Il avait été curé de Québec. Il mourut le 5 décembre 1700, laissant vacante la charge de supérieur du séminaire, dont il était revêtu, et qu'il avait toujours remplie avec autant de piété que de désintéressement.

Le reste de la vie de Laval ne fut plus qu'une suite d'épreuves bien douloureuses. Le 15 novembre 1701, le feu prit au séminaire et consuma en quelques heures cet édifice, le plus beau et le plus vaste qu'il y eût alors dans le Canada. Tous les prêtres qui en faisaient partie étaient allés ce jour-là à Saint-Michel; ce fut durant leur absence qu'arriva l'incendie. A leur retour, ils ne trouvèrent plus que des cendres. Ils montrèrent toute la grandeur de leur caractère,

---

[1] L'Amérique anglaise, à l'arrivée des Européens, comptait seize millions d'indigènes; elle en compte aujourd'hui deux milllions. — Duflot de Mofras.

par la résignation avec laquelle ils apprirent cette perte. De Mezeret, leur supérieur, autre ami du vieil évêque, remercia Dieu, comme Job, de leur avoir ôté ce qu'il leur avait donné. On s'était efforcé de sauver les meubles de l'incendie, mais ce qu'on garantit des flammes fut en partie distrait par des gens qui avaient l'air de porter secours à la maison. Le séminaire perdit considérablement, et les habitants furent forcés de retirer tous leurs enfants. Les directeurs avec les autres ecclésiastiques trouvèrent un logis provisoire à l'évêché, Saint-Valier étant alors en route pour la France : on porta dans ses appartements son vénérable prédécesseur, qu'on avait enlevé à demi-vêtu du milieu des flammes. Celui-ci voyait ruiné en un jour le fruit de ses travaux de tant d'années ; mais il supporta cette affliction avec une soumission parfaite aux décrets d'en haut ; il ne forma aucune plainte, embrassant avec un calme parfait la croix qu'il plaisait au Seigneur de lui envoyer.

Les vaisseaux qui emportaient l'évêque de Québec en France n'étaient pas encore bien loin ; il fut toutefois impossible de s'en servir pour faire parvenir à Paris la nouvelle de ce désastre. Les directeurs du séminaire envoyèrent par l'Angleterre un courrier qui la porta à leur commissaire, et, sur l'exposé de leur mémoire, le roi leur accorda une pension de quatre mille livres pour aider à rebâtir leur maison.

Au bout de quatre ans, ce malheur commençait à se réparer ; le nouveau séminaire était presque entièrement terminé, et l'on travaillait activement à garnir l'intérieur, lorsque, le 1ᵉʳ octobre 1705, un nouvel incendie, causé par la négligence d'un ouvrier qui fumait dans une chambre où étaient les menuisiers, consuma la plus grande partie du nouvel édifice, malgré les prompts secours qu'on apporta de toutes parts. Tous les meubles et les provisions furent perdus ; les directeurs furent forcés de congédier de nouveau une partie de leurs élèves, et de laisser pour un temps un certain nombre d'entr'eux auxquels ils donnaient une instruction gratuite. François de Laval eut à faire, dans cette triste circonstance, un nouveau sacrifice à Dieu. Il accepta cette nouvelle affliction en vrai serviteur de Jésus-Christ. Il était alors tout-à-fait infirme. On le transporta au collége des Jésuites, où il demeura plusieurs jours, pendant qu'on lui préparait un petit appartement dans la partie du séminaire que les flammes avaient épargnée.

Cette seconde et si pénible épreuve fut la dernière qu'eut à supporter ce digne prélat. — « Depuis longtemps, dit la pieuse auteur de l'*Histoire de l'Hôtel-Dieu*, il languissait dans les infirmités que ses immenses travaux et son grand âge lui avaient attirées ; il approchait du terme que les justes regardent comme l'objet de leurs désirs. Un prêtre du séminaire, qui avait toujours eu pour lui une parfaite vénération, le voyant près de sa fin, lui dit : — Nous quitterez-vous sans nous rien dire ? — et, lui nommant plusieurs prélats qui ont exhorté leurs enfants spirituels avant de mou-

rir, et qui leur ont donné des avis salutaires, il ajouta :
— Pourquoi ne ferez-vous pas comme eux ? — Le prélat lui répondit : — Ils étaient des saints, et je suis un pécheur. — Il ne témoigna pas moins le désir qu'il avait du salut de son troupeau; et, plein de grands sentiments, il mourut le 6 de mai 1708. » — C'était durant la captivité de Saint-Valier, dont la nouvelle avait produit une si douloureuse sensation dans Québec, et cette circonstance ne fit qu'ajouter à la profonde tristesse que la mort de son prédécesseur répandit dans la colonie.

Tout le monde pleura le prélat vertueux qui avait été si longtemps son premier pasteur. On se disposa à lui faire de pompeuses funérailles. Les religieuses de l'Hôtel-Dieu, à qui il avait toujours témoigné une affection toute paternelle, demandèrent instamment à voir une dernière fois le pasteur qui les avait si constamment guidées dans la voie de la perfection. On leur accorda cette consolation, et, à leur exemple, toutes les communautés de la ville demandèrent la même faveur.

Le jour des obsèques, les prêtres du séminaire portèrent sur leurs épaules le corps du saint prélat, revêtu de ses habits pontificaux; à la clarté d'une multitude de flambeaux, le cortége, environné du clergé et de tous les corps religieux, militaires et civils de Québec, se rendit successivement dans toutes les églises, que l'on avait magnifiquement tendues de noir; au milieu s'élevaient de pompeux catafalques, sur lesquels on déposait, en chantant solennellement les psaumes de la mort, le corps du prélat.

Telle était la renommée de sa sainteté, que tout le monde voulait avoir quelque chose à faire toucher à son corps. Les malades s'en approchaient avec confiance, et on l'invoqua dès lors comme un saint. L'abbé de la Colombière, frère du célèbre prédicateur de ce nom, fit son oraison funèbre, relevant bien plus l'éclat des vertus éminentes dont la vie de ce prélat n'avait été qu'une longue suite que l'ancienneté et la noblesse de la maison qui lui avait donné naissance. On admirait en lui, dit encore un auteur du temps, toutes les vertus que saint Paul demande dans un évêque. François de Laval fut enterré dans sa cathédrale, au pied du maître-autel; les procès-verbaux levés par Charles de Glandelet, doyen du chapitre de Québec, après la mort de l'évêque, constatent[1] qu'il s'opéra plusieurs miracles à son tombeau.

Nous n'ajouterons rien pour compléter l'éloge de François de Laval. — Sa vie si humble, si remplie de grandes œuvres, sa haute piété, ses travaux dignes des évêques des premiers siècles, sa fermeté, sa vigilance et sa charité toutes chrétiennes, n'ont pas besoin de commentaires, et il suffit de voir ce qu'il a fait pour faire tomber dans le néant les mensonges brillants à l'aide desquels le philosophisme moderne n'essaya que trop souvent, en Canada, de ternir sa conduite et

---

[1] Archives du séminaire de Québec.

la pureté de ses intentions. L'arbre qu'il a planté a porté son fruit, et le siége de Québec, alors humble et isolé sur la terre d'Amérique, est aujourd'hui la digne métropole de plusieurs siéges illustres qui brillent de tout l'éclat du Catholicisme sur les vastes contrées qu'arrose le Saint-Laurent.

Cependant les Anglais avaient fait de nombreux efforts pour enlever la forteresse française de Terre-Neuve, et la Nouvelle-Angleterre avait montré le désir qu'elle avait de reconquérir l'Acadie, comme essentielle à la sécurité de son commerce et de ses pêcheries. En 1704, une flotte sortie du port de Boston avait été défier Port-Royal, et, trois ans après, le Massachusetts, suivant l'influence de son gouverneur Dudley, tentait de nouveau sa conquête. Le mauvais succès de cette entreprise coûteuse, qui échoua par l'activité de Saint-Castin, souleva de vifs mécontentements dans la colonie, par l'augmentation de sa dette et l'émission du papier-monnaie. Mais l'Angleterre était résolue à agrandir ses colonies. Une flotte et une armée devaient, en 1709, être envoyées d'Europe; douze cents hommes tirés du Massachusetts et de Rhode-Island devaient aider à la conquête de Québec; quinze cents devaient, des provinces centrales, assaillir Montréal; et, dans l'espace d'une seule saison, l'Acadie, le Canada, et Terre-Neuve, devaient être réduits sous le joug britannique. Cette brillante perspective enflamma de nouveau l'ardeur des colonies; pour défrayer les dépenses de ces préparatifs, les provinces de Connecticut, de New-York, et de New-

Jersey, émirent alors, pour la première fois, des lettres de créance; on prépara des munitions de tout genre, et des troupes furent levées dans toutes les colonies. Mais aucune flotte anglaise ne parut, et l'ardeur qu'avait excitée la nouvelle de l'expédition se refroidit dans une attente inactive.

Enfin, en 1710, l'expédition projetée eut lieu contre l'Acadie. Sur les instances de Nicholson, qui, pour ce motif, s'était rendu en Angleterre, six vaisseaux anglais, auxquels se joignirent trente autres, avec quatre régiments de la Nouvelle-Angleterre, firent voile, sous son commandement, du port de Boston (septembre 1710). Le sixième jour, la flotte jetait l'ancre devant le fort de Port-Royal. La garnison, ayant à sa tête Subercase, qui y commandait au nom de la France, était faible et découragée; il était difficile de la rallier, et les murmures et les désertions se multipliaient chaque jour. On s'entendit donc aisément sur les termes de la capitulation; les habitants devaient conserver leurs biens et le libre exercice de leur religion. Aussitôt le traité signé, la garnison, forte de cent cinquante-six soldats, sortit du fort avec les honneurs de la guerre, et le même jour Port-Royal perdit son nom, pour prendre celui d'Annapolis, en l'honneur de la reine d'Angleterre. Les Anglais, une fois maîtres de la place, se soucièrent peu de l'observation de leurs engagements. Les Acadiens, catholiques fervents, furent molestés à l'occasion de leur foi, leurs églises profanées et pillées par leurs hérétiques vainqueurs, et leurs prêtres forcés de chercher un asile dans les forêts. Cette persécution servit admirablement les projets du gouverneur-général, qui n'avait pas renoncé à l'espoir de recouvrer la place; il avait nommé Saint-Castin son lieutenant en Acadie, et, dans l'hiver de 1710[1], il avait envoyé, au travers des neiges, des messagers à tous les missionnaires de cette contrée, pour les exhorter à réchauffer le zèle et le patriotisme des Indiens alliés et des habitants. Mais tous ces efforts ne purent lui rendre la ville conquise, et jusqu'à ce jour le pavillon anglais n'a cessé de flotter sur Annapolis.

Encouragé par sa victoire, Nicholson se remit en route pour l'Angleterre, afin d'y presser la conquête du Canada. Les tories, qui étaient au pouvoir, désiraient la paix; mais la législature de New-York en appelait unanimement à la reine, en lui faisant connaître les dangereux progrès que les Français faisaient dans l'ouest. Ces sollicitations obtinrent un plein succès; la conquête du Canada fut résolue. Une flotte considérable arriva à Boston, au mois de juin 1711, sous les ordres de l'amiral sir Hovenden Walker, et, le 30 juillet, mit à la voile pour le Canada.

En même temps, une armée se recrutait parmi les colons de Connecticut, de New-Jersey et de New-York, ainsi que les émigrés venus du Palatinat. Environ six cents Iroquois s'assemblaient à Albany, prêts à fondre tous ensemble sur Montréal; tandis que, dans

---

[1] Charlevoix, *Histoire de la Nouvelle-France*, t. III.

l'ouest, dans le Wisconsin, les Anglais se faisaient, au moyen des Iroquois, des alliés de la nation des Renards, toujours ennemis des Français, qu'ils souhaitaient chasser du Michigan.

La nouvelle de l'expédition projetée arriva à temps à Québec, et la première mesure que l'on prit pour la défense fut de renouveler l'amitié avec les Sauvages. Le marquis de Vaudreuil parla aux députés des Onondagas et des Senecas de la fidélité avec laquelle les Français avaient observé leur traité; et il leur rappela la promesse qu'ils avaient faite de demeurer tranquilles sur leurs nattes.

Il y eut ensuite une grande fête de guerre, à laquelle assistèrent tous les Sauvages domiciliés près des établissements français et tous les délégués de leurs alliés qui étaient descendus à Montréal. On ramassa la hache, et l'on chanta la chanson de guerre, en présence de sept ou huit cents guerriers. Les Sauvages de l'ouest lointain étaient indécis; mais une vingtaine de Hurons de Détroit saisirent la hache et entraînèrent tous les autres par leur exemple. Jamais peut-être l'influence exercée par les Jésuites n'avait été si manifeste : par leur pouvoir sur les indigènes, une alliance qui s'étendait sur toutes les tribus jusqu'aux Chippewas constitua toute la défense de Montréal.

Vaudreuil, descendant ensuite à Québec, y trouva des volontaires abénakis qui s'y réunissaient, dans l'idée d'une commune défense. On avait pris avec vigueur toutes les mesures nécessaires à une forte résistance; on avait augmenté les fortifications, et mis une garnison dans Beauport. Le peuple était résolu et plein de confiance, jusqu'aux femmes elles-mêmes, qui s'étaient préparées à prendre part à la défense commune.

On attendit impatiemment l'approche de la flotte. Vers la fin d'août, on annonça que des paysans de Matane avaient signalé quatre-vingt-dix ou quatre-vingt-seize bâtiments portant le pavillon anglais. Cependant septembre arriva, et du haut du Cap-Diamant nul ne découvrait encore les voiles de l'ennemi.

La flotte anglaise, après avoir quitté Boston, avait perdu du temps dans la baie de Gaspé; enfin, vers la mi-août, elle commença à remonter le Saint-Laurent. Mais, dans la soirée du 22, un épais brouillard s'éleva; en même temps, une brise ayant commencé à souffler de l'est[1], la flotte alla se jeter sur la côte des îles aux Œufs. L'aube du matin éclaira tout le désastre qui avait été occasionné, faute de pilotes expérimentés qui connussent la rivière : huit des vaisseaux avaient été brisés, et huit cent quatre-vingt-quatre hommes avaient été noyés. Un conseil de guerre s'assembla aussitôt, et, à l'unanimité, on s'écria qu'il était impossible d'aller plus loin.

Telle fut l'issue des hostilités dans le nord-est. Le mauvais succès de l'attaque contre Québec ne laissa à Nicholson d'autre alternative que celle de battre en retraite, et Montréal se trouva sauvé pareillement de

---

[1] Hovenden Walker's journal, 121.

l'invasion. Mais, l'année suivante, Détroit fut sur le point de succomber devant la valeur d'un parti de Renards, nation féroce et indomptable de l'ouest. Furieux des défaites qu'ils avaient essuyées de la part des Français, et stimulés, ce semble, encore plus par la réduction de leur nombre, ils résolurent de brûler Détroit et de rendre le pays aux Anglais. Ils se logèrent à peu de distance du fort, où le commandant Dubuisson était seul pour le défendre, avec une vingtaine d'hommes[1]. Instruit de leurs intentions, Dubuisson appela à son aide les Sauvages alliés, alors occupés à la chasse; vers la mi-mai, les Ottawas, les Hurons, les Potawatomies accoururent à son aide, accompagnés d'une partie de la nation des Sacs, des Illinois, des Ménomonies, et même des Osages et des Missouris, chaque nation portant à sa tête le symbole de sa tribu. Ils s'arrêtèrent au village des Hurons, qui furent d'avis de ne point camper, mais d'aller droit au fort. — Il n'y a point de temps à perdre, dirent-ils; notre père est en danger; il nous aime et ne nous a jamais fait que du bien; il faut le défendre ou mourir à ses pieds. — Saguina, ajoutèrent-ils en s'adressant au grand sachem des Ottawas, vois-tu cette fumée? Ce sont trois femmes de ton village que l'on brûle, et la tienne est du nombre.

A peine arrivés, ils demandent à entrer au fort, et c'est ici que l'on voit toute l'influence que les missionnaires avaient conquise sur ces natures sauvages. —

---

[1] Charlevoix, *Histoire de la Nouvelle-France*, t. III. — Cass, Lauman's Michigan.

Père, dirent-ils au commandant, voici tes enfants autour de toi; nous mourrons avec joie pour notre père et libérateur... Seulement, quand nous ne serons plus, demande à Ononthio qu'il prenne soin de nos femmes et de nos enfants, et répands un peu d'herbe sur nos corps pour les garantir des mouches.

Après ce discours, on se prépara au combat. Les Renards, qui étaient venus pour ruiner Détroit, furent eux-mêmes assiégés et forcés à se rendre à discrétion. On massacra ceux qu'on avait pris les armes à la main; les autres n'échappèrent à la mort qu'en se laissant prendre pour esclaves par les guerriers confédérés.

C'est ainsi que Détroit, malgré les réclamations des Anglais, demeura à la France. Sa perte eût amené celle de la Nouvelle-France, dont il était le point central. On aimait cette ville naissante, comme le lieu le plus agréable du Canada, l'entrepôt des possessions françaises, et le grand chemin de la vallée du Mississippi; cette situation lui donnait déjà une assez grande importance, et, à l'époque (1740) qui précéda la dernière guerre, elle pouvait contenir au delà de deux cents maisons dans son enceinte; il y avait une église paroissiale desservie par les Récollets, et, de l'autre côté de la rivière, les Jésuites avaient une grande mission pour les Sauvages, avec une fort belle maison [1].

---

[1] *Mémoires sur le Canada*, publiés par la Société littéraire de Québec, 1836.

CHAPITRE XIV.

DEPUIS LA PAIX D'UTRECHT, EN 1713, JUSQU'A LA MORT DE SAINT-VALIER, SECOND ÉVÊQUE DE QUÉBEC, EN 1727.

La paix est de nouveau signée avec l'Angleterre. Traité d'Utrecht (1713). Retour de Saint-Valier à Québec. François Duplessis-Mornay, coadjuteur de Québec. Étendue du diocèse de Québec. Fondation de la ville de Louisbourg, dans l'île du Cap-Breton (1720). Nécessité d'étendre l'épiscopat dans les colonies. Missions des Abénakis. Animosité de ces Sauvages contre les Anglais. Le père Sébastien Rasles traqué par les Anglais. Il est massacré par eux. Destruction des missions abénakises (1726). Mort de Saint-Valier, second évêque de Québec. (1727.)

Cependant les préliminaires d'un traité venaient d'être signés entre la France et l'Angleterre, et la guerre qu'avaient fait naître les changements et les convulsions de l'Europe se trouva suspendue par des négociations qui aboutirent à ce qu'on appela la paix d'Utrecht. Par ce traité l'Angleterre obtenait de la France de grandes concessions de territoire en Amérique. Elle gagnait la suprématie des pêcheries, l'entière possession de la baie d'Hudson, de Terre-Neuve, et de la Nouvelle-Écosse ou Acadie, suivant ses anciennes limites. On agréa que la France ne molesterait jamais les Cinq-Nations, sujettes à la domination de la Grande-Bretagne. La France gardait de son côté toute la Louisiane et le Canada. Mais jusqu'où s'étendait la Louisiane? Selon les idées françaises, elle renfermait tout le bassin du Mississippi. Quelles étaient les anciennes limites de l'Acadie? Celle-ci renfermait-elle tout ce qui est aujourd'hui le New-Brunswick, ou bien la France continuait-elle à posséder un vaste territoire sur l'Atlantique, entre l'Acadie et le Maine? Quelles étaient, de l'autre côté, les limites du territoire des Cinq-Nations, que le traité d'Utrecht paraissait reconnaître comme soumis à la domination de l'Angleterre? C'étaient là des questions dont le traité ne s'était pas occupé, et qui demeurèrent comme un sujet permanent de discorde entre les colonies des deux nations rivales.

Le traité d'Utrecht, en rendant pour quelque temps la paix à la Nouvelle-France, lui ramena aussi son évêque. Après huit ans d'une captivité d'autant plus dure, qu'il sentait plus vivement le besoin de revoir son troupeau, Saint-Valier arriva de Londres à Paris, où il se hâta de mettre ordre à ses affaires, afin de se rendre promptement dans son diocèse (1713). Il s'embarqua avec quelques ecclésiastiques, et arriva la même année à Québec, apportant pour sa cathédrale l'ornement royal dont Louis XIV lui avait fait présent, et qui, malgré son état de vétusté, sert encore aujourd'hui aux archevêques de Québec, dans les grandes solennités. Le retour de l'évêque causa une vive joie dans toute la colonie, et l'on en rendit dans toutes les églises de solennelles actions de grâces, lui-même, de son côté, ne pouvant assez remercier le Ciel d'être enfin rendu à son église.

I 16

Peu de temps après son retour, il apprit à son clergé que le roi, à sa demande, lui avait donné un coadjuteur dans la personne du père Louis-François Duplessis-Mornay, de l'ordre des Capucins; il l'annonça comme un homme de mérite, d'un talent supérieur et dont on aurait lieu d'être content dans tout le diocèse. Duplessis-Mornay fut effectivement consacré coadjuteur de Québec, sous le titre d'évêque d'Euménie, au mois d'avril 1714; mais on l'attendit vainement en Canada. La mort de Louis XIV, qui arriva un an après, fit naître sans doute des circonstances qui l'empêchèrent de se rendre à Québec. Fénelon était mort aussi dans le même temps; et l'évêque d'Euménie fut chargé de l'administration de l'église de Cambrai pendant plusieurs années.

Le diocèse de Québec, le plus vaste qu'il y eût peut-être jamais au monde, comprenait à cette époque toutes les possessions françaises de l'Amérique Septentrionale, sans compter même les portions du territoire que la France avait cédées à l'Angleterre et où elle continuait à envoyer des missionnaires. L'Acadie, tant de fois prise, cédée, reprise, et recédée aux Anglais, leur était enfin demeurée définitivement, à la paix d'Utrecht, sous le nom de Nouvelle-Écosse, qu'elle ne perdit plus depuis. La religion catholique avait été annoncée, à diverses reprises, par les Récollets et les Jésuites, aux Micmaks, qui en étaient les aborigènes, et, malgré les contestations des Anglais et des Français, qui durèrent près de deux siècles, pour la possession de cette péninsule, un grand nombre de Français avaient fini par s'y établir. Lorsqu'elle eut été définitivement cédée à l'Angleterre, beaucoup de familles abandonnèrent la Nouvelle-Écosse pour l'île du Cap-Breton, appelée aussi Isle-Royale, qu'un détroit qu'on nommait alors le Passage-de-Fronsac, de cinq lieues de long sur une lieue de largeur, séparait de l'Acadie, au nord. Cette île est située au sud-ouest de celle de Terre-Neuve; sa longueur est d'environ trente-six lieues, et sa plus grande largeur de vingt-deux. Elle est hérissée dans toute sa circonférence de rescifs déchirés par les vagues, au dessus desquelles plusieurs élèvent leurs sommets. Tous ses ports sont ouverts à l'orient, en tournant au sud, et l'on ne trouve sur le reste de son enceinte que quelques mouillages pour de petits bâtiments. L'île alors ne passait pas pour être fertile, et l'on croyait que les grains avaient peine à y venir à maturité. On y voit toutefois de grandes et belles forêts, et des prairies où l'on peut nourrir de nombreux troupeaux; mais ce qui rendait surtout cette île importante, c'était l'avantage de sa situation pour la pêche de la morue, du marsouin et de la vache marine. Quoique les brouillards y soient fréquents sur les côtes, l'air y est d'une grande salubrité, et, pendant l'hiver, qui est fort long, tous les ports sont fermés par les glaces [1].

Quelques pêcheurs s'étaient fixés depuis longtemps au Cap-Breton; mais ce ne fut qu'en 1713 que les Français en prirent possession d'une manière définitive; ils

---

[1] *De la Lecture des livres français. Mélanges de géographie et d'histoire*, t. XXXVI, p. 138.

en avaient été d'ailleurs les premiers habitants. On y vit alors accourir de Terre-Neuve et de l'Acadie de nombreux fugitifs, désireux de se soustraire au joug de l'Angleterre. Ils changèrent son nom en celui d'Isle-Royale, et, en peu de temps, ses golfes, ses baies, et ses passes multipliées, aux côtes granitiques, aux contours irréguliers, déchiquetés par l'action incessante de la mer, et que la nature semblait avoir à dessein mis à l'abri de toute invasion par les innombrables récifs qu'elle y avait jetés, se couvrirent tout-à-coup d'une population toute française. Les criques qui s'étendent à l'infini sur ses côtes vis-à-vis de la Nouvelle-Écosse, invitaient naturellement les pêcheurs à étendre leurs séchoirs, et la fertilité du terrain leur promettait d'abondantes moissons. On n'y bâtit d'abord que des huttes grossières; on avait jeté les yeux sur le fort Dauphin pour en faire le principal établissement. Mais, ayant reconnu la difficulté d'y arriver, on abandonna ce projet, et l'on tourna ses vues du côté de Louisbourg, ainsi nommé en l'honneur de Louis XIV, dont l'abord était plus facile; la commodité fut ainsi préférée à la sûreté. C'était un des plus beaux ports du Nouveau-Monde pour son étendue, qui est de près de quatre lieues de tour. En peu d'années on vit s'élever à grands frais les fortifications de cette ville; elle devint la clef du Saint-Laurent, et le boulevard des pêcheurs français et du commerce de la France dans l'Amérique Septentrionale.

Dans le prompt essor que prit la cité nouvelle, elle

paraissait devoir porter longtemps avec honneur le nom royal qu'elle avait reçu ; la religion catholique, en s'y établissant avec la domination française, ne tarda pas d'y avoir ses sanctuaires. Des mandements de l'évêque Saint-Valier (1716—1717) font mention des Récollets qui étaient venus s'établir au Cap-Breton, auxquels il donnait, avec les pouvoirs de vicaires-généraux, la faculté de se construire des églises et des hospices [1]. Les Frères de la Charité y possédèrent aussi un vaste hôpital. Mais ceux qui exercèrent la plus heureuse et la plus sage influence dans cette île furent les missionnaires que la maison des Missions-Étrangères de Paris y envoya pour la conversion des Sauvages ; et les auteurs qui ont écrit sur cette contrée, vers la fin de la domination française, font un grand éloge de leur piété éclairée et de leur charité [2]. Tous ces prêtres dépendaient, au spirituel, de l'évêque de Québec, qui, ainsi que le roi de France, au temporel, exerçait sa juridiction sur toutes les terres qui s'étendaient depuis le Cap-Breton, par le fleuve Saint-Laurent, jusqu'au lac Supérieur, et de ce lac, à travers la vallée du Mississippi, jusqu'au golfe du Mexique et à la baie de Mobile.

Mais les mêmes raisons qui avaient milité, soixante ans auparavant, en faveur de l'évêché de Québec, faisaient déjà sentir alors tout le besoin qu'il y avait d'ériger de nouveaux évêchés dans les autres parties des pos-

---

[1] Mandements de Mgr de Saint-Valier, évêque de Québec, aux archives de l'archevêché de cette ville.

[2] *Lettres pour servir à l'histoire du Cap-Breton.* La Haye et Londres, 1760.

sessions françaises de l'Amérique. Un seul évêque avait pu suffire lorsque la population du Canada se réduisait au petit noyau qui existait à Québec et à Montréal. Mais déjà ce noyau était devenu un grand arbre, dont l'évêque de Québec se sentait incapable d'embrasser le tronc et de toucher les branches; son influence devenait naturellement impuissante au delà d'un certain rayon. Il pouvait bien envoyer des prêtres au lac Supérieur et à la Nouvelle-Orléans, d'un côté; de l'autre, dans la Nouvelle-Écosse, au New-Brunswick, à Terre-Neuve, et au Cap-Breton; mais ces prêtres, une fois installés, devenaient de fait indépendants de l'évêque, à qui il était impossible de contrôler leurs actes d'aussi loin. Aussi s'introduisit-il plus d'une fois de graves désordres dans les pasteurs et dans les troupeaux, sans que l'évêque se sentît capable d'y porter remède, comme il arriva à Détroit durant l'épiscopat de Saint-Valier, et au Cap-Breton sous Pontbriand, l'un de ses successeurs [1]. Les mandements et les lettres qu'ils adressèrent aux uns et aux autres ne produisirent point d'effet; leur voix était impuissante à se faire entendre aussi loin; les désordres dont l'évêque se plaignait continuèrent avec la désobéissance[2], et, lorsque Louisbourg tomba au pouvoir des Anglais, faut-il s'éton-

---

[1] On doit rendre cette justice aux Jésuites que, presque seuls, ils surent toujours résister à la séduction de l'indépendance, et que, de loin comme de près, ils se montrèrent constamment ennemis de tout désordre, et ne cessèrent d'obéir scrupuleusement aux ordres des évêques ou de leurs supérieurs, à quelque distance qu'ils se trouvassent.

[2] *Mandements et lettres des évêques de Québec.* — *Lettres pour servir à l'histoire du Cap-Breton.*

ner que la religion catholique y ait succombé avec cette ville? Si elle avait eu alors l'évêque que le Cap-Breton n'obtint que près d'un siècle après, l'état de la religion montrerait cette différence qu'offre aujourd'hui le Canada avec les provinces voisines des États-Unis.

Nous avons dit que le traité d'Utrecht avait donné à l'Angleterre l'Acadie ou Nouvelle-Écosse, *suivant ses anciennes limites*. De ces limites, qui n'avaient jamais été tracées d'une manière définitive, devaient naturellement surgir de nouveaux débats, et la frontière orientale du Massachusetts donna lieu à bien des contestations. Les Abénakis, alliés de la France, prétendaient à la possession du territoire qui s'étend entre le Kennebec et la rivière Sainte-Croix, dans l'état actuel du Maine. En 1716, la cour générale de Massachusetts étendit sa juridiction jusqu'aux dernières extrémités de cette province; le commerce des fourrures et de la pêche dans la Nouvelle-Angleterre accueillirent d'abord avec joie cet acte de la cour; les colons tirèrent non-seulement de leurs ruines les villages qui avaient été désolés durant la guerre, mais encore construisirent sur le bord oriental du Kennebec de nouveaux établissements avec des forts destinés à les protéger.

Les Peaux-Rouges s'en alarmèrent. Leurs chefs s'en vinrent (1717—1720), à travers les bois, jusqu'à Québec, demander si la France avait réellement fait la cession d'un pays dont ils étaient eux-mêmes les maîtres légitimes; et Vaudreuil ayant répondu que le traité ne faisait nulle mention de leur pays, leur sachem s'opposa ouvertement à la prétention du gouvernement de Massachusetts. — J'ai ma terre, dit-il, où le Grand-Esprit m'a fait naître; et, aussi longtemps qu'il restera un seul enfant de ma tribu, je combattrai pour la conserver. — La France, ne pouvant maintenir son influence par une alliance déclarée, laissa aux missionnaires le soin de l'exercer sur ceux qu'ils avaient convertis, et qui, depuis plus d'un demi-siècle, étaient devenus les plus fidèles alliés de la France et le boulevard du Canada contre les projets de la Nouvelle-Angleterre.

Le père Sébastien Rasles avait passé plus de vingt-cinq ans avec ces sauvages, dont il avait été le maître et le compagnon; il les avait réunis en un village florissant, à Norridgewock, autour d'une église qui s'élevait gracieusement sur les bords du Kennebec, et qui n'était pas dépourvue d'une certaine magnificence. Chéri de son troupeau, il gouvernait paternellement sa mission, lorsque le gouvernement de Massachusetts s'avisa d'en vouloir établir une à son tour, dans l'espoir de détacher les Sauvages de l'alliance française. Un ministre calviniste fut envoyé parmi eux; il leur montra la Bible, et chercha à tourner en ridicule le purgatoire et les saints, ainsi que la croix et le chapelet. — Mes chrétiens, répliqua Rasles, croient aux vérités de la foi catholique, mais sont peu accoutumés à la dispute. — Et il prit lui-même la parole pour défendre l'enseignement de l'Église. Le ministre, ne se sentant pas de force à lutter contre le missionnaire et à lui enlever l'affection de ses sauvages, abandonna la partie, et retourna à Boston.

Le gouvernement de la Nouvelle-Angleterre s'était emparé par la ruse de plusieurs chefs abénakis et les retenait en otage. Quoique la rançon demandée pour les rendre à la liberté eût été payée, il continuait cependant à les tenir captifs [1]. Les Abénakis menacèrent alors les Anglais d'exercer des représailles, s'ils n'évacuaient leur territoire et ne rendaient leurs prisonniers (1720). Au lieu d'entrer en négociations, les Anglais se saisirent du jeune baron de Saint-Castin, qui tenait à la fois une commission de la France, et exerçait, comme fils d'une mère abénakise, le commandement sur les Sauvages. Ils voulurent en même temps forcer les Abénakis à leur livrer la personne du père Rasles. Mais, n'ayant pu réussir à les persuader, ils finirent par envoyer un corps considérable à Norridgewock, chargé de surprendre le missionnaire dans la saison d'hiver. Les guerriers étaient absents du village; le Père eut néanmoins le temps de se sauver dans les bois, avec les vieillards et les malades; et les Anglais ne trouvèrent que ses papiers. Ils leur parurent néanmoins d'une assez grande importance; car ils renfermaient une correspondance avec le marquis de Vaudreuil qui annonçait l'espoir secret d'établir bientôt le pouvoir de la France sur toute l'Atlantique (1722).

Ces insultes exaspérèrent les Sauvages, et ils perdi-

---

[1] *Massachusetts history.* Collect. XVIII.—*Lettres édifiantes*, etc., t. IV.

rent entièrement l'espérance d'obtenir la paix autrement qu'en inspirant la terreur autour d'eux. A leur retour de la chasse, ils ensemencèrent leurs champs, résolus de porter ensuite la destruction dans tous les établissements anglais du Kennebec. Ils envoyèrent des députés porter la hache et chanter la chanson de guerre parmi les Hurons de Québec et dans tous les villages abénakis. Les chefs des clans guerriers se donnèrent rendez-vous à Norridgewock, et l'œuvre de destruction commença par l'incendie de Brunswick.

La sage pénétration de Rasles lui fit promptement comprendre quelle serait l'issue de cette guerre. Il sentait trop bien que les indigènes étaient incapables avec leurs faibles moyens de s'emparer des forts bâtis par les Anglais, et il ne tarda pas à prédire que tout serait perdu si les Français ne se mêlaient de l'affaire. Il engagea les Abénakis à chercher un refuge au Canada ; ils suivirent son avis en grand nombre, mais ils ne purent obtenir de lui qu'il partageât leur exil. Tout en prévoyant la ruine de Norridgewock, le vieux missionnaire préféra demeurer avec ceux de ses enfants qui n'avaient pu se décider à quitter les forêts qui les avaient vus naître.

Le gouvernement de Massachusetts déclara solennellement les Sauvages de la partie orientale traîtres et brigands [1], et, pendant qu'il levait des troupes pour les détruire, il excitait les particuliers à leur faire la

---

[1] Bancroft, *History of the United States*, vol. III.

chasse de leur côté, offrant d'abord cinquante, puis cent livres sterling pour chaque chevelure de Sauvage.

L'expédition dirigée vers le Penobscot avait été organisée sous les auspices du gouvernement. Après cinq jours de marche à travers les bois, elle arriva à un village, au lieu où s'élève aujourd'hui Old-Town, au dessus de Bangor. Westbrooke, qui était à la tête de l'expédition, trouva une enceinte de palissades bien fortifiée, renfermant environ vingt-deux maisons bien bâties. Au midi était la chapelle, de soixante pieds de longueur sur trente de large, ornée avec soin en dedans et en dehors, et près de là était la maison du missionnaire[1]. Les Anglais y arrivèrent le 9 mars 1723, à six heures du soir. La même nuit, ils mirent le feu au village, qui, au lever du soleil, n'offrit plus que des cendres.

On essaya vainement, à deux reprises différentes, de se saisir du père Rasles. Enfin, le 23 août 1724, un parti de la Nouvelle-Angleterre arriva à l'improviste à Norridgewock; les Anglais eurent le temps de faire une décharge de mousquets contre le village avant qu'on les eût aperçus[2]. Il y avait environ cinquante guerriers dans la place. Chacun saisit ses armes, et tous sortirent tumultueusement, moins pour combattre que pour protéger la fuite de leurs femmes et de leurs enfants. Rasles, à qui leurs cris firent comprendre le danger, s'élança au dehors pour sauver son troupeau, en

---

[1] Williamson, t. II, p. 60. Voyez sa lettre du 23 mars 1722—1723.

[2] *Lettres édifiantes*, etc., voyez celles du père de La Chasse.

attirant sur lui seul l'attention des assaillants. Son espoir ne fut point déçu. Accablé d'une grêle de balles, il tomba au pied d'une grande croix qu'il avait plantée au milieu du village. Sept Sauvages, restés avec lui, moururent à ses côtés. Le reste parvint à gagner l'autre bord du Kennebec, à la nage ou en canot. Les Anglais ne s'attachèrent pas à les poursuivre; ils se contentèrent de piller et de brûler le village, et le feu qu'ils mirent à l'église fut précédé de l'indigne profanation des vases sacrés et du corps adorable du Sauveur.

La retraite précipitée des ennemis permit aux Abénakis de retourner le lendemain et de visiter les ruines de leur village. Ils trouvèrent le corps du père Rasles percé de mille coups, sa chevelure enlevée, le crâne enfoncé à coups de hache, les yeux et la tête remplis de boue, les os des jambes fracassés, et tous les membres mutilés. Ces fervents chrétiens, après avoir lavé et baisé plusieurs fois les restes de leur père, l'inhumèrent à la place où, la veille, il avait célébré le saint sacrifice, sous les débris de l'autel. Si, dans ses missions parmi les Abénakis, il avait cherché à rendre service à la France, personne ne douta néanmoins qu'il n'eût été immolé en haine de son zèle à établir la vraie foi parmi les Sauvages. Le père de La Chasse ayant demandé à M. de Bellamont, supérieur de Saint-Sulpice de Montréal, les suffrages accoutumés pour le défunt, celui-ci lui répondit, en se servant des paroles si connues de saint Augustin, que c'était faire injure à un martyr de prier pour lui : *Injuriam facit martyri qui orat pro eo.*

« Ainsi périt le dernier des missionnaires catholiques dans la Nouvelle-Angleterre, dit un auteur protestant[1] ; ainsi périrent les missions des Jésuites et les fruits de tous leurs travaux ; ainsi disparurent les villages des Abénakis à demi civilisés par l'Église catholique : destruction qui acheva la ruine de l'influence française dans ces contrées. »

A la fin, les Sauvages orientaux, désespérant du succès, poussés toujours à la résistance, mais ne recevant aucun aide des Français, se sentant incapables de lutter ouvertement avec leurs adversaires, conclurent un traité qui fut solennellement ratifié par les chefs abénakis aussi loin que la rivière Saint-Jean, et qui fut fidèlement maintenu pendant longtemps (1726). A la place de l'influence religieuse s'établit l'influence du commerce, et les comptoirs anglais supplantèrent presque partout les missions de la France.

Durant toutes ces contestations, le Canada était demeuré en paix. Les dix années qui s'écoulèrent firent faire de rapides progrès au commerce et à la propriété dans ce pays. La mort du marquis de Vaudreuil, qui arriva au mois d'octobre 1726, fut un sujet de deuil pour les Canadiens, qu'il avait gouvernés pendant plus de vingt ans avec beaucoup de sagesse. Un peu plus d'une année après, le Canada fit une nouvelle perte par la mort de Saint-Valier. L'évêque de Québec mourut au mois de décembre 1727, à l'hôpital-général de cette ville, qu'il

---

[1] Bancroft, *Hist. of the United States.*

avait fondé et doté : prélat sage et pieux, il fut universellement regretté de son troupeau, et descendit dans la tombe, sans avoir eu la consolation de voir arriver son coadjuteur.

CHAPITRE XV.

DEPUIS LA FONDATION DU FORT DE NIAGARA, EN 1726, JUSQU'A LA PAIX D'AIX-LA-CHAPELLE, EN 1749.

Joncaire, adopté par les Iroquois, s'établit près de la chute du Niagara. Fondation du fort de ce nom. Étendue du territoire français en Amérique. François Duplessis-Mornay, troisième évêque de Québec. L'abbé de Lotbinière prend en son nom possession de son siége. Contestation à ce sujet. Pierre Herman Dosquet, évêque de Samos, coadjuteur de Québec, vient administrer le diocèse dans l'absence de Duplessis-Mornay (1729). Actes de son administration. Herman Dosquet, quatrième évêque de Québec, par la démission de son prédécesseur (1732). Il retourne en France, et donne à son tour sa démission (1739). François-Louis de l'Auberivière, cinquième évêque de Québec. Ses vertus. Il contracte une maladie pestilentielle durant son voyage. Son arrivée à Québec, et sa mort (1740). Miracles opérés à son intercession. Henri-Marie Du Breil de Pontbriand, sixième évêque de Québec (1741). Son portrait. Premiers essais de l'esprit philosophique en Canada. Renouvellement de la guerre avec l'Angleterre (1744). Attaque du port de Camseau par le gouverneur de Louisbourg. Préparatifs des colonies anglaises contre cette ville. Arrivée et débarquement de la flotte ennemie. Siége de Louisbourg. Prise de cette ville. Profanations commises par les protestants. (1745). Réduction de l'île Saint-Jean. La consternation se répand dans le Canada. Paix d'Aix-la-Chapelle, qui rend Louisbourg aux Français (1749).

Après les divers traités conclus entre la France et l'Angleterre, ni l'une ni l'autre puissance n'avaient encore pu s'accorder sur les limites de leurs possessions dans le New-Brunswick et le New-York occidental. Dans cette partie de l'Amérique, les Anglais, se fondant sur une prétendue cession faite par les Iroquois en 1701, et un traité conclu avec eux à Albany, en 1726, prétendaient à la possession de toute la largeur du territoire qui s'étend depuis Oswégo, sur le lac Ontario, où ils avaient bâti un fort, jusqu'à la rivière Cuyahoga, à Cleveland, sur le lac Erié. Les Français ne cherchèrent pas seulement à protester contre cette tentative de l'Angleterre sur son territoire; ils entrèrent dans le lac Champlain, où ils établirent, en 1731, le fort de la Couronne. La garnison, d'abord stationnée sur la rive orientale du lac, ne tarda pas à être transportée sur la Pointe (Crown-Point), où ses batteries, dressées contre les Anglais, défendirent l'approche du Canada par eau, en mettant ainsi à l'abri la ville de Montréal.

A cette époque, le fort de Niagara avait été déjà mis convenablement en état de défense. Parmi ceux de nos officiers publics qui avaient le plus d'influence sur les Peaux-Rouges, en s'adaptant avec une heureuse facilité à leur manière de vivre du désert, était un agent nommé Joncaire. Il avait été pendant vingt ans employé avec succès à des négociations avec les Senecas. Il s'était fait adopter par eux, comme un enfant de leur tribu, et il ajoutait ainsi à son éducation française toute l'éloquence du guerrier iroquois.—Je n'ai d'autre bonheur que de vivre avec mes frères, dit-il un jour dans un conseil, et il demanda la permission de se bâtir une maison. — Il est un de nos enfants, répliqua-t-on, il peut bâtir où il voudra. Il se plaça au milieu d'un groupe de cabanes, au lieu où s'élève actuellement Lewiston ; Lasalle y avait bâti une grossière palissade, et Denonville s'était proposé d'y fonder une station militaire. Au mois de mai arriva un parti de Français pour prendre les mesures d'un établissement durable; parmi eux se trouvaient le baron de Longueil, fils du gouverneur-général marquis de Vaudreuil, et le père Charlevoix, le célèbre historien de la Nouvelle-France. La résolution fut prise unanimement de bâtir une forteresse sur la rive droite du Niagara. On admirait ses magnifiques campagnes, ainsi que le sol fécond du New-York occidental, ses belles forêts, ses agréables et fertiles collines, et son doux climat. « Une bonne forteresse en cet endroit, disait-on, avec un établissement convenable, nous mettra à même de dicter des lois aux Iroquois, et d'exclure les Anglais du commerce des pelleteries. » Quatre ans s'étaient à peine écoulés depuis que Burnet avait bâti le comptoir anglais d'Oswégo, que la bannière de la France flottait, de son côté, sur le fort de Niagara (1726).

La forteresse de Niagara nous donnait au loin le contrôle sur tout le commerce intérieur. Si des pelleteries descendaient le cours de l'Ottawa, elles allaient directement à Montréal; si elles venaient par les lacs, elles arrivaient par les portages aux rapides. Toute cette immense région, où on les trouvait, ne connaissait d'autre juridiction que celle de la France, dont les canots-traitants voguaient en sûreté sur toutes les eaux de ces grands territoires, dont les chapelles de bouleau s'élevaient sur tous les rivages, dont les missions s'étendaient bien au-delà du lac Supérieur. Les Renards, toujours implacables, avaient été châtiés et chassés de leurs anciennes demeures sur les bords de la Baie-Verte. Ainsi, à l'exception de la forteresse anglaise d'Oswégo, toutes les contrées arrosées par le Saint-Laurent et ses affluents appartenaient à la France. L'immense territoire de la Louisiane, qui s'étendait de la baie de Mobile jusqu'au Rio-del-Norte, au sud-ouest ; jusqu'aux Montagnes-Rocheuses, à l'ouest ; au nord, jusqu'aux limites incertaines de la baie d'Hudson ; et jusqu'à la chaîne des Alleghanis et à la source des grands affluents du Mississipi, à l'est : de loin ou de près, tout reconnaissait le gouvernement de la France, et les tribus de ces vastes contrées s'étaient mises sous la protection du gouverneur-général du Canada et du roi Louis XV.

La mort de Saint-Valier, arrivée en 1727, laissait à Duplessis-Mornay la succession de l'évêché de Québec. Mais les raisons qui avaient empêché ce prélat de se rendre en Canada du vivant de son prédécesseur, le retinrent encore en France après sa mort. Dès qu'il en eut appris la nouvelle, il envoya sa procuration à M. de Lotbinière, archidiacre de Québec, avec ordre de prendre possession du siége épiscopal en son nom. Une vive opposition se manifesta alors dans le chapitre de la cathédrale, irrité sans doute contre M. de Mornay de l'abandon dans lequel il laissait son Eglise [1]. Les chanoines défendirent à l'archidiacre

---

[1] Archives de l'archevêché de Québec. Lettres de M. de Lotbinière, archidiacre de Québec.

l'entrée de la cathédrale, et au sacristain de faire sonner les cloches pour la prise de possession du mandataire de l'évêque. L'abbé de Lotbinière n'en acheva pas moins la cérémonie, et, malgré la défense du chapitre, fit chanter le *Te Deum,* auquel n'assista pas un seul chanoine (Septembre 1728).

L'archidiacre envoya à Duplessis-Mornay la relation de ce qui s'était passé, et, l'année suivante, à la demande de ce prélat, le Pape lui donna pour coadjuteur Pierre Herman-Dosquet, évêque de Samos, qui exerçait, depuis quatre ans, à Rome les fonctions de procureur-général des vicaires apostoliques de la congrégation des Missions-Etrangères. Dosquet était né à Lille en Flandre, en 1691. Il avait étudié la théologie au séminaire de Saint-Sulpice, à Paris, et il était devenu membre de cette congrégation, qui l'avait envoyé en Canada, cinq ou six ans avant la mort de Saint-Valier. Après un court séjour au séminaire de Montréal, il avait reçu ordre de se rendre au lac des Deux-Montagnes, où les Sulpiciens avaient depuis longtemps formé une mission parmi les Sauvages de l'Ottawa, encore aujourd'hui florissante, et gouvernée comme autrefois par deux des membres de leur séminaire. Après y avoir exercé pendant deux ans les fonctions du ministère apostolique, bien plus fatigant alors que de nos jours, il revint à Paris pour motif de santé. A la prière des directeurs de la congrégation des Missions-Etrangères, il s'y occupa avec un grand zèle et une piété éclairée à la réorganisation de cette maison, qui, par reconnaissance, l'agrégea parmi ses directeurs, et l'envoya ensuite à Rome en qualité de procureur-général de la Congrégation. Son mérite et ses travaux l'y firent élever à l'épiscopat, et le pape Benoît XIII le sacra de sa main évêque de Samos, le jour de Noel de l'année 1725. Trois ans après, l'évêque de Québec le demanda pour son coadjuteur. Son désintéressement connu, ses vertus apostoliques, et la connaissance qu'il avait de l'état des choses en Canada, tous ces motifs, que le Pape avait été à même d'apprécier personnellement, lui firent presser le départ d'Herman-Dosquet pour le Canada. Il arriva à Québec dans le courant de l'année 1729, et sa présence y fit aussitôt cesser les troubles que l'absence de l'évêque titulaire y avait causés [1].

Il gouverna pendant trois ans le diocèse de Québec, en qualité d'administrateur, avec beaucoup de sagesse, et sa fermeté, dans bien des circonstances où d'autres auraient peut-être cédé, fut plus d'une fois qualifiée de sévérité et de rigueur. En 1732, les besoins du diocèse le rappelèrent en France, où la démission de Duplessis-Mornay le rendit évêque titulaire de Québec. Ce fut durant ce séjour en Europe qu'il obtint de Rome une nouvelle confirmation d'un décret de la sacrée congrégation de la Propagande, déjà confirmé une année auparavant par le pape Clément XII, au sujet des prêtres ordonnés pour le diocèse de Québec, à titre de mission (*ti-*

---

[1] Mémoire pour Mgr l'évêque de Québec, au sujet d'un procès contre plusieurs membres des Missions-Étrangères. Paris. Aux archives du séminaire de Québec.

tulo missionis). Ce décret avait rapport aux jeunes ecclésiastiques qui, après avoir été ordonnés sous ce titre, abandonnaient les troupeaux qui leur étaient confiés pour entrer dans l'un ou l'autre des ordres religieux existant dans le Canada ou autres provinces, ce qui était toujours extrêmement préjudiciable à cette jeune église, où les sujets étaient encore si rares pour l'état ecclésiastique. Par le décret [1] en question, la Propagande permettait à l'administrateur de Québec d'ordonner, jusqu'au nombre de vingt, des sujets de son diocèse ou de diocèses étrangers, pourvu qu'ils fussent munis de lettres testimoniales, mais en leur faisant jurer devant l'évêque, avant la réception des saints ordres, d'exercer le saint ministère dans son diocèse, sous peine d'encourir, *ipso facto*, la suspense *a divinis*, s'ils venaient à quitter le diocèse sans la licence de l'évêque ou de ses successeurs.

Dosquet, ayant terminé ses affaires à Paris et en cour de Rome, revint à Québec après environ deux ans d'absence. Malgré la brièveté du temps qu'il demeura encore en Canada, il ne laissa pas de faire beaucoup de bien à son diocèse, par les sages règlements qu'il fit pour la discipline intérieure ; et ses mandements, qui ne sont pas moins remarquables par leur précision et la lucidité des pensées et du style, attestent sa vigilance et le soin qu'il prenait de son troupeau.

---

[1] *Decret. 16 aprilis an. 1731. — 5 maii an. 1732.*

Ce fut durant l'administration de l'évêque Dosquet, et à ses frais, que l'on acheva de rebâtir le séminaire de Québec, que François de Laval n'avait eu ni le temps ni les moyens de terminer, après l'incendie de 1705. A ce bienfait il ajouta celui d'une belle maison de campagne qu'il avait bâtie, et d'une terre considérable située près de Québec, qu'il donna au séminaire. Pour encourager les études et l'accroissement du clergé, il établit une nouvelle école latine à Québec et une autre à Montréal; et, par mandement adressé à tous les curés de son diocèse, il les engagea à élever aussi chez eux des enfants, afin de les former au sacerdoce [1]. Un des derniers actes de son épiscopat fut d'envoyer à Louisbourg plusieurs sœurs de la congrégation de Notre-Dame. Saint-Ovide de Bruillon, gouverneur du Cap-Breton, les avait demandées expressément au prélat pour l'instruction des jeunes filles de cette colonie, et s'était engagé à leur bâtir un monastère [2].

Déjà miné par les infirmités dont il avait précédemment contracté les germes dans ses missions, il s'embarqua de nouveau pour la France, au mois d'octobre 1735. Les besoins sans cesse renaissants de son vaste diocèse, où déjà il se sentait incapable de suffire tout seul, demandaient sa présence à Paris. Ses infirmités ensuite l'y retinrent et le conduisirent à prier le Souverain-Pontife d'agréer sa démission, au mois de juin

---

[1] Archives de l'archevêché de Québec, Mandement de Mgr Dosquet, de l'année 1735.

[2] Id., ib. Autre mandement de la même année.

1739. Les tracasseries que lui suscitèrent injustement les prêtres des Missions-Etrangères, au sujet de ses droits comme directeur de cette maison, troublèrent encore quelques instants de sa vie, qui s'écoula ensuite tranquillement jusqu'au 4 mars 1777. Il mourut vicaire-général de Paris à l'âge de quatre-vingt-six ans. Son prédécesseur, Duplessis-Mornay, était mort en 1741.

En donnant sa démission, Herman-Dosquet avait demandé à Rome de lui accorder pour successeur au siége de Québec l'abbé de l'Auberivière, docteur en Sorbonne, qui était à peine âgé de vingt-huit ans. Cet ecclésiastique joignait à l'éclat de la jeunesse l'éclat bien plus brillant de la vertu et d'une éminente sainteté. En acceptant l'épiscopat aux instances de l'évêque Dosquet, il savait que c'était un apostolat qu'il allait entreprendre, et que, missionnaire autant qu'évêque, il pourrait, avec l'immense fortune qu'il tenait de sa famille, répandre de nombreux bienfaits dans le Canada et déployer à son aise l'ardente charité dont il était embrasé pour le salut des âmes. François-Louis de Pourroy de l'Auberivière était né à Attigny en Champagne, d'une famille noble et riche, et ce fut Duplessis-Mornay, l'ancien évêque de Québec, qui le sacra à Paris, le 21 décembre 1739.

Le bruit de son éminente sainteté s'était répandu en Canada en même temps que l'arrivée de sa procuration, qui autorisa, au mois de février, Hazeur de Lorme, grand-pénitencier de la cathédrale de Québec, à prendre possession du siége épiscopal en son nom. Il s'embarqua la même année pour le Canada. Mais, durant le voyage, une maladie contagieuse se déclara à bord du navire qui le portait avec une partie des troupes du roi. Son zèle dès lors ne connut plus de bornes ; et, dans l'excès de sa charité, il donna textuellement, selon les paroles du Sauveur, sa vie pour ses brebis. Il consuma sa jeunesse dans le court espace de la traversée de l'Atlantique, qui fut même témoin de plus d'un prodige opéré par sa pieuse intercession auprès de Dieu. Une femme avait, dans un moment de trouble, laissé tomber son petit enfant dans la mer. L'enfant disparut dans l'abîme. Dans sa désolation, la mère éplorée alla se jeter aux pieds du jeune et pieux évêque de Québec, à qui elle avait déjà vu opérer tant de prodiges de charité. Elle avait foi dans l'intercession de celui qui se sacrifiait si entièrement pour les autres. Le saint jeune homme se mit aussitôt en prière, dans la simplicité de son cœur, et Dieu récompensa la foi de l'un et de l'autre. L'enfant reparut porté sur les flots ; et les matelots, descendant dans une chaloupe, le prirent et le rapportèrent plein de vie et de santé à sa mère. Cet événement miraculeux, attesté par une foule de témoins, fut promptement annoncé à Québec, dès que le navire eut jeté l'ancre dans le port, et redoubla encore l'allégresse universelle que l'arrivée du nouvel évêque excita dans tout le pays (8 août 1740).

Mais cette allégresse fit bientôt place à l'affliction la

plus amère. Avant d'avoir eu le temps de faire connaissance avec son troupeau, l'Auberivière fut saisi de la fièvre putride, dont il avait gagné les germes en soignant les soldats et l'équipage du navire infecté sur lequel il était venu. Environné des dignitaires du chapitre, du clergé de la cathédrale, et du séminaire, il reçut avec une résignation pleine de foi les derniers sacrements de l'Église, et expira doucement dans la paix du Seigneur, dans la matinée du 20 août, douze jours après son arrivée à Québec. Le gouverneur-général, marquis de Beauharnais, et l'intendant-civil, firent prier le chapitre de procéder sur-le-champ à son inhumation, afin d'empêcher l'épidémie dont le prélat venait de mourir de se répandre dans la ville, et de remettre à un autre jour la solennité de ses funérailles. Le doyen s'empressa d'obtempérer à leurs désirs, quelque affliction qu'il en éprouvât, et le même soir le corps du saint jeune homme fut transporté sans pompe à la cathédrale et déposé dans la tombe, à côté de celui de François de Laval, son prédécesseur. Il était le cinquième évêque de Québec.

On ne saurait imaginer la douloureuse consternation qu'une mort si prompte et si prématurée répandit dans toute la colonie. Mais à ce sentiment succéda bientôt celui de la vénération et de l'espérance, et une éclatante et miraculeuse guérison opérée par l'invocation de François de l'Auberivière, le jour même où l'on célébra l'office de ses funérailles dans toutes les églises du Canada (22 septembre), apprit aux Canadiens qu'en perdant leur évêque ils avaient gagné un protecteur de plus dans le ciel [1]. A compter de cet instant, la foule accourut au tombeau du pieux François-Louis de l'Auberivière, et de nouveaux prodiges signalèrent son éminente sainteté. Des guérisons instantanées sur des personnes jugées incurables et condamnées de tous les médecins, opérées par la promesse d'une neuvaine au tombeau du serviteur de Dieu, ou par l'attouchement d'un morceau de ses vêtements, perpétuèrent longtemps son souvenir dans la mémoire du peuple. M. Malhot, lieutenant-civil de la juridiction de Montréal, condamné par les médecins pour une phthisie pulmonaire, se releva subitement guéri à l'attouchement d'un morceau de la soutane [2] de l'Auberivière, qui lui fut appliqué à son insu par une des religieuses de l'Hôtel-Dieu, où il s'était fait transporter.

Ce prodige et beaucoup d'autres, examinés juridiquement par ordre de l'évêque Pontbriand, successeur de l'Auberivière, attestés par une multitude de témoins dignes de foi, par des médecins, des officiers de la marine et de l'armée, à une époque où presque tous ceux qui arrivaient de France apportaient avec eux l'esprit d'incrédulité et de licence de ce siècle sophistique, con-

---

[1] Les informations juridiques, levées par M. Normant, vicaire-général de Québec, faisant les fonctions de promoteur, au nom de M. de Pontbriand, sixième évêque de Québec, se trouvent aux archives de l'archevêché de cette ville, que je dois d'avoir pu visiter dans ses détails, à l'obligeance de M. de Belle-Isle, secrétaire de feu Mgr l'archevêque Signay. Ces actes sont revêtus de toutes les formes exigées par le pape Benoît XIV pour la canonisation des saints. Les enquêtes commencèrent au mois de septembre 1743.

[2] Ce morceau de la soutane de M. de l'Auberivière, je l'ai trouvé entier dans les papiers des archives de l'archevêché, sous les sceaux usés qui le renfermaient.

firmés par les témoignages des vicaires-généraux, et de Pontbriand, qui en examina plusieurs en personne, ces miracles, disons-nous, dont nous avons eu nous-même entre les mains les actes revêtus des signatures et des sceaux authentiques, ne peuvent laisser aucun doute à celui qui les a vus, et nous pouvons assurer que les mêmes précautions ont été prises pour en démontrer l'authenticité que pour toutes les procédures qui ont rapport à la canonisation des saints.

Le concours des peuples au tombeau du saint évêque et la foi dans la puissance de son intercession paraissent avoir duré jusqu'à l'époque de la guerre désastreuse avec l'Angleterre qui finit par la cession du Canada aux Anglais. Les évènements de cette guerre meurtrière, et ceux du siége de Québec et de Montréal, en interrompant les pieux pèlerinages au tombeau de l'homme de Dieu, durent naturellement faire diversion aux pensées qui occupaient les Canadiens, et effacèrent sans doute insensiblement le souvenir de l'Auberivière et des bienfaits obtenus par son intercession. Les actes qui en font foi, oubliés eux-mêmes dans les archives de l'archevêché de Québec, nous tombèrent entre les mains, grâce encore à l'obligeance de M. de Belle-Isle, secrétaire de l'archevêque. Si nous nous en applaudissons, et si nous rendons grâces à Dieu de les avoir pu lire, c'est que nous sommes heureux de pouvoir rappeler aux Canadiens les bienfaits d'un prélat dont la mémoire fut en bénédiction parmi eux, et de faire connaître à la France un autre de ces nombreux enfants qui font escorte à saint Louis, et qui, d'après les actes déjà cités, opéra même plus d'un miracle dans notre patrie avant que le philosophisme révolutionnaire y eût renversé les autels.

Henri-Marie du Breil de Pontbriand, choisi pour succéder à François de l'Auberivière, était né, vers l'année 1709, à Vannes en Bretagne, d'une famille où la fidélité et la foi sont héréditaires avec la noblesse. Il fut sacré à Paris, par M. de Vintimille, le 6 mars 1741, et arriva à Québec, le 17 août de la même année, accompagné de plusieurs ecclésiastiques, dont les plus connus étaient Briand, son secrétaire et qui fut son successeur, et Maillard, de la congrégation des Missions-Étrangères, qui s'illustra dans les missions du Cap-Breton et de la Nouvelle-Écosse. L'auteur anonyme des *Mémoires sur le Canada*, imprimés à Québec [1], trace ainsi le portrait de ce prélat : « Il était peu savant, prêchait et chantait très-mal; sa physionomie n'était pas heureuse; il était entêté et peu sympathisant, ayant des brusqueries messéantes à sa dignité. » Nous devons, pour rectifier ce portrait si peu flatteur, esquisse d'une plume envenimée contre le clergé franco-canadien, ajouter ici les paroles d'un Anglais protestant, bien connu par sa haine pour les Catholiques et les Français, et qui fut longtemps secrétaire du parlement à Québec. « Ce prélat, dit-il [2],

---

[1] *Mémoires sur le Canada depuis 1749 jusqu'à 1760*, publiés par la Société littéraire de Québec. — Québec 1838.

[2] William Smith, *History of Canada*, Quebec, 1815.

en parlant de Henri de Pontbriand, brillait par son éminente piété et l'étendue de sa charité. » A cet éloge non suspect, nous ajouterons, pour notre compte, que si cet évêque ignorait la science du monde, il avait certainement celle de Dieu. Ses mandements, écrits d'un style correct et pur, éclatent d'une douce et paternelle onction, et l'on sait que, durant la longue guerre qui désola le Canada, il se distingua dans tous ses actes par la plus ardente charité et le patriotisme le plus vrai, unis à une rare prudence.

En arrivant à Québec, Pontbriand se trouva aussitôt impliqué dans la procédure du palais épiscopal, bâti par Saint-Valier, et que les religieuses de l'hôpital-général réclamaient comme faisant partie des immeubles de ce prélat, dont cet hospice était l'héritier. Mais un édit royal de l'année 1743 confirma la possession du palais aux évêques de Québec. Un autre édit royal de la même année, conçu par l'esprit philosophique qui commençait à agiter la France, vint prohiber aux congrégations religieuses tout achat, mutation, et aliénation en main-morte, sans une autorisation spéciale du roi. Cet esprit de fausse philosophie s'était déjà fait jour en Canada, où il était apporté journellement par cette multitude de jeunes officiers qui entouraient les gouverneurs-généraux ou qui commandaient les troupes de terre et de mer. Il chercha d'abord à s'immiscer partout, et jusqu'au sein même de l'Église, sous le prétexte spécieux du bien public et du bien-être du peuple. Pour mieux saper les fondements de la foi et de la morale, il tenta de faire retrancher peu à peu les fêtes et tout cet éclat dont se revêt l'Eglise dans le culte extérieur. On trouva en conséquence qu'il y avait trop de fêtes chômées en Canada, et que le peuple y perdait trop de jours de travail. Les autorités de la colonie, après avoir assez longtemps tourmenté inutilement l'évêque de Québec à ce sujet, adressèrent leurs plaintes à Paris. L'évêque reçut alors (1744) une lettre du comte de Maurepas, ministre des colonies, qui l'engageait vivement[1] à supprimer une partie des fêtes patronales, lesquelles, selon le ministre, se célébraient en trop grand nombre dans le diocèse de Québec. Mais le prélat connaissait mieux son diocèse et les besoins de son peuple que ces messieurs ; il n'écouta ni les remontrances des uns ni les beaux discours des autres, et les choses en restèrent là.

C'est à cette même année qu'il faut attribuer le commencement de ces guerres désastreuses qui finirent par enlever à la France la plus belle partie de ses colonies. Pendant que les provinces centrales de la Nouvelle-France et de la Nouvelle-Angleterre jouissaient d'une

---

[1] William Smith, *History of Canada*. Cet auteur prétend que l'évêque s'empressa d'obéir à l'injonction du ministre, et compare après cela son obéissance à la soumission prêtée par les évêques anglicans à la suprématie du roi d'Angleterre. En supposant que l'évêque eût *obéi*, la comparaison ne serait pas encore exacte. La suppression ou l'augmentation des fêtes n'appartient qu'au Souverain-Pontife ; elle a pour objet la discipline particulière d'un diocèse, et il peut quelquefois être avantageux que l'évêque s'entende à cet égard avec l'autorité temporelle. Il ne s'ensuit nullement que le pouvoir royal intervienne au spirituel dans l'Église, ainsi qu'il se pratique dans l'église anglicane, où le roi est le seul arbitre suprême. Il ne reste d'ailleurs aucune trace de la soumission de M. de Pontbriand aux injonctions du ministre, et les événements subséquents arrivés sous M. Hubert, neuvième évêque de Québec, prouvent effectivement qu'il n'en fut rien.

profonde tranquillité, M. Duvivier, commandant de la place de Louisbourg, ayant appris que la guerre venait d'être de nouveau déclarée entre la France et l'Angleterre, se hâta, avant que la nouvelle en eût été portée à Boston, d'aller surprendre la petite garnison du port de Camseau dans la Nouvelle-Écosse : il détruisit la pêcherie, le fort et les autres bâtiments, et s'en retourna à Louisbourg avec quatre-vingts prisonniers-de guerre. Les fortifications d'Annapolis (Port-Royal), seule place de défense de la Nouvelle-Écosse, étaient dans un état de ruine. L'abbé Le Loutre, de la congrégation des Missions-Étrangères, qui avait passé plusieurs années parmi les tribus sauvages du New-Brunswick, au lieu de se retirer des embarras politiques qui ne pouvaient que compromettre son caractère et sa personne, sans être utiles à la religion, usa de son influence pour engager ces peuplades à faire une démonstration contre Annapolis, qui eut de la peine à repousser leur attaque. Les habitants de la province, ou anciens Acadiens, appelés les *Neutres*, étaient tous d'origine française, et leur révolte, combinée avec la levée des Sauvages alliés, aurait pu facilement livrer le pays entre les mains de la France.

William Shirley, gouverneur du Massachusetts, prévit le danger ; pendant qu'il sollicitait des secours de l'Angleterre, les officiers et les soldats pris à Camseau, après avoir passé l'été à Louisbourg, furent renvoyés à Boston sur parole. Ils donnèrent les renseignements les plus exacts sur l'état de cette place forte, et Shirley résolut d'entreprendre de la réduire[1]. La législature du Massachusetts fut convoquée et vota l'expédition à la majorité d'une voix. New-York fournit quelque artillerie, la Pensylvanie envoya des provisions, la Nouvelle-Angleterre donna tous les hommes. Boston, qui forme aujourd'hui un des plus beaux fleurons de l'épiscopat catholique aux Etats-Unis, Boston était alors le centre du puritanisme le plus fanatique, et le désir de combattre les *papistes* de Louisbourg, dont on connaissait les maisons religieuses et les belles églises, contribua plus que tout le reste à enflammer l'ardeur des volontaires, dont le nombre s'éleva bientôt à plus de quatre mille. Le drapeau de cette croisade contre la croix fut présenté à George Whitefield[2], le plus fameux des prédicants vagabonds de cette époque, avec prière d'y mettre une inscription analogue à la circonstance. *Nil desperandum, Christo duce,* fut tout ce que son imagination stérile put lui fournir; encore empruntait-il la légende à Whesley, autre enthousiaste fanatique de la même époque, qui avait donné ces paroles à Oglethorpe, lequel conduisait, en 1736, une expédition anglaise contre les Espagnols et les catholiques de la Floride. Il rendit avec cela le drapeau

---

[1] *Memoirs of the last war.*

[2] George Whitefield est un des plus célèbres compagnons des frères Whesley, fondateurs du méthodisme. On sait du reste que, malgré son prétendu zèle pour la religion et malgré sa philanthropie, il prêcha en faveur de l'esclavage des Nègres en Géorgie. Ce fut lui qui introduisit dans son parti la *stichomantie*, c'est-à-dire, l'usage de consulter la Bible en l'ouvrant au hasard, pour tirer, du premier verset qui se présentait à la vue, des inductions sur la réussite d'une entreprise. — Voyez Ilsperger, t. III, p. 479.

à William Pepperell, qui avait été mis à la tête de l'expédition. Une foule de prédicants fanatiques s'engagèrent à sa suite, et l'un deux, nommé chapelain de l'armée, portait pour signal une hache énorme, destinée, disait-il, à briser tous les signes de l'idolâtrie papiste dans les églises des Français [1].

L'expédition, s'étant embarquée, alla attendre à Camseau que les glaces du Cap-Breton se fussent retirées ; l'escadre du commodore Warren vint les y joindre au bout de quinze jours, et, le dernier jour d'avril 1745, tout l'armement entra dans la baie de Chapeau-Rouge ou de Gabarus, et parut en vue de Louisbourg une heure après le lever du soleil. On ignorait encore dans la place le dessein hardi des Bostonais. Mais, à la vue de la flotte ennemie, la garnison, qui ne comptait que six cent cinquante vétérans et treize cent dix hommes de milice, brûla aussitôt toutes les maisons qui pouvaient, dans le voisinage des fortifications, servir à couvrir les Anglais, et coula à fond plusieurs petits bâtiments à l'entrée de la rade, pour obstruer le passage de la flotte. Pendant ce temps, les troupes ennemies avaient été débarquées, et la ville fut promptement investie. La nuit suivante, le lieutenant-colonel Vaughan alla brûler, à la tête d'un détachemenent, les magasins de la marine, qui renfermaient des provisions considérables et mit le feu aux eaux-de-vie, dont

---

[1] Seth Pomroy's M S. — Journal of Louisbourg expedition. — R. Wolcott's M S. — *Memoirs of the last war.*—Letters in Mass. Hist. Coll. I. Letters Belknap, I, 273.

la flamme, portée par les vents dans la grande batterie, fit un tel ravage, que les Français se retirèrent en hâte dans la ville, après avoir encloué leurs canons. L'ennemi, profitant de cet abandon, prit possession de la batterie, décloua les canons et s'en servit avantageusement contre la ville et la citadelle, où il causa les plus grands désastres. Le 7 mai, on envoya sommer Duchambon, qui commandait dans la place, de se rendre. Sur son refus, les Anglais poussèrent le siége avec une nouvelle vigueur. Quatre ou cinq tentatives pour s'emparer d'une batterie insulaire qui commandait l'entrée de la rade étaient démeurées sans succès; un parti de volontaires se concerta pour faire une attaque nocturne; mais ils furent découverts avant d'être arrivés à terre, et les feux de la batterie se croisant sur les bateaux, ils ne s'échappèrent qu'avec une perte de deux cents hommes.

Les Bostonais établirent alors une batterie sur le rocher où se trouvait le phare du port, et battirent en brèche la porte au nord-ouest de Louisbourg. Mais le canon ne parvenait point à entamer les fortifications de la ville, que la garnison travaillait chaque jour à rendre plus solides. Point de milieu, il fallait se résoudre à les escalader ou à abandonner l'expédition. Les officiers de marine, auxquels étaient venus se joindre encore plusieurs vaisseaux de guerre envoyés d'Angleterre, convinrent d'entrer dans la rade et de bombarder la ville, pendant que les forces de terre tenteraient un assaut. Malgré la force de la place, la garnison était mécontente et fatiguée, et Duchambon ne savait trop ce qu'il avait à faire. Le *Vigilant*, vaisseau français de soixante-quatorze, qui venait au secours de la ville avec des vivres et des hommes, trompé par de faux signaux faits par les Anglais, vint dans l'intervalle se jeter au milieu de leur flotte, et, après un engagement de quelques heures, fut pris en vue de la ville assiégée. Le gouverneur, découragé trop tôt pour son honneur, se décida alors à capituler. Le 17 juin, les batteries et la citadelle furent remises aux Bostonais, qui entrèrent tambour battant et enseignes déployées dans la place, et le même jour les malheureux habitants de Louisbourg furent témoins de l'abomination de la désolation dans le lieu saint. Leurs églises et leurs maisons religieuses furent profanées et insultées par une soldatesque fanatique, et des ministres puritains y firent entendre les paroles triomphantes de l'erreur [1]. La garnison, forte encore de neuf cents hommes, sortit avec les honneurs de la guerre et fut ensuite transportée en France, avec la masse notable de la population, ainsi que les religieuses et les prêtres dont on parvint à s'emparer [2].

La prise de Louisbourg excita des transports universels en Angleterre : Pepperell et le commodore Warren furent créés baronnets, et des adresses flat-

---

[1] Pomroy's M S. — R. Welscott's M S.

[2] Le nombre des habitants enlevés de Louisbourg et transportés en France monta à environ quatre mille.

teuses furent envoyées au roi. Des renforts de vivres et d'hommes étant arrivés dans la ville conquise, on se décida en conseil de guerre à réparer les brèches et à maintenir la place en état. A Boston, la reddition de Louisbourg fut considérée comme un prodige ; l'allégresse était générale dans la cité puritaine, où l'on célébra, au son de toutes les cloches, la prise de cette importante forteresse, *le rempart du papisme* dans l'Amérique Septentrionale[1].

Cette nouvelle et celle des profanations commises par les Bostonais dans les églises de Louisbourg jetèrent le Canada dans une profonde consternation. L'évêque de Québec ordonna des prières publiques dans tout son diocèse, pour fléchir la colère du Ciel et demander à Dieu le succès des armes françaises, qui se disposaient à reprendre les possessions enlevées par les Anglais. Mais ce n'était pas la seule perte qu'on eût à déplorer. La réduction de l'île Saint-Jean (Prince-Edward), située à l'entrée du fleuve Saint-Laurent, peuplée par plus de dix mille Acadiens d'origine française, et dont la fertilité et l'abondance lui avaient fait donner le surnom de grenier de Louisbourg, suivit celle de cette ville. Ces deux évènements paraissaient devoir transporter en Amérique le théâtre des hostilités. La France, en effet, songeait

---

[1] Cent ans un mois et huit jours après, les cloches sonnaient dans Boston le glas funèbre pour la mort de l'évêque catholique Mgr Fenwick ; le grand-maréchal de la ville dirigeait lui-même le cortége catholique dans les principales rues de la cité, et le maire, avec un nombre immense de protestants, suivait le convoi du prélat, de la cathédrale au chemin de Worcester, où il devait être inhumé.

à reprendre le Cap-Breton et l'île Saint-Jean, et à porter la désolation dans les colonies anglaises ; mais en 1746, la grande flotte commandée par le duc d'Anville, ravagée par les tempêtes et les naufrages, ainsi que par la maladie, fut affaiblie encore par la mort subite de ce seigneur et celle de son successeur. Aussi n'essaya-t-elle pas même d'attaquer Annapolis.

L'année suivante, 1747, une nouvelle flotte, portant des troupes destinées pour le Canada et la Nouvelle-Écosse, fut rencontrée par les amiraux Anson et Warren, et, malgré son intrépidité, ne put éviter une défaite. Sur terre, le fort Massachusetts, à Williamstown, qui était le poste le plus rapproché du fort de la Couronne (Crown-Point), tomba entre les mains des Français, tandis que Shirley préparait à Louisbourg une expédition destinée à réduire le Canada tout entier. Le projet avorta, probablement parce que l'Angleterre, redoutant déjà la puissance de ses colonies d'Amérique, où éclatait un esprit de fière indépendance, semblait entrevoir l'époque où elles secoueraient l'autorité de la mère-patrie. Le temps, en effet, n'en paraissait pas éloigné, et le grand voyageur suédois Pierre Kalm disait [1] que c'était une opinion généralement reçue à New-York, en 1748, que « le gouvernement anglais
» avait de bonnes raisons pour considérer les Français,
» dans l'Amérique Septentrionale, comme la plus forte
» garantie de la soumission de ses colonies. »

[1] Kalm, II. — Pinkerton, II, 461.

Après tous leurs efforts, ces colonies n'avaient cependant rien gagné à la guerre; car la paix, qui fut conclue en 1749, au congrès d'Aix-la-Chapelle, rétablit les choses dans l'état où elles étaient précédemment, et Louisbourg, avec le Cap-Breton et ses dépendances, fut rendu pour Madras, que Labourdonnaye avait pris dans l'Inde. Les Bostonais se repentirent alors de n'avoir pas démantelé les fortifications de Louisbourg, où les familles déportées rentrèrent avec leurs missionnaires et leurs religieuses, ramenant le culte de la patrie dans leurs églises dévastées.

En vertu de la paix conclue à Aix-la-Chapelle, des commissaires avaient été nommés pour régler la question des frontières, entre les possessions françaises et anglaises de l'Amérique Septentrionale. Ainsi que je l'ai déjà fait sentir, l'objet du gouvernement central de la Nouvelle-France était de resserrer les Anglais entre la chaîne des Alléghanis, et de leur fermer l'approche des grands lacs, du bassin du Saint-Laurent et du Mississippi, ainsi que de leurs grands affluents. Le comte de la Galissonnière, gouverneur du Canada depuis la mort du marquis de Beauharnais, déploya en cette occasion une pompe militaire bien propre à faire impression sur l'esprit des Sauvages; il procéda à la démarcation de la frontière en faisant mettre, de distance en distance des plats d'étain, portant les armes de France, dans la terre au pied des arbres, avec toutes les cérémonies d'une prise de possession vraiment royale. Ce pas imprudent peut-être, et qui ne précéda que d'une dizaine d'années la chute de la puissance française en Canada, ne laissa pas que d'alarmer vivement les nations iroquoises, et d'éveiller les susceptibilités jalouses de l'Angleterre.

Le New-Brunswick, que les Anglais prétendaient leur appartenir en vertu du traité de l'année 1713, qui leur cédait la possession de la Nouvelle-Écosse, n'était séparé de cette dernière province que par la baie de Chinecto, au fond de la baie de Fundy; et la rivière Missagouche était, sur l'isthme qui réunit la Nouvelle-Écosse au New-Brunswick, la limite convenue, jusqu'à un certain point, entre le territoire anglais et le territoire français. Le comte de la Galissonnière, pour mieux assurer la puissance française sur cette frontière, éleva au nord de la baie de Chinecto le fort de Beauséjour, qu'il érigea en colonie militaire française, en aide de laquelle le gouvernement donna une somme de huit cent mille livres. En même temps, il engagea sous main les Acadiens, ou descendants des Français de la Nouvelle-Écosse, à venir s'établir sur la ligne canadienne, autour du fort nouvellement construit.

Pour mieux réussir dans son dessein, il en écrivit secrètement à l'abbé Le Loutre, un de leurs missionnaires, dont les idées, plus guerrières que sacerdotales, ne s'accordaient que trop bien avec celles du gouverneur-général. Au lieu de demeurer dans une sainte neutralité, plus conforme à la charité et aux principes de l'Église, il se servit de l'influence qu'il avait sur les Acadiens pour les engager à quitter la domination anglaise, et à se rendre avec lui sur le territoire canadien, où ils trouveraient des concitoyens et des amis empressés à les recevoir. Ces discours ne flattaient que trop le penchant des Acadiens; ils ne souffraient qu'impatiemment le joug d'une nation étrangère; et, de leur côté, les Anglais ne négligeaient rien pour vexer leurs nouveaux sujets dans leurs sentiments religieux et leur nationalité. Sur ces entrefaites, il se présenta une circonstance qui ne favorisa que trop les projets de la Galissonnière, et qui donna lieu aux Acadiens de Chinecto de suivre les conseils de Le Loutre, en préparant malheureusement leur perte et celle de tous leurs compatriotes [1].

Le gouvernement anglais, qui avait pénétré les desseins de la Galissonnière, encourageant par des primes et des concessions avantageuses la colonisation de la Nouvelle-Ecosse, avait, à la suite même de la paix d'Aix-la-Chapelle, nommé Cornwallis gouverneur de la colonie. Trois mille sept cent soixante aventuriers s'embarquèrent, avec leurs familles, à la suite de ce gentilhomme, et vinrent prendre terre dans la baie de Chebucto, au sud-est de la Nouvelle-Ecosse, et qui passe à juste titre pour une des plus belles du monde. Le parlement leur avait voté un secours de quarante mille livres sterling. Avec cet argent ils fondèrent en peu de temps la ville d'Halifax, qui devint la capitale de la province. Cornwalis découvrit bientôt les intrigues qui se pratiquaient au sujet des Acadiens, et il ne

---

[1] *Mémoires sur le Canada depuis* 1749 *jusqu'à* 1760, publiés par la Société littéraire de Québec. Québec, 1838.

tarda pas à faire voir aux Français qu'il était au fait de leurs procédés. Il envoya le major Lawrence bâtir le fort Beaubassin, sur la rivière de ce nom, près d'un village considérable, au sud de la baie de Chinecto. Les paysans de Beaubassin, inquiétés dès lors dans toutes leurs démarches, et surtout dans leurs rapports avec les Français de la frontière, insultés par les soldats anglais du fort, dans le village et à l'église, où Lawrence menaçait d'envoyer prêcher un ministre protestant, prêtèrent plus que jamais l'oreille aux discours des Canadiens et de l'abbé Le Loutre. Dans un accès de désespoir, ils envoyèrent un jour leurs femmes et leurs enfants au-delà de la frontière, avec tout ce qu'ils pouvaient emporter, et mirent le feu à leur village et à leur église, pour éviter qu'elle ne fût profanée par les sectaires. Tous ensemble se rendirent ensuite au fort Beauséjour, autour duquel ils s'établirent au nombre de plus de six cents. Cet événement fit une profonde sensation dans toute la Nouvelle-Ecosse, où la presque totalité de la population était acadienne, et la terreur qu'il inspira aux colons et aux autorités britanniques les tint pendant plusieurs années dans une constante alarme [1].

---

[1] Id., ibid. *The colonies of the British Empire*, by Mr R. Montgomery Martin.

CHAPITRE XVI.

DEPUIS LA PAIX D'AIX-LA-CHAPELLE, EN 1749, JUSQU'A LA
DESTRUCTION DE LOUISBOURG, EN 1759.

Nouvelles hostilités dans les colonies. État des missions iroquoises et huronnes. Pélerinage au tombeau de Catherine Tegakhouita. De la Jonquière, gouverneur-général du Canada. Sa cupidité. Reprise des hostilités. Machiavélisme hypocrite de Benjamin Franklin et de lord Chatham. Déportation cruelle des Acadiens de la Nouvelle-Écosse par les Anglais (1753). Le fort d'Oswégo se rend au marquis de Montcalm. Nouvel armement des colonies anglaises contre Louisbourg. Noble défense des Français de cette ville. Héroïsme de Mme de Drucourt. Louisbourg est forcé de se rendre aux Anglais (1758). Sa destruction. L'abbé Maillard dans les bois du Cap-Breton. L'île Saint-Jean ou du Prince Edward soumise de nouveau.

La France et l'Angleterre étaient en paix ; mais leurs colonies d'Amérique s'observaient avec une défiance qui ressemblait à la guerre. Au moment de l'émigration des paysans acadiens, Cornwallis faisait saisir, à l'entrée de la rivière Saint-John, un navire portant des secours pour les Français du New-Brunswick. De leur côté, les Français, voulant montrer les droits qu'ils avaient sur les territoires situés en dedans de la ligne de frontières qu'ils s'étaient tracée, s'emparèrent de trois sujets anglais qui trafiquaient avec les Sauvages de l'Ohio, munis simplement d'une patente de leurs gouverneurs nationaux. Emmenés prisonniers à Montréal, ils ne furent rendus à la liberté qu'après avoir subi un long et rigoureux interrogatoire, et avec l'injonction de ne jamais plus se hasarder à mettre les pieds sur le territoire français.

A cette époque, on voit encore les Cinq-Nations iroquoises paraître avec un certain avantage dans les démêlés qui séparaient les Français et les Anglais de l'Amérique Septentrionale; mais, ainsi que les autres nations sauvages qui avaient joué un si grand rôle dans l'histoire première du Canada, elles décroissaient chaque jour en nombre et en puissance; leur décadence était visible et devenait de plus en plus rapide. Les restes des tribus huronnes habitaient le village de Lorette, près de Québec, et quelques-unes des tribus des Algonquins et des Ottawas, les environs des lacs Huron, Érié et Saint-Clair, la plupart ayant toujours des missionnaires catholiques pris parmi les Jésuites. A Michilimakinac il y avait encore une mission florissante, sous la direction du père de Jaunay. Un petit nombre de familles iroquoises, émigrées au nord du lac Ontario, avaient élevé leurs cabanes autour du fort Frontenac où elles vivaient en paix avec les Français, et deux villages d'Iroquois convertis, appelés par les autres *Cahnewagas,* ou Sauvages priants, avaient été établis sur la rive méridionale du Saint-Laurent, à trois lieues de Montréal, comme une barrière contre leurs frères idolâtres et les Anglais de New-York. Celui du Sault-Saint-Louis était le plus célèbre; on y voyait une assez belle église, où l'on venait de loin en pèlerinage pour vénérer les restes de la célèbre Catherine Tegahkouita, surnommée la Vierge iroquoise, morte, au temps de la ferveur des Sauvages, en odeur de sainteté, et au tombeau de laquelle s'étaient opérés plusieurs miracles [1]. A l'époque où nous sommes parvenus, le père Tournois, jésuite, gouvernait la mission du Sault-Saint-Louis, qui était très florissante, et l'on y voit encore aujourd'hui les descendants de ces Iroquois, distingués par leurs vêtements et leur langage.

La mission du lac des Deux-Montagnes continuait à fleurir sous la direction des prêtres de Saint-Sulpice; un autre prêtre de cette congrégation, l'abbé Piquet, surnommé par M. Hocquart l'*Apôtre des Iroquois* [2], et par les Anglais le *Jésuite de l'Ouest*, travaillait avec une infatigable ardeur parmi les Iroquois du New-York occidental, sur lesquels il avait obtenu une influence sans bornes. Mêlant, comme à peu près tout le monde à cette époque, les intérêts politiques de la France à ceux de la religion, il avait fini par détacher ces peuplades de l'alliance anglaise; un village avait été bâti par eux au confluent de la rivière Oswegatchie et du Saint-Laurent, auquel l'abbé Piquet avait donné le nom de *la Présentation*; et, par l'entremise de cet ecclésiastique, les Canadiens avaient obtenu des Iroquois la liberté d'y bâtir un fort, qui n'était que trop avantageusement situé pour tenir les Anglais en échec de ce

---

[1] Charlevoix, *Histoire de la Nouvelle-France.*

[2] *Mémoires sur le Canada*, etc., Québec, 1838

côté-là ; c'est actuellement la ville américaine d'Ogdensburg, dans le nouveau diocèse d'Albany.

Dans toutes les parties du Canada, les missionnaires, redoutant l'intolérance religieuse de l'Angleterre, travaillaient à affermir l'influence de la France. Pour fortifier les postes de l'ouest, M. de la Jonquière, qui venait de succéder au gouvernement du comte de la Galissonnière, cherchait à attirer les tribus huronnes qui habitaient le rivage méridional du lac Erié, près de Sandusky, sur le territoire de Détroit, qui était à trente lieues de là, afin d'éloigner d'eux les trafiquants anglais. Il écrivit dans ce sens au commandant de Détroit, ainsi qu'au père de la Richardie, missionnaire des Hurons, qui chercha à remplir les vues du gouverneur [1].

Sans la persévérance et l'influence extraordinaire que sir William Johnston, de New-York, avait acquise sur les Cinq-Nations, les missionnaires auraient pu réussir à rompre entièrement l'alliance contractée par les Anglais avec les Iroquois pour chasser les Français des terres du New-York. Mais le jour qui devait voir la chute définitive de la puissance française dans le nord de l'Amérique approchait, grâce non pas tant aux exploits de l'Angleterre qu'à la corruption effroyable qui existait dans le gouvernement de la colonie, et dont les Canadiens étaient les victimes. Un agiotage scandaleux, auquel les plus hauts fonction-

---

[1] *Mémoires sur le Canada*, etc., Québec, 1838.

naires du gouvernement prenaient part, ruinait d'avance le Canada, où les créatures et les parents de M. de la Jonquière venaient s'enrichir aux dépens des colons ; ce gouverneur leur avait donné toutes les plus belles places, et il n'était pas jusqu'à la cure de Québec sur laquelle il n'eût spéculé, en forçant la main à l'évêque pour la faire donner à un de ses neveux. Sur ces entrefaites, M. de la Jonquière vint à mourir, emportant dans la tombe, avec la réputation d'un homme capable, l'exécration du peuple canadien.

Il eut pour successeur au gouvernement le marquis du Quesne de Menneville, qui arriva, en 1752, à Québec, avec le titre de gouverneur-général du Canada, de la Louisiane, du Cap-Breton, de l'île Saint-Jean, et dépendances. Ses premières démarches donnèrent à penser qu'on ne tarderait pas à reprendre les hostilités en Europe. Il déploya une activité extraodinaire [1] à discipliner et à organiser la milice pour la défense intérieure ; des détachements de troupes régulières, de la milice et des Sauvages, furent envoyés dans l'Ohio ; le fort Duquesne, dans le territoire actuel de la Virginie, et d'autres postes militaires furent érigés, avec le dessein de contenir les Anglais dans la chaîne des Alléghanis ; et, des forts de Ticondéroga, de la Couronne, et du Niagara, des partis parcoururent tous les territoires

---

[1] La même année, 1752, un vaisseau de soixante-quatorze fut construit pour le gouvernement en Canada ; mais une mauvaise manœuvre lui fit éprouver quelque avarie lorsqu'on le lança à l'eau, près du Cap-Diamant, à Québec. Deux navires chargés de blé canadien partirent vers le même temps pour Marseille, où leur arrivée fut saluée avec de grands cris de joie par toute la France. *The British Colonies*, by Montgommery-Martin.

qui les environnaient, chassant les colons anglais de tous les lieux qu'on regardait comme terres françaises.

Les Anglais, bien qu'ils demeurassent encore sur la défensive, n'étaient cependant pas oisifs. Ils bâtirent, de leur côté, dans le voisinage du fort Duquesne, un autre fort, qu'ils nommèrent, à cause des circonstances, le fort *Necessity*, et l'on y envoya de la Virginie une garnison, sous le commandement de George Washington, dont le nom fut depuis si célèbre; il avait alors une commission de lieutenant-colonel. S'étant mis en marche pour aller prendre le commandement du fort, il fut rencontré par un parti sorti du fort Duquesne pour reconnaître les Anglais; Jumonville, qui était à la tête de cette troupe, les ayant interpellés, leur défendit avec hauteur de continuer leur chemin. L'orgueil britannique ne put souffrir ce qu'il regardait comme une insulte; ils répondirent déloyalement par une volée de mousqueterie, qui tua Jumonville et plusieurs de ses hommes. Contrecœur, qui commandait au fort Duquesne, prit aussitôt l'offensive et commença les hostilités; il investit le fort Necessity et força Washington à capituler. Pendant ce temps-là, l'Angleterre se préparait à une guerre ouverte avec la France, que l'ambition de Frédéric de Prusse et l'état de l'Europe rendirent bientôt générale. Une flotte considérable, munie de troupes et de munitions de guerre, fut dépêchée de France au Canada pour renforcer Québec; une flotte anglaise la poursuivit, et réussit à lui enlever deux frégates sur les bancs de Terre-Neuve.

Depuis la démarche imprudente des Acadiens de Beaubassin et de Chinecto, les Anglais n'avaient cessé de veiller avec inquiétude sur les dispositions de la population acadienne, dans le reste de la Nouvelle-Ecosse. Amis et alliés des Micmacks, dont les nombreuses tribus habitaient toujours cette province, les Acadiens étaient encore les possesseurs et les véritables maîtres du sol; ils en occupaient les plus belles terres, et leur contenance ferme et décidée empêchait les émigrés britanniques, qui commençaient à y arriver en grand nombre, de leur faire une concurrence bien active. La jalousie anglaise ne put supporter longtemps cet état de choses. William Pitt lord Chatham était alors à la tête du ministère, et le *philanthrope* Franklin, dont trop de Français eurent dans la suite le malheur de s'engouer, occupait un des postes les plus importants de la province de Pensylvanie. On représenta au ministre qu'il était honteux de souffrir que des Français et des papistes demeurassent en possession des plus belles propriétés de la Nouvelle-Ecosse, tandis que les émigrants anglais avaient peine à y subsister du plus rude travail de leurs mains, et que cette province ne serait tout-à-fait anglaise que lorsque cette race opiniâtre serait humiliée et soumise au joug de l'église et des lois de l'Angleterre.

Franklin, qui avait alors la faveur du ministère, et dont on estimait le rare jugement, fut consulté par Chatham, et de leurs conseils machiavéliques sortit la résolution de forcer les Acadiens à renier entièrement leur foi et leur patrie, ou de les expulser de la Nouvelle-Écosse. On prit, en conséquence, toutes les mesures nécessaires, mais avec le plus grand secret posble. A jour fixe, les habitants de chaque paroisse furent convoqués dans leurs églises, avec ordre d'y amener leurs femmes et leurs enfants. Dès qu'ils furent rassemblés, on leur demanda un serment de fidélité au roi et aux lois de l'Angleterre, en exigeant d'eux en même temps de faire la promesse de combattre, en cas d'invasion, dans les rangs anglais, contre la France et les Abénakis, ses alliés. Tous, sans hésiter, s'y refusèrent d'une voix unanime. C'était là ce qu'espérait l'hypocrite Franklin en donnant son avis [1]. Alors on leur annonça froidement que leurs biens de toute espèce étaient confisqués, et qu'ils eussent à se rendre à bord des navires destinés à les déporter. On ne leur donna pas même la consolation de voir une dernière fois leurs demeures, dans la crainte qu'ils n'en détachassent les *signes d'idolâtrie* objets de leur vénération, c'est-à-dire les images du Sauveur en croix et de la Sainte-Vierge, auxquelles le fanatisme anglican réservait ses outrages. Des soldats les escortèrent, en insultant à leur douleur, jusqu'au bord de la mer, où se trouvaient les vaisseaux destinés à les recevoir.

On les y entassa cruellement les uns sur les autres, au nombre de près de quinze mille. Le plus grand nombre

---

[1] Haliburton, *History of Nova-Scotia*, Halifax, 1829. On peut voir encore sur ce sujet un article de critique littéraire, par M. Philarète Chasles, dans la *Revue des Deux Mondes*, avril 1849.

ayant été transporté dans la Nouvelle-Angleterre ou dans la Pensylvanie, ils furent disséminés, sans ressources, dans les bois et les montagnes, où ils périrent pour la plupart de froid, de faim et de misère. D'autres furent emmenés en Angleterre, où on les laissa manquer de tout. Les prêtres qui desservaient leurs paroisses partagèrent leur sort. L'abbé Le Loutre, dont le zèle peut-être trop français avait causé le premier les défiances britanniques, était du nombre des victimes, et durant huit ans il demeura prisonnier en Angleterre. L'abbé Girard, qui appartenait comme lui aux Missions-Étrangères, emmené captif avec la plus grande partie des Acadiens de sa paroisse, sur un bâtiment anglais, fit naufrage avec eux, et les vit périr dans les flots, au nombre de plus de quatre cents. Il ne dut lui-même son salut qu'à l'humanité du capitaine, qui le recueillit dans une frêle embarcation; quatre jours et quatre nuits, ils furent le jouet des vagues, et ils échouèrent enfin, à demi-morts, sur les côtes d'Angleterre. Un autre missionnaire, l'abbé Manach, fait prisonnier tandis qu'il passait d'un canton à l'autre du Maine pour porter les secours de la religion à ses brebis dispersées dans les bois, fut jeté sur un navire qui le transporta en France, après qu'on lui eut fait subir, durant sept mois, les plus durs tourments de la captivité[1]. C'est ainsi que les Aca-

---

[1] *Mémoire pour les sieurs Girard, Manach, et Le Loutre, membres de la congrégation des Missions-Étrangères.* Paris. — Journal du voyage fait par Mgr J. O. Plessis, évêque de Québec, dans les missions du golfe Saint-Laurent, en 1815, MS. de l'archevêché de Québec.

diens furent punis de leur attachement à la France et à la religion de leurs pères!

Un petit nombre d'Acadiens parvint seul à se dérober à ses persécuteurs en se cachant parmi les Micmaks, dans les bois et les montagnes de leur pays, où ils demeurèrent pendant plusieurs années. D'autres, également en petit nombre, se transportèrent dans l'île du Cap-Breton et dans l'île Saint-Jean, où malheureusement ils ne furent pas longtemps tranquilles. Les soldats anglais mirent le feu à leurs villages déserts, dont il ne resta plus que des ruines fumantes. Le nombre encore fort peu considérable d'émigrés britanniques occupa quelques-unes de leurs métairies, et dans la ville d'Annapolis une population protestante s'empara des maisons et des églises consacrées à la religion catholique, de laquelle il ne resta bientôt plus de traces. Telle fut la fin de la domination totale des Français et des missions françaises dans l'Acadie ou Nouvelle-Ecosse [1].

Le marquis du Quesne, ayant, en 1755, résigné le gouvernement du Canada, fut remplacé par le marquis de Vaudreuil de Cavagnal, qui ouvrit la campagne contre les Anglais par la défaite du général Braddock, à Monongahela, dans un des défilés de la chaîne des Alléghanis, où ce général lui-même périt avec une grande partie de ses troupes. Deux cent trente-cinq Canadiens, commandés par M. de Beaujeu, mirent en

---

[1] Haliburton, *Hist. of Nova Scotia*. — Journal de Mgr Plessis, etc.

déroute un corps de troupes six fois plus nombreux. Huit cents Anglais restèrent avec leur général sur le champ de bataille, ainsi que soixante-trois officiers. Washington, qui recueillit les débris de cette colonne, écrivait alors : « Nous avons été honteusement battus par une poignée de Français, qui ne songeaient qu'à inquiéter notre marche. Quelques instants avant l'action, nous croyions nos forces presque égales à toutes celles du Canada, et cependant, contre toute probabilité, nous avons été complètement défaits, et nous avons tout perdu. » Les Anglais effacèrent bientôt après cette défaite, dans une bataille qui fut livrée près du lac George, où le général baron de Dieskau, qui commandait les Français, fut fait prisonnier, après avoir perdu le tiers de son armée. La campagne se termina sans autre résultat important.

La France qui, avec son gouvernement de courtisanes, comprenait encore de quelle importance était le Canada, y envoya l'année suivante un corps considérable de troupes choisies, sous le commandement de l'intrépide Montcalm, qui ne tarda pas à aller investir le fort Oswégo, qu'il força à se rendre. Durant la campagne suivante (1757), le succès fut encore du côté des armes françaises. Le fort George fut pris, et les prisonniers anglais, au nombre de près de deux mille, cruellement massacrés par les Sauvages alliés, qu'on ne put ou, malheureusement peut-être, qu'on ne voulut pas se donner la peine d'arrêter dans leur soif horrible de sang et de vengeance.

Les Français étaient maîtres des lacs George et Champlain ; ils commandaient tous les autres lacs qui unissent les eaux du Saint-Laurent à celles du Mississippi, et se trouvaient possesseurs paisibles de l'immense contrée qui s'étend à l'ouest des Alléghanis. Mais un armement considérable se préparait en silence contre les colonies françaises, et principalement contre Louisbourg. Déjà, l'année d'auparavant (1756), l'amiral Holborne avait menacé deux fois cette place, toujours considérée comme la clef des possessions françaises ; des tempêtes et des contretemps avaient seuls empêché le débarquement des forces britanniques, bien supérieures, cette fois, à celles qui avaient attaqué et pris Louisbourg, douze ans auparavant. Au mois de mai 1758, toutes les forces des colonies anglaises se trouvèrent réunies à Halifax, où déjà l'amiral Boscawen avait amené une flotte formidable, portant une armée nombreuse et bien disciplinée, sous les ordres du général Amherst. Tout l'ensemble de l'armement comprenait une flotte de cent cinquante voiles, avec quatorze mille hommes qui partirent de la Nouvelle-Ecosse le 28 mai. Le second jour de juin, ils jetaient l'ancre dans la baie de Gabarus, sept milles à l'ouest de Louisbourg. La garnison, sous les ordres du chevalier de Drucourt, réunissait deux mille cinq cents hommes de troupes régulières, trois cents fantassins de la milice, composée des habitants, et qui furent encore renforcés, vers la fin du siége, par trois cent cinquante Canadiens ou Sauvages alliés. Le port était défendu par six vaisseaux de ligne, et cinq frégates, dont trois furent peu après coulées en travers de l'entrée, afin de la rendre inaccessible aux forces navales anglaises.

Il se passa six jours avant que les troupes ennemies pussent débarquer, à cause du ressac qui brisait avec une incroyable violence sur le rivage. La mer s'étant ensuite calmée, les Anglais prirent terre en trois endroits à la fois, malgré l'artillerie de la place, et s'emparèrent, comme la première fois, du rocher sur lequel s'élevait le phare de Louisbourg, d'où ils firent cesser le feu de plusieurs batteries. Dans l'intervalle, les assiégés firent diverses sorties vigoureuses, mais qui ne purent empêcher l'ennemi de s'approcher peu à peu de la ville. Deux navires échappèrent à la vigilance de l'escadre anglaise, avant le commencement du siége. La frégate l'*Écho* essaya d'en faire autant, mais elle fut prise en sortant du port. Le 21 juillet, un des plus gros vaisseaux français sauta en l'air avec une épouvantable explosion, et le feu s'étant communiqué à deux autres, ils furent tous deux consumés en fort peu de temps, à fleur d'eau. La prise d'un autre bâtiment et la destruction d'un cinquième rendirent les Anglais maîtres du port. Des brèches considérables avaient été faites aux fortifications de la place, qui ne la rendaient presque plus tenable. Le gouverneur cependant se défendait encore avec un incroyable courage. De son côté, Mme de Drucourt, partageant, pendant toute la durée du siége, les dangers de son mari, parcourait les remparts, la bourse à la main, encourageait de ses paroles et de son argent les soldats à la défense, dont elle semblait vouloir disputer la gloire à son mari, en tirant elle-même trois coups de canon par jour. Enfin, aucun des secours qu'on attendait de France n'arrivant, il fallut songer à capituler. Les termes proposés par le chevalier de Drucourt furent refusés, et il fallut qu'il se résignât à se rendre prisonnier de guerre avec la garnison, ou qu'il se disposât à soutenir un assaut par terre et par mer. Ces tristes conditions, Drucourt les rejeta d'abord ; mais il finit par les accepter en voyant la malheureuse situation de la ville. La capitulation fut signée en conséquence, le 26 juillet 1758.

Ainsi qu'au premier siége, la partie notable des habitants fut embarquée pour la France avec les prêtres, les missionnaires et les religieuses. Mme de Drucourt refusa de partir avec eux : après avoir pris part aux dangers et à la gloire de son mari, elle voulut demeurer prisonnière avec lui, et alla partager sa captivité en Angleterre.

On ne laissa à Louisbourg qu'un petit nombre de pauvres gens et de pêcheurs inoffensifs, avec qui l'abbé Maillard, vicaire-général de la colonie, au nom de l'évêque de Québec, parvint à demeurer, en se dérobant dans les bois aux recherches des Anglais, jusqu'à la pacification complète du Canada. Le gouvernement britannique, craignant de voir de nouveau Louisbourg repasser entre les mains des Français, démantela ses remparts et ses fortifications, brûla les églises et les couvents, renversa la ville entière, qui demeura désormais solitaire et abandonnée sur la grève du Cap-Breton [1].

L'île Saint-Jean (Prince-Edward) éprouva le même sort qu'elle avait éprouvé à la première réduction du Cap-Breton. Les Anglais en prirent possession comme en 1743. Ils firent courir alors le bruit, et les historiens de cette colonie racontent que les vainqueurs trouvèrent suspendues dans la maison du gouverneur français de cette île un grand nombre de chevelures scalpées sur des têtes d'Anglais, et enlevées par les tribus sauvages des Micmaks, qui, depuis deux ans, avaient établi leur quartier-général dans cette île [2]. Ce fait, s'il était vrai, ne peut que nous faire gémir davantage sur les extrémités de ces guerres cruelles, où les nations civilisées devraient rougir, au nom du Christianisme, d'user des représailles barbares des peuples sauvages, au lieu de chercher à leur inspirer à eux-mêmes des sentiments d'humanité pour des ennemis vaincus.

[1] Haliburton, *Hist. of Nova Scotia*. Halifax.

[2] Montgommery Martin, *Hist. of Prince-Edward's Island*, in his *British colonies*.

CHAPITRE XVII.

DEPUIS LE SIÉGE ET LA PRISE DE QUÉBEC, EN 1759, JUSQ'A LA PROCLAMATION DE LA PAIX, EN 1763.

Succès des armes anglaises en Canada. Invasion de toute la colonie par les Anglais. Siége de Québec. Bataille de la plaine d'Abraham. Mort de Wolfe et de Montcalm. Reddition de Québec (1759). Articles de la capitulation. Pontbriand évêque de Québec se retire à Montréal. Le général Murray premier gouverneur anglais de Québec. Le chevalier de Lévi tente de reprendre cette ville. Inutilité de ses efforts (1760). Madame de Saint-Claude supérieure des Ursulines de Québec. Pontbriand évêque de Québec meurt de douleur à Montréal. Ses obsèques (1760). Siége et capitulation de Montréal. Les Anglais maitres de tout le Canada (1760). Traité de Paris qui laisse tout le Canada à l'Angleterre (1763).

De si fâcheux événements ne pouvaient manquer de réagir sur la situation politique et religieuse des affaires du Canada. A plusieurs reprises, l'évêque de Québec avait publié des mandements et ordonné des prières publiques pour la conservation du pays et de la religion. Il avait encouragé le peuple à prendre les armes et à défendre vaillamment la patrie menacée. Mais l'Angleterre était décidée à enlever le Canada à la France. Tandis que lord Chatham, pour écraser notre domination en Amérique, armait les plus grands vaisseaux et rassemblait sur les frontières du Canada une armée de soixante mille hommes, le ministère français n'accueillait qu'avec impatience les dépêches de Vaudreuil et de Montcalm, qui lui demandaient les secours les plus indispensables, et ne répondait quelquefois à leurs cris d'alarme que par de froides observations. Souvent il se plaignait du chiffre trop élevé des traites qu'il était sommé d'acquitter. « Dans les temps ordinaires, disait-il, le Canada ne coûtait à la France que dix ou douze cent mille livres par an. Depuis le commencement des hostilités, les frais qu'il nécessite ont monté graduellement à six, sept ou huit millions. » Puis il se mettait à contrôler, à discuter chaque article de dépense ; et, un jour, dans un des derniers moments de crise, il adressa au gouverneur de Québec cette lettre incroyable :

« Je suis bien fâché d'avoir à vous mander que vous ne devez point espérer de recevoir de troupes de renfort ; outre qu'elles augmenteraient la disette des vivres, que vous n'avez que trop éprouvée jusqu'à présent, il serait fort à craindre qu'elles ne fussent interceptées par les Anglais dans le passage ; et, comme le roi ne pourrait jamais vous envoyer des secours proportionnés aux forces que les Anglais sont en état de vous opposer, les efforts que l'on ferait ici pour s'en procurer n'auraient d'autre effet que d'exciter le ministère de Londres à en faire de plus considérables, pour conserver la supériorité qu'il s'est acquise dans cette partie du continent. »

En vain le maréchal de Belle-Isle insistait pour qu'on fît passer en Canada un corps de troupes composé en partie de gentilshommes qui aspiraient à défendre nos possessions contre les Anglais; on répondait à ses instances que les moyens de transport étaient trop chers et le trésor épuisé. Dans cet indigne abandon, l'armée qui devait défendre nos frontières et plusieurs centaines de lieues de pays contre les forces réunies de l'Angleterre et de ses colonies américaines, se composait de trois mille hommes de troupes régulières, de trois mille Canadiens, et de quinze à dix-huit cents Indiens appartenant à vingt-cinq tribus différentes, ennemis de la discipline et difficiles à gouverner. Pour former un tel corps de bataille, il avait fallu enlever l'artisan à son atelier, le laboureur à son champ. La culture de la terre, qui était déjà si restreinte, fut sur plusieurs points abandonnée entièrement ; et, comme il n'arrivait de la France que de trop minimes provisions, la disette se joignait à la guerre pour désoler le pays et abattre le courage de nos soldats.

Sur un simple appel du gouverneur, les Canadiens prirent les armes avec une noble audace, abandonnant leurs familles, la meilleure part de leur récolte, et se résignèrent à vivre de maïs et de légumes. En 1757 on se trouvait dans un telle pénurie, que les habitants des villes furent mis à la ration de quatre onces de pain par jour. L'année suivante, la récolte ayant manqué, on vit des paroisses qui n'avaient pas même assez de blé pour faire leurs semailles. La ration des maisons religieuses, des hôpitaux, fut diminuée ; les soldats furent dispersés dans les campagnes, avec l'espoir qu'ils y trouveraient plus aisément à se nourrir que dans les villes, et l'intendant fit acheter des tonnes de morue et douze cents chevaux pour suppléer à la disette de farine. Au mois d'avril de cette même année, la ration des habitants de Québec était de deux onces de pain par jour, de huit onces de lard ou de morue [1].

Pour complément de misère, le gouverneur et le commandant général vivaient l'un à l'égard de l'autre dans un état de défiance et d'inimitié sourde; et l'intendant Bigot, chargé du maniement des recettes et des dépenses, employait à ses voluptueux caprices l'argent dont chaque parcelle aurait dû être religieusement consacrée à soulager tant de souffrances. Rien ne manquait donc aux soldats canadiens pour énerver leurs bras, pour démoraliser leurs cœurs et leur rendre odieuse une lutte dans laquelle ils étaient livrés sans secours à un ennemi formidable. Mais ils étaient soutenus par une invincible pensée de religion et de patriotisme; ils marchaient avec un héroïsme sans égal au-devant des légions anglo-américaines, et ils se couvraient d'une gloire impérissable, mais que la France n'a que trop longtemps négligé de consigner dans ses annales.

Le 8 juillet 1758, le général Abercromby attaquait avec une armée de seize mille hommes le fort de Carillon, où Montcalm s'était retranché avec une troupe

---

[1] *Hist. du Canada*, par G. Garneau, t. I.

qui ne s'élevait pas à plus de trois mille six cents combattants, en comptant les Sauvages alliés. Toutes les forces, tout l'orgueil des Anglais, échouèrent devant quelques faibles remparts qui, dans le cours de l'action, furent plusieurs fois enflammés par son artillerie.

Après un combat de six heures, Abercromby se retira, laissant sur le terrain cent vingt-six officiers tués ou blessés, et deux mille soldats. Ces combats étonnants, ces succès incroyables ne faisaient cependant qu'affermir la résolution que le gouvernement anglais avait prise de s'emparer de nos colonies. Tôt ou tard nous devions succomber dans une lutte dont nous accroissions encore l'inégalité par nos victoires. La moindre perte que nous faisions laissait dans les rangs français un vide déplorable, tandis que les pertes les plus nombreuses des Anglais étaient aussitôt réparées par de nouvelles recrues.

Sur la fin de 1758, le gouverneur-général écrivit au ministère que le projet des ennemis était d'assiéger Québec l'année suivante. En lui annonçant cette nouvelle, qui malheureusement n'était que trop vraie, il lui traçait un triste tableau de la colonie : « Nous n'avons, disait-il, que dix mille hommes à opposer aux armes de nos ennemis, et nous ne pouvons compter sur les habitants. Ils sont exténués par les marches continuelles. Leurs terres ne sont pas cultivées à moitié ; leurs maisons tombent en ruine. Ils sont toujours en campagne, abandonnant femmes et enfants, qui, pour l'ordinaire, sont sans pain. Il n'y aura point de culture cette année, faute de cultivateurs. »

A la suite de ce douloureux exposé, le gouverneur demandait des soldats et des provisions. Le commissaire des guerres disait dans une dépêche au ministre: « L'Angleterre a actuellement plus de troupes en mouvement dans ce continent que le Canada ne contient d'habitants, en y comprenant les vieillards, les femmes, et les enfants. Quel moyen de résister? » Le marquis de Montcalm écrivait de son côté qu'à moins d'un bonheur inattendu, les Anglais s'empareraient du Canada dans la campagne de 1759. M. de Bougainville partit pour la France, afin de représenter de vive voix au ministère les dangers qui menaçaient le Canada et la nécessité de lui donner un prompt secours. Toutes ces démarches furent inutiles. La France n'envoya rien, et l'année suivante, ainsi que M. de Vaudreuil l'avait dit, les Anglais vinrent assiéger Québec.

Déjà les forts de Frontenac, aujourd'hui Kingston, sur le lac Ontario, les forts Duquesne, de Niagara, de la Couronne (Crown-Point), et de la Présentation, étaient tombés successivement au pouvoir des Anglais, et chacun voyait clairement que leur intention était de s'emparer de toute la Nouvelle-France. La cour avait fini par envoyer quelques secours insignifiants. Mais le sort en était jeté ; l'Angleterre était résolue de faire tous les efforts imaginables pour anéantir la puissance française dans le nord de l'Amérique. Elle ouvrit la campagne, en 1759, avec un plan d'opérations destinées à se combiner par terre et par mer, analogue à celui qui avait été formé en 1690.

L'invasion du Canada devait se faire sur trois points à la fois, sous le commandement de trois généraux également distingués par leurs talents militaires. Celle qui devait avoir lieu du côté de Québec était considérée comme la plus importante. Les forces destinées à assiéger cette place, commandées par le général Wolfe, comptaient plus de trente mille hommes : presque tous, ils avaient appartenus à l'armée qui, sous ce même officier, avait, l'année auparavant, assiégé et pris Louisbourg. La flotte, sous les ordres de l'amiral Saunders, composée de vingt vaisseaux de ligne, de deux vaisseaux de cinquante canons, de douze frégates et de quatorze autres navires de moindre importance, transporta l'armée dans le voisinage de Québec, et la débarqua en deux endroits de l'île d'Orléans, en face de la ville, le 27 juin 1759.

Montcalm se prépara à défendre Québec avec vigueur. Ses ressources malheureusement n'étaient pas considérables. En réunissant les habitants des campagnes à ceux de la ville, on parvint à composer une armée de treize mille hommes, dont six bataillons de troupes régulières, et un certain nombre de Sauvages. C'était encore plus que Montcalm n'avait espéré. « On ne comptait pas, dit un témoin oculaire des évènements, sur une armée aussi forte, parce qu'on ne s'était pas attendu à voir un si grand nombre de Canadiens.

On n'avait eu intention d'assembler que les hommes en état de soutenir les fatigues de la guerre ; mais il régnait une telle émulation dans le peuple, que l'on vit arriver au camp des vieillards de quatre-vingts ans et des enfants de douze à treize ans, qui ne voulurent jamais profiter de l'exemption accordée à leur âge. Jamais sujets ne furent plus dignes des bontés de leur souverain, soit par leur constance dans le travail, soit par leur patience dans les peines et les misères, qui dans ce pays ont été extrêmes ; ils étaient dans l'armée exposés à toutes les corvées. »

Cette fois la fortune servit encore ces braves gens. Montcalm rangea ses troupes en bataille sur les bords du Saint-Laurent, entre la rivière Saint-Charles et la chute de Montmorency, dans la vue d'empêcher le débarquement des forces britanniques. Un petit nombre de vaisseaux de guerre, les seuls qu'il y eût à Québec, s'embossèrent dans la rivière pour soutenir le plan de défense.

Le mauvais succès de l'attaque des Anglais contre les retranchements français prouva toute la supériorité des dispositions qui avaient été prises. Wolfe bombarda, incendia, avec une cruauté indigne de son caractère, les maisons de Québec et ravagea les campagnes. Mais il échoua complètement et y perdit un grand nombre d'hommes, sans compter onze officiers tués et cinquante blessés. C'est à la suite de ce combat que Wolfe écrivait en Angleterre qu'il doutait de pouvoir réduire Québec pendant cette campagne.

Dans la douleur qu'il en éprouva, il tomba dangereusement malade.

Mais une grande prudence et une prévoyance non moins grande faisaient le fonds du caractère de Wolfe. Il convoqua un conseil de guerre, où il exposa que les vaisseaux de guerre, ayant foudroyé à plusieurs reprises la ville de Québec, avaient à peine réussi à endommager la citadelle, quoique la Basse-Ville eût été presque entièrement détruite ; qu'il croyait inutile d'attaquer davantage les retranchements élevés près de la chute de Montmorency, et qu'il proposait en conséquence, comme le seul moyen de succès, de gagner les hauteurs de la plaine d'Abraham, qui dominaient la ville par derrière et commandaient les points les plus faibles de la forteresse. Le conseil, composé des principaux officiers de la marine et de l'armée, se rendit à ce projet hardi, et le général anglais, malgré la souffrance qu'il éprouvait de sa maladie, commença ses opérations avec une force héroïque, à une heure du matin, le 13 septembre 1759. Il y déploya une adresse, une discrétion et un silence extraordinaires. Quiconque connaît le peu de largeur du passage où les soldats anglais furent obligés de débarquer, et la hauteur extrême de la montagne escarpée qu'ils eurent à franchir, en s'attachant à quelques pauvres buissons croissant parmi les fentes du rocher, ne peut s'empêcher de frémir de la difficulté, et d'admirer en même temps le courage avec lequel ils parvinrent à la surmonter.

Toute la vigilance de Montcalm demeura sans résultat, n'ayant jamais songé à faire garder ce passage important. En apercevant au point du jour toute l'armée anglaise rangée en bataille sur les hauteurs qui dominent Québec, sa surprise ne connut point de bornes. Sa prudence habituelle l'abandonna dans ce moment, et, avec un entêtement dont on ne peut se rendre compte, il se résolut à marcher en bataille rangée au devant des Anglais sur les plaines d'Abraham. Il quitta la place à la tête de ses troupes, sans artillerie de campagne et sans même vouloir attendre le retour d'un corps de deux mille hommes qu'il avait envoyé sous le commandement de Bougainville pour observer la flotte ennemie ; son ardeur et sa précipitation n'avaient de point de comparaison que dans le sang-froid et la précision britanniques. Wolfe vit d'un clin d'œil toute la faute qu'il commettait en se rendant pour ainsi dire la retraite impossible. Tout en dirigeant principalement son attention sur la droite de son armée, qui s'avançait d'un pas ferme, il couvrait habilement ses flancs, et s'efforçait de conserver leurs communications avec le rivage. On peut dire que les deux armées se battirent sans artillerie, les Français n'ayant que deux canons, et les Anglais une petite pièce de campagne, que les matelots avaient hissée sur la hauteur avec des cordes : le sabre et la bayonnette décidèrent donc seuls de la journée, et jamais peut-être, de part et d'autre, on n'usa mieux de ces deux armes.

Les highlanders écossais, se servant avec autant de

force que d'agilité de leurs vigoureuses claymores, faisaient le service de la cavalerie, et la rapidité des fusillades paraissait compenser des deux côtés le manque d'artillerie. Les Français combattaient pour l'honneur et la religion. Le souvenir du sort malheureux des Acadiens de la Nouvelle-Écosse et des habitants de Louisbourg, ainsi que des profanations commises par les Anglais dans les églises de cette ville, exaltait au plus haut degré leur courage, et de chaque côté la bravoure des soldats égalait l'héroïsme des généraux. Tous deux d'ailleurs, aussi illustres l'un que l'autre, étaient à la tête de leurs troupes, se jetant partout où le combat était le plus animé, payant également de leur personne, et faisant changer alternativement par leur bravoure et leur exemple la fortune du moment. Tous deux furent blessés plus d'une fois, mais n'en combattirent pas moins avec un enthousiasme inconcevable. Tous deux enfin tombèrent mortellement blessés, en chargeant à la tête de leurs soldats. Wolfe, perdant son sang, chancela, et, s'appuyant sur un de ses officiers, lui demanda quels étaient les vaincus; recevant pour réponse que c'étaient les Français, il se laissa glisser par terre en disant qu'il mourait content.

Cette journée désastreuse pour les Français décida du sort du Canada. Montcalm fut rapporté sanglant dans Québec. Après avoir ordonné les mesures qu'il croyait les plus propres à réparer les désastres de cette journée, il passa le reste de la nuit et la journée du lendemain à s'entretenir avec son confesseur. L'évêque Pontbriand, qu'il avait fait demander, l'assista dans ses derniers moments et lui donna en pleurant les derniers sacrements de l'Église. Wolfe était mort comme un héros des temps antiques: Montcalm mourut en héros chrétien, le 14 septembre au soir, et fut enterré dans un trou creusé par une bombe, dans l'église du couvent des Ursulines. Ce tombeau était digne de lui [1].

Quatre jours après la mort de ce héros dont tout le monde déplorait la perte, la ville capitulait, à la condition que tous les habitants conserveraient leur liberté civile et religieuse. Voici les termes de cette capitulation pour ce qui regarde la Religion Catholique, afin que le lecteur puisse juger plus tard jusqu'à quel point l'Angleterre respecta sa parole.

ARTICLE 6 DE LA CAPITULATION DE QUÉBEC.
Demande du commandant français.

« Que l'exercice de la religion catholique, aposto-
» lique et romaine, sera conservé ; que l'on donnera

---

[1] L'héroïsme de Montcalm avait engagé, au temps de la cession du Canada, le gouvernement français à demander au cabinet anglais de lui laisser ériger un monument à ce héros. Le gouvernement britannique y consentit volontiers, mais on oublia en France et Montcalm et son tombeau. Il est toujours à la même place dans l'église des Ursulines. Les Anglais ont eu plus de mémoire que nous, et le comte de Dalhousie, l'un des gouverneurs du Canada, a érigé un monument commun à Wolfe et à Montcalm : c'est un obélisque de marbre avec cette inscription : *Mortem virtus, communem famam historia, monumentum posteritas dedit. Hanc columnam, in virorum illustrium memoriam* WOLFE *et* MONTCALM, *P. C. Georgius, comes de Dalhousie, in septentrionalis Americæ partibus ad Britannos pertinentibus summam rerum administrans; opus per multos annos prætermissum, quid duci egregio convenientius? Auctoritate promovens, exemplo stimulans, munificentia fovens. A. S. MDCCCXXVII. Georgio IV, Britanniarum rege.* Si le latin n'est pas choisi, l'intention au moins est excellente et parfaitement louable.

» des sauvegardes aux maisons ecclésiastiques, aux
» religieux et religieuses, particulièrement à Mgr l'é-
» vêque de Québec, qui, rempli de zèle pour la reli-
» gion, et de charité pour les peuples de son diocèse,
» désire y rester constamment, exercer librement, et
» avec la décence que son état et les sacrés ministères
» de la religion romaine requerreront, son autorité
» épiscopale dans la ville de Québec, lorsqu'il le jugera
» à propos, jusqu'à ce que la possession du Canada ait
» été décidée par un traité entre S. M. Très Chrétienne
» et S. M. Britannique. »

Réponse du général anglais.

« *Libre exercice de la religion romaine*, sauvegarde
» à toutes personnes religieuses, ainsi qu'à M. l'évê-
» que, qui pourra venir exercer librement et avec dé-
» cence les fonctions de son état, lorsqu'il le jugera à
» propos, jusqu'à ce que la possession du Canada ait
» été décidée entre S. M. Britannique et S. M. Très
» Chrétienne. »

Le jour même où ce traité fut signé, 18 de septembre, l'armée anglaise, sous les ordres du général Murray, fut mise en possession de la ville et de la citadelle de Québec, la plus forte du Nouveau-Monde. Les troupes françaises se retirèrent du côté de Montréal, et, aussitôt après, la flotte britannique remit à la voile pour l'Angleterre.

Pontbriand, dont le cœur tout français gémissait de voir sa ville épiscopale soumise aux Anglais, mit ordre autant qu'il fut possible, aux affaires de son église. Il nomma Olivier Briand, son secrétaire, vicaire-général de Québec, recommanda au clergé la tranquillité et la soumission au nouvel ordre de choses, et, aux termes de la capitulation, obtint de se rendre à Montréal. Pendant que nos troupes travaillaient à mettre cette ville en état de soutenir un siége, l'évêque de Québec, retiré au séminaire de Saint-Sulpice, envoyait un mandement à tout le clergé de son diocèse, où il ordonnait de célébrer un service solennel dans toutes les églises pour le repos de l'âme du brave et chevaleresque Montcalm et de ses compagnons moissonnés durant la guerre.

L'année suivante, les troupes françaises, sous les ordres du chevalier de Lévi, tentèrent un effort contre Québec, et, le douze avril 1760, le général Murray, demeuré dans la place avec une armée de cinq mille hommes, sortit à la tête de trois mille pour livrer bataille au chevalier, qui en avait plus du double. Le combat dura au-delà de deux heures; mais les Anglais, accablés par le nombre et la valeur de leurs adversaires, rentrèrent en désordre dans Québec, après avoir perdu la moitié de leurs hommes et presque toute leur artillerie de campagne.

Le chevalier de Lévi demeura devant la place, qu'il tint assiégée pendant plusieurs semaines ; mais il ne put réussir à la reprendre, malgré les intelligences qu'il y avait pratiquées à l'intérieur. Ces intelligences manquèrent même d'être fatales à l'Hôtel-Dieu de Québec, dont la supérieure, la mère Saint-Claude, sœur de M. de Ramsay, l'un des principaux officiers de l'armée française, fut accusée par les Anglais d'exciter sous main les paysans à la résistance. Le général Murray, gouverneur de Québec pour l'Angleterre, lui envoya signifier par un major de brigade qu'elle eût à renoncer à toute entreprise de ce genre, en la menaçant, dans le cas contraire, de l'expulser de la ville avec toutes ses religieuses, et de faire de l'Hôtel-Dieu une caserne. La mère Saint-Claude, par sa qualité et le rang auquel elle appartenait, semblait mériter au moins qu'on ne lui fît ces représentations qu'avec certains égards ; mais l'historien anglais Smith[1] raconte avec une complaisance grossière que le major termina son discours en disant brutalement à cette dame que, puisqu'elle prenait un si vif intérêt aux affaires de ce monde, et qu'elle paraissait fatiguée de sa clôture, il l'engagerait parmi ses grenadiers, ce que sa haute taille rendrait facile, et qu'il l'avancerait à la première occasion. Les Anglais ne manquent jamais de se vanter de leur humanité et de la courtoisie qu'ils ont montrée à la prise du Canada ; cette anecdote, racontée par leur propre historien, ne vient guère à l'appui de leur politesse (1760).

L'arrivée d'une escadre anglaise dans les eaux de Québec força le chevalier de Lévi à lever le siége de cette ville avant la fin du printemps. Moins d'un mois

---

[1] *History of Canada*, by W. Smith, Québec.

après sa retraite, Pontbriand, retiré au séminaire de Saint-Sulpice de Montréal, où s'étaient concentrées toutes les opérations du gouvernement de la colonie, ne pouvant survivre au chagrin que lui causaient la perte de Québec et la chute alors prévue du gouvernement français en Canada, tomba malade, et mourut au bout de quelques jours, à l'âge de 51 ans, le 8 juin 1760, juste à temps pour ne pas voir le siége et la prise de cette ville. Il fut inhumé le surlendemain dans l'église paroissiale, avec toute la pompe que permirent les circonstances, et le père Jollivet, de la compagnie de Jésus, prononça son oraison funèbre [1].

La mort de l'évêque de Québec, dans les conjonctures difficiles où se trouvait le Canada, et celles plus difficiles encore où il se trouva bientôt après, était une perte immense : elle laissait sans pasteur le pays presqu'entier, au pouvoir d'un peuple hérétique, et qui ne manquerait point d'opposer des prétextes et des obstacles à la nomination d'un nouvel évêque. Ces craintes se présentèrent promptement à tous les esprits droits et sincèrement attachés à leur religion, et ce fut un motif de plus pour pleurer Pontbriand. L'abbé Perrault, vicaire-général des Trois-Rivières, adressa, le jour même des obsèques du prélat, une lettre circulaire aux vicaires-généraux et au clergé du diocèse, annonçant la perte qu'on venait de faire, demandant à tous des prières pour le repos de l'âme de l'évêque Pontbriand,

---

[1] *Mémoires sur le Canada*, etc. Québec, 1838.

et des supplications au Ciel pour qu'il accordât promtement un nouveau pasteur au Canada.[1] Briand, vicaire-général de Québec, assembla aussitôt le chapitre, qui le nomma grand-vicaire capitulaire. La cathédrale avait eu trop à souffrir durant le siége pour qu'on y pût célébrer décemment le service funèbre de Pontbriand : il eut lieu dans l'église des Ursulines, et M. W. Smith, qui paie un tribut d'éloges non suspects à la mémoire de cet évêque, raconte[2] que les murs et l'autel étaient tendus de noir depuis le haut jusqu'au bas, et qu'au milieu du chœur s'élevait un magnifique cénotaphe, couvert de velours noir, resplendissant de lumière.

Le 8 septembre suivant, Montréal, assiégé depuis plusieurs semaines par le général Amherst, capitula à son tour à des conditions analogues à celles de Québec. Je transcris les articles qui touchent d'une manière particulière au libre exercice de la Religion Catholique ou à l'inviolabilité des biens de l'Eglise.

ARTICLES 27, 28, 32, 33, 34, et 35 DE LA CAPITULATION DE MONTRÉAL.

Art. 27. *Demande.* « Le libre exercice de la religion
» catholique, apostolique et romaine subsistera, en
» son entier, en sorte que tous les états et le peuple
» des villes et des campagnes, lieux et postes éloignés,
» pourront continuer de s'assembler dans les églises,

---

[1] Archives de l'archevêché de Québec.

[2] *History of Canada*, etc.

» et de fréquenter les sacrements, comme ci-devant,
» sans être inquiétés en aucune manière, directement
» ou indirectement. Ces peuples seront obligés par le
» gouvernement anglais à payer aux prêtres qui en
» prendront soin les dîmes et tous les droits qu'ils
» avaient coûtume de payer sous le gouvernement de
» S. M. Très Chrétienne. »

Réponse. « Accordé pour le *libre exercice de la reli-*
» *gion*; l'obligation de payer les dîmes aux prêtres dé-
» pendra de la volonté du roi. »

Art. 28. *Demande.* « Le *chapitre,* les prêtres, cu-
» rés et missionnaires continueront *avec entière li-*
» *berté* leurs exercices et fonctions curiales dans les
» paroisses des villes et des campagnes. »

Réponse. « Accordé. »

Art. 32. *Demande.* « Les communautés de filles se-
» ront conservées dans leurs constitutions et privi-
» lèges; elles continueront d'observer leurs règles;
» elles seront exemptes du logement des gens de
» guerre, et il sera fait défense de les troubler dans
» les exercices de piété qu'elles pratiquent, ni d'en-
» trer chez elles; on leur donnera même des sauve-
» gardes, si elles le demandent. »

Réponse. « Accordé. »

Art. 33. *Demande.* « Le présent article sera pareil-
» lement exécuté à l'égard des communautés des Jé-
» suites et des Récollets, et de la maison des prêtres de
» Saint-Sulpice à Montréal; ces derniers et les Jésuites

» conserveront le droit qu'ils ont de nommer à cer-
» taines cures et missions, comme ci-devant. »

Réponse. « Refusé, jusqu'à ce que le plaisir du roi
» soit connu. »

En voyant les spoliations que le gouvernement colonial anglais commit, quelques années plus tard, dans le Canada, en s'emparant, comme nous le ferons voir, contre la foi des traités, des biens de plusieurs communautés, on pourra peut-être nous objecter que l'article 33 de la capitulation que nous venons de citer était contraire aux communautés des *Jésuites, Récollets,* et *prêtres de Saint-Sulpice,* puisque le général anglais *refusait* la demande contenue dans cet article, *jusqu'à ce que le bon plaisir du roi* d'Angleterre *fût connu.*

On peut prouver néanmoins qu'il n'y a, dans cet article, rien de contraire à ces communautés : car le général français ne se bornait pas à demander que les communautés en question fussent maintenues, il voulait encore *qu'on leur conservât le droit de nommer à certaines cures et missions.* C'est évidemment ce dernier point qui a été cause de ce refus ; car l'article 33 doit nécessairement se concilier avec les deux suivants, art. 34 et 35. Or, non seulement ceux-ci maintiennent les communautés, mais ils leur conservent de la manière la plus absolue *la propriété de leurs biens.* Voici ces articles :

Art. 34. *Demande. Toutes les communautés* et tous les
» prêtres conserveront leurs meubles, *la propriété, et*

» *l'usufruit des seigneuries et autres biens que les uns*
» *et les autres possèdent* dans la colonie, de quelque na-
» ture qu'ils soient, et les *dits biens* seront conservés
» dans leurs priviléges, *droits*, honneurs et exemp-
» tions. »

Réponse. « Accordé. »

Art. 35. *Demande.* « Si les chanoines, prêtres,
» missionnaires, les prêtres du séminaire des Mis-
» sions-Etrangères et de Saint-Sulpice, ainsi que les
» Jésuites et les Récollets, veulent passer en France,
» le passage leur sera accordé sur les vaisseaux de
» Sa Majesté Britannique, et *tous auront la liberté*
» *de vendre, en total ou en partie, les biens fonds et mo-*
» *biliers qu'ils possèdent dans la colonie,* soit aux
» Français ou aux Anglais, sans que le gouvernement
» britannique puisse y mettre le moindre empêche-
» ment ni obstacle. *Ils pourront emporter avec eux*
» *ou faire passer en France le produit,* de quelque na-
» ture qu'il soit, des biens vendus, en payant le fret,
» comme il est dit à l'article 26 ; et ceux des prêtres
» qui voudront passer cette année seront nourris aux
» dépens de Sa Majesté Britannique, et pourront em-
» porter avec eux leurs bagages. »

Réponse. « *Ils seront les maîtres de disposer de leurs*
» *biens et d'en passer le produit,* ainsi que leurs per-
» sonnes et tout ce qui leur appartient, en France. »

Les communautés conservaient donc tous leurs droits, d'après ces articles. Mais quand on irait jus-qu'à supposer que la pensée du général anglais, lorsqu'il avait refusé l'article 38, avait été que son gouvernement pût supprimer ces communautés d'hommes, il suffirait, pour que ce gouvernement n'eût jamais eu le droit de s'approprier les biens de ces communautés ou d'en disposer, que ces communautés eussent été *maintenues dans la propriété de leurs biens*, et que les biens eussent *conservé leurs droits*, parce qu'alors la suppression ne pouvait avoir lieu qu'à la charge de transmettre, en vertu de ces droits, les biens à d'autres établissements ecclésiastiques.

D'ailleurs la capitulation de Montréal ne disposait pas seulement pour cette ville et pour le territoire qui en dépendait, elle disposait pour toute *la colonie*. Ce qui signifie évidemment la colonie tout entière, et on conçoit facilement qu'il devait en être ainsi ; c'était la capitulation de Montréal qui consommait la conquête. Le général français et ses troupes abandonnaient le Canada, et devaient, avec le gouverneur-général, s'embarquer pour la France. Dans une telle situation, il était naturel qu'il stipulât pour toute la colonie : la mention qu'il fit du chapitre et des chanoines, qui étaient à Québec, fait voir qu'il le fit de la manière la plus nette [1].

Assurés de conserver le libre exercice de leur religion et de leurs droits, les Franco-Canadiens se soumirent paisiblement au nouveau gouvernement. En 1762, la France entama avec l'Angleterre des négo-

---

[1] Voyez la brochure de M. de Vatimesnil, *Sur la destination des biens des Jésuites en Canada*, imprimée à Québec, en 1846.

ciations pour la paix, dont le traité définitif fut signé le 10 février 1763. La France, gouvernée alors par une honteuse camarilla [1] de courtisans et de concubines, cédait à l'Angleterre tout le Canada, avec ses dépendances, et le roi de la Grande-Bretagne confirmait aux Canadiens le libre exercice de la Religion Catholique, dans l'esprit de la capitulation de Montréal. Ce traité, sans reproduire exactement et en détail, toutes les clauses de cette capitulation relatives aux biens ecclésiastiques, renfermait d'une manière implicite la confirmation de ces clauses, puisqu'il déclarait *que les habitants français ou autres qui avaient été sujets du roi Très Chrétien pourraient vendre leurs biens,* etc. Les communautés religieuses, n'étant pas exceptées de cette faculté, y étaient évidemment comprises. Si l'on eût voulu les en exclure, il aurait fallu le faire textuellement. Une disposition expresse à ce sujet au-

---

[1] A la conquête du Canada par les Anglais, la population de cette colonie montait à 65 ou 70,000 habitants, répandus sur une bande étroite de terre entre les forêts sauvages et les bords du Saint-Laurent, au nord et au midi du fleuve. L'agriculture était leur principale occupation. Si les Canadiens n'avaient pas eu contre l'Angleterre ce sentiment de haine que leur inspirait son hérésie, et un état d'hostilité presque continuel qui avait duré près d'un siècle et demi, entre le Canada et les colons de la Nouvelle-Angleterre, peut-être auraient-ils éprouvé moins d'aversion à passer sous le gouvernement britannique. Bigot, intendant du Canada, financier de Louis XV et de ses courtisans, ruinait les colons par des concussions de toute espèce. Un papier-monnaie fondé sur la responsabilité royale, pour le soutien des établissements civils et militaires de la colonie, et qui, pour avoir été fidèlement remboursé pendant une période de trente ans, jouissait d'une confiance illimitée, permit à Bigot de cacher ses prodigalités et ses concussions. Pendant que les armées anglaises s'emparaient du Canada par la force des armes, le roi de France anéantissait le commerce et l'avenir de ses sujets, en déshonorant les lettres de change de l'intendant, auquel il avait donné un pouvoir absolu. C'est ainsi qu'il enveloppait dans une même ruine les détenteurs de douze millions de livres, et tous ceux qui possédaient du papier ayant cours alors, et qui, au temps de la conquête, montait à quatre-vingt-seize millions.

rait été d'autant plus nécessaire, que la capitulation de Montréal leur avait accordé d'une manière formelle le droit de *vendre,* et qu'un traité n'est jamais censé déroger à des capitulations précédentes, à moins que la dérogation ne soit claire et positive.

Le traité disait encore : « Sa Majesté Britannique,
» de son côté, *consent d'accorder la liberté de la reli-*
» *gion catholique aux habitants du Canada.* Elle don-
» nera en conséquence les ordres les plus efficaces pour
» que les nouveaux sujets catholiques romains puis-
» sent professer le culte de leur religion, selon les rites
» de l'Église de Rome, *autant que les lois d'Angleterre*
» *le permettent.* » Or, cette restriction ne porte évidemment ni sur l'affectation des biens ecclésiastiques, ni sur la propriété, mais uniquement sur certaines cérémonies publiques, telles que les processions hors de l'église, qui ne peuvent quelquefois pas avoir lieu sans inconvénients, dans un pays où, à côté des Catholiques, il y a des protestants dont la religion est celle de l'État et du souverain.

Il résulte donc de ce qui précède que la conquête ne changeait rien à la situation de l'Eglise Catholique dans le Canada, ni à la nature des biens ecclésiastiques, ni au droit exclusif que l'Eglise avait sur ces biens. Nous verrons bientôt de quelle manière l'Angleterre entendait respecter ces traités et tenir ses promesses ; comment elle comprenait la liberté de la Religion Catholique et les droits de l'Eglise sur les biens des divers ordres religieux. Si nous sommes entré dans un si grand développement sur la capitulation de Montréal et le traité de 1763, c'est que nous tenons à faire comprendre tout ce qu'il y eut de ruse et de perfidie dans la conduite du gouvernement britannique, qui, en violant sa foi et en entravant, de tous ses efforts, la liberté d'action de l'Eglise du Canada, parvint cependant à faire accroire aux Canadiens eux-mêmes qu'ils étaient libres et heureux sous son joug, et osa se vanter, à la face de l'univers, de sa tolérance et de sa justice pour ce peuple. Les faits qui vont suivre seront la preuve de ce que nous avançons.

FIN DU TOME PREMIER

TABLE DES MATIÈRES.

PAGE

CHAPITRE PREMIER. — DEPUIS LA DÉCOUVERTE DE L'AMÉRIQUE JUSQU'A L'ÉTABLISSEMENT DES PREMIERS COMPTOIRS DE COMMERCE AU CANADA, EN 1600.

Réflexions préliminaires sur le Canada. Premières expéditions sur le continent américain. Les marins de la Bretagne et de la Normandie aux pêcheries de Terre-Neuve. Découverte de l'île du Cap-Breton. Première carte du golfe Saint-Laurent (1506). Expéditions de Verrazzani, qui reconnaît les côtes de l'Acadie ou Nouvelle-Écosse. Première expédition de Jacques Cartier. Il entre dans la baie des Chaleurs, et prend possession de la côte de Gaspé, au nom de la France (1534). Découverte du fleuve Saint-Laurent et des terres du Canada ou Kanata. Retour en France. Seconde expédition de Cartier. Origine de la juridiction exercée par les évêques de Bretagne et de Normandie sur le Canada. Le golfe reçoit le nom de Saint-Laurent. Cartier entre dans le fleuve. Découverte de l'île d'Orléans et de celle d'Hochelaga ou Montréal. Hivernage de Cartier à Stadaconé, près de Québec. Violences de Cartier sur le sachem de ce village, et son retour à Saint-Malo. Nouvelle expédition de Cartier, sous les ordres de Roberval. Premier essai de colonisation en Canada (1541), et son mauvais succès. Abandon du Canada et accroissement de la pêche de Terre-Neuve. La cour reprend le dessein d'une colonisation en Amérique. Mauvais succès du marquis de la Roche (1598). Premiers établissements du commerce en Canada (1600). Première chapelle catholique à Tadoussac. 1

CHAP. II. — DEPUIS LE PREMIER VOYAGE DE CHAMPLAIN, FONDATEUR DE LA VILLE DE QUÉBEC, JUSQU'A SA MORT, EN 1635.

Samuel de Champlain. Son portrait. Son premier voyage en Canada, et sa pensée au sujet de Québec. Tribus sauvages du Canada, au temps de Champlain. Les Hurons ou Wyandots. Les Cinq-Nations iroquoises. Mœurs des Iroquois. Leur influence politique. Religion de ces Sauvages. Le monopole de la Nouvelle-France est accordé au sieur Des Monts. Son expédition sur les côtes du New-Brunswick. Poutrincourt, un de ses associés, jette les fondements de la ville de Port-Royal (Annapolis) dans l'Acadie (1604). Les huguenots veulent empêcher les Jésuites d'arriver dans l'Acadie. Ils y arrivent enfin par la protection de la marquise de Guercheville (1608). Premières missions du Maine. Fondation de la ville de Québec par Champlain (1608). Première expédition de Champlain contre les Iroquois. Découverte du lac Champlain. Projets des huguenots en Amérique. Second voyage de Champlain en Canada. Il y amène quatre pères Récollets, premiers missionnaires du Canada. Fondation de la première chapelle de Québec. Seconde expédition de Champlain parmi les Iroquois. Grandeur de ses desseins. Il jette les fondements du château Saint-Louis à Québec (1624). Premières missions du Haut-Canada par les Récollets. Arrivée des premiers Jésuites en Canada.. Les huguenots troublent la colonie. Champlain en appelle à la cour. Les protestants sont exclus de la Nouvelle-France. Compagnie des Cent-Associés. Machinations des huguenots contre la colonie. Guerre avec l'Angleterre. Prise de Port-Royal, en Acadie, par les Anglais. Sommation et prise de Québec (1629). La paix conclue bientôt après rend le Canada aux Français. Motifs qui déterminèrent la colonisation de cette contrée. Nobles efforts de Champlain. Son retour à Québec. Retour des Jésuites dans la colonie (1632). Mort de Champlain. Sa mémoire glorieuse (1635). 13

CHAP. III. — DEPUIS LA FONDATION DES GRANDES MISSIONS DES JÉSUITES PARMI LES HURONS JUSQU'A L'ÉTABLISSEMENT DE CELLES DES ABÉNAKIS EN 1647.

Portrait des missionnaires du Canada tracé par un protestant. Les Pères de Brébeuf, Daniel, et Lallemand. Idée de leurs voyages au travers des forêts huronnes. La mission de Saint-Joseph sur les bords du lac Iroquois. La vie du P. de Brébeuf dans sa mission. Conversion des tribus huronnes et du grand chef Ahasistari. Mission centrale de Sainte Marie, sur la Matchedash. Enthousiasme causé en France par les nouvelles de ces missions. Fondation du collége de Québec. Le chevalier de Montmagny, gouverneur du Canada. Faiblesse de la colonie; elle occasionne les premières hostilités des Iroquois. Fondation du village de Sillery, et de l'hôtel-Dieu de Québec. Mme de la Peltrie amène en Canada les Ursulines et la mère Marie de l'Incarnation. Leur arrivée à Québec, avec les sœurs Augustines de l'Hôtel-Dieu. Extension des missions parmi les Sauvages. Commencements de la ville de Montréal, en 1640; ils sont mis sous la protection de la Sainte Vierge. Les pères Raymbault et Jogues chez les Chippewas du Sault-Sainte-Marie. Premières nouvelles des peuples de l'Ouest lointain. Les Iroquois continuent les hostilités. Le P. Jogues tombe entre leurs mains, et n'en échappe qu'après avoir été mutilé. Réunion des Sauvages aux Trois-Rivières, pour traiter de la paix. Les Iroquois y envoient leurs députés et acceptent leurs propositions (1645). Voyages du P. Jogues parmi les Iroquois. Perfidie des Mohawks. Mort du P. Jogues et de son compagnon. Le P. Dreuillettes dans le Maine. Etablissement des premières missions chez les Abénakis du Penobscot (1646). Accueil que le P. Dreuillettes reçoit chez les Capucins de la côte. Ses premiers travaux parmi les Abénakis. 41

CHAP. IV. — DEPUIS LA DESTRUCTION DES MISSIONS HURONNES JUSQU'A LA
GRANDE GUERRE AVEC LES MOHAWKS, EN 1658.

Le chevalier d'Aillebousl, gouverneur de la Nouvelle-France. Invasion des villages chrétiens des Hurons de la Matchedash par les Iroquois. Désastre de la Mission de Saint-Joseph. Mort du P. Daniel. Destruction des Missions de Saint-Ignace et de Saint-Louis. Supplice affreux des pères de Brébeuf et Lallemand. Leur courage et leur mort admirables (1649). Dispersion totale des tribus huronnes (1650). Violences excessives des Cinq-Nations iroquoises. Elles menacent Québec et Montréal. Chomedey de Maison-Neuve y amène des renforts de France. Commencements de sœur Marguerite Bourgeois, fondatrice des sœurs de la Congrégation de Notre-Dame (1653). Les Iroquois recherchent la paix. Le P. Le Moyne chez les Onondagas et les Mohawks. Les pères Dablon et Chaumonot établissent une mission à Onondaga. Influence du Christianisme chez les autres nations iroquoises. Établissement d'une colonie française chez les Onondagas. Elle est bientôt abandonnée, et la guerre recommence (1658). 62

CHAP. V — DEPUIS LA NOMINATION DE FRANÇOIS DE LAVAL, VICAIRE-APOSTOLIQUE DE LA NOUVELLE-FRANCE, JUSQU'A LA FIN DE LA GUERRE DES IROQUOIS, EN 1661.

Nécessité d'un supérieur ecclésiastique dans la colonie, et insuffisance des simples missionnaires à s'opposer aux désordres Cupidité des marchands français. L'abbé de Quaylus, grand-vicaire de l'archevêque de Rouen, en Canada. Il jette les fondements du séminaire de Saint-Sulpice à Montréal (1657). Nécessité de la puissance épiscopale en Canada. François de Laval est proposé pour cette dignité à la reine. Naissance de Laval. Son éducation. Ses études. Il devient prêtre et renonce à ses bénéfices. Il refuse l'évêché de la Nouvelle-France. Se décide à l'accepter. Difficultés à ce sujet entre la cour de France et celle de Rome. Elles sont aplanies. Consécration de François de Laval (1658). L'archevêque de Rouen cherche à lui susciter des obstacles. Menées de l'abbé de Qualus à ce sujet. Progrès du séminaire de Saint-Sulpice de Montréal. Fondation de l'hôpital général de cette ville. Heureux effets de la congrégation fondée par la sœur Marguerite Bourgeois. Embarquement de François de Laval. Son arrivée devant Québec (1659.) Aspect imposant de cette ville. Réception du vicaire-apostolique dans le Canada. Il cherche à faire reconnaître partout son autorité. Résistances qu'il éprouve à cet égard. L'abbé de Quaylus refuse de la reconnaître. Celui-ci est rappelé à Paris et obligé de se rendre à Rome. Vie apostolique de François de Laval dans le Canada. Triste condition de la colonie pendant les hostilités des Iroquois. Salutaire influence de l'épiscopat. Mission du père Mesnard. Sa disparition et sa mort. 77

CHAP. VI. — DEPUIS LE DÉMÊLÉ DE L'ÉVÊQUE DE PÉTRÉE AVEC M. D'AVAUGOUR, GOUVERNEUR DU CANADA, EN 1661, JUSQU'A LA MORT DE MÉZY, SON SUCCESSEUR, EN 1665.

Le baron d'Avaugour gouverneur du Canada; il tolère la traite de l'eau-de-vie. Représentations inutiles de l'évêque de Pétrée. Il prend des mesures canoniques contre les désordres. Libelles et calomnies contre lui. L'évêque de Pétrée se rend à Paris pour solliciter l'érection d'un siège titulaire en Canada (1662). Accueil empressé qu'il reçoit du monarque. Louis XIV se rend à tous ses désirs. Fondation du séminaire de Québec (1663). Règlements de cette maison. Ses changements. Retour de François de Laval avec le chevalier de Mézy, nommé gouverneur du Canada. Établissement du conseil souverain ou parlement de Québec. Hospitalité du vicaire-apostolique. Sa vie commune avec son clergé. Réflexions sur l'inamovibilité des prêtres. Union du clergé canadien. L'église de Québec est érigée en paroisse, en faveur de l'abbé de Bernières (1664). Premières cloches fondues en Canada. Conduite violente du chevalier de Mézy, gouverneur de la Nouvelle-France. Ses extravagances. Règlements du conseil supérieur au sujet des dîmes. Accusations du major de Mézy contre les Jésuites. Mesures que Colbert croit devoir prendre à cet égard. Le marquis de Tracy nommé vice-roi de la Nouvelle-France. Le bruit de son arrivée jette l'effroi parmi les Iroquois ennemis. Ils demandent la paix (1664). Maladie du major de Mézy; sa réconciliation avec l'évêque. Sa mort et ses funérailles (1665). . . 96

CHAP. VII. — DEPUIS L'ARRIVÉE DU MARQUIS DE TRACY, VICE-ROI DE LA NOUVELLE-FRANCE, JUSQU'A LA FONDATION DU PREMIER VILLAGE D'IROQUOIS CHRÉTIENS, EN 1669.

Arrivée du marquis de Tracy à Québec. Réception qui lui est faite. Arrivée du régiment de Carignan-Salières, de Courcelles gouverneur du Canada et de l'intendant Talon. Voyage du père Allouez sur le lac Supérieur. Son arrivée chez les Chippewas (1655—1667). Plusieurs nations sauvages y viennent trouver le missionnaire. Les Sioux lui parlent du Mississippi. Retour d'Allouez à Québec. La construction des forts de Sorel, de Chambly, et de Sainte-Thérèse, jette l'alarme parmi les Iroquois. Plusieurs de leurs chefs se rendent à Québec pour traiter de la paix. Insolence barbare d'un chef Mohawk châtiée par le vice-roi. Humiliation des nations iroquoises. État moral de la colonie. Portrait de l'église du Canada tracé par la mère Marie de l'Incarnation. Consécration de la cathédrale de Québec (1666). Conduite édifiante du vice-roi. Son expédition contre les Mohawks. Le régiment de Carignan-Salières licencié dans le Canada. Origine de la noblesse canadienne. Divers missionnaires chez les Iroquois. Ferveur de leurs néophytes. Catherine Tegahkouita, la Geneviève du Canada. Les pères Dablon et Marquette fondent la mission du Sault-Sainte-Marie. Dangers et charmes de la vie des missionnaires dans les déserts. Fondation du petit séminaire de Québec. Fermeté de l'évêque de Pétrée, au sujet de la vente des liqueurs fortes aux Sauvages. Mécontentement du gouverneur. Assassinat d'un chef iroquois, provoqué par les désordres de l'eau-de-vie. Le gouverneur donne satisfaction aux Sauvages. Les chefs des nations sauvages se réunissent à Québec. Déclaration de foi publique de Garakonthié, sachem des Onondagas. Son baptême solennel. Retour de l'intendant Talon à Québec, où il ramène les pères Récollets. Ferveur des Iroquois chrétiens. Fondation du village Iroquois de la Prairie, près de Montréal. 148

CHAP. VIII. — DEPUIS LA GRANDE RÉUNION DES NATIONS SAUVAGES AU SAULT-SAINTE-MARIE, EN 1669, JUSQU'A LA PRISE DE POSSESSION DE LA LOUISIANE PAR LA SALLE, EN 1682.

Mission de Nicolas Perrot parmi les tribus sauvages de l'Ouest. Grande réu-

nion des tribus sauvages au Sault-Sainte-Marie. Elles reconnaissent la
souveraineté de la France. Établissement du village huron de Saint-Ignace
à Michilimackinac (1671). Marquette et Joliet de Québec chargés par Talon
de la découverte du Mississippi. Étonnement de Potawatomies à la nouvelle de cette entreprise. Arrivée de Marquette sur la rivière des Renards.
Il s'embarque avec ses compagnons sur le cours du Wisconsin (10 juin
1673). Ils arrivent sur les eaux du Mississippi. Découverte de la rivière des
Moines ou Moingona. Hospitalité des vieillards illinois d'Iowa. Ils arrivent au confluent du Missouri et du Mississippi. Desseins de Marquette.
Changement dans le climat en continuant à descendre le grand fleuve. Arrivée au village de Mitchigama, autrefois visité par les Espagnols. Influence
du calumet de paix sur les Sauvages de cette contrée. Arrivée à Akansea,
terme du voyage de Marquette. Il remonte le fleuve, après s'être assuré du
lieu de son embouchure. Retour à la Baie-Verte. Mort de Marquette. Sa
mémoire. Robert de la Salle, commandant du fort de Cataroçoui. Ses desseins pour la colonisation du Mississippi. Fondation du comptoir de Niagara. Il lance le premier navire sur le lac Érié et va fonder un autre comptoir à Mackinaw; le fort de Miamis et celui de Crèvecœur. Il descend le
Mississippi jusqu'au golfe du Mexique et donne à tout le vaste pays qu'il
découvre le nom de Louisiane (1682) 147

CHAP. IX. — DEPUIS L'ÉRECTION DE L'ÉVÊCHÉ DE QUÉBEC, EN 1670,
JUSQU'A LA DÉMISSION DE M. DE LAVAL, ÉVÊQUE DE QUÉBEC, EN 1684.

L'évêché de Québec est érigé en faveur de François de Laval. Érection de la
cathédrale et du chapitre de cette ville. Église de Saint-Anne, surnommée
la Bonne. Miracles de sainte Anne. Pèlerinage célèbre en cet endroit.
Retour de l'abbé de Quaylus en Canada. Son éloge et celui de sa communauté. Accroissements de la ville de Montréal. Nicolas Perrot gouverneur de cette ville. Ses démêlés avec le comte de Frontenac : celui-ci fait
mettre en prison l'abbé de Fénélon. Violences du comte de Frontenac.
Ordonnance royale en faveur du séminaire de Saint-Sulpice de Montréal
(1677). Démarches nouvelles de l'évêque de Québec contre la traite de
l'eau-de-vie. Il reconstruit le séminaire de cette ville. Infirmités de François de Laval. Turbulence des Récollets. Leurs brouilleries avec l'évêque.
Maladie de l'évêque de Québec. Rappel du comte de Frontenac. De la
Barre, gouverneur-général du Canada. Convocation des notables de la colonie. Alliance des Cinq-Nations avec le gouverneur de New-York (1684).
Plaintes de de la Barre. Réponse menaçante des Iroquois. Préparatifs de
de la Barre. Il marche contre les Iroquois. Il se voit forcé à leur demander
une paix honteuse. Fierté d'Haaskouan, chef des Senecas. Bienfaisance de
François de Laval, au milieu des malheurs de la colonie. 162

CHAP. X. — DEPUIS LA NOMINATION DE JEAN-BAPTISTE DE SAINT-VALIER AU
SIÉGE DE QUÉBEC, EN 1685, JUSQU'EN 1690.

Laval se rend à Paris, pour demander un successeur dans l'évêché de Québec. Démission de François de Laval. L'abbé de Saint-Valier choisi pour
lui succéder. Départ de Saint-Valier pour le Canada avec le marquis de
Denonville, nouveau gouverneur-général de la colonie. Saint-Valier consacré second évêque de Québec (1688). Retour de François de Laval en Ca-

nada. Saint Valier vient prendre possession de son siège. Empiétements des Anglais. Lettre de Louis XIV au gouverneur Denonville au sujet des Iroquois. Conduite déplorable de Denonville à l'égard des chefs onondagas. Générosité des autres sachems de cette tribu à l'égard du père de Lamberville. Expédition de Denonville sur les terres iroquoises. Menaces des Cinq-Nations. Fier langage d'Haaskouan (1688). Conclusion d'une nouvelle paix. Situation de la Nouvelle-France à cette époque. État du commerce français dans les possessions de l'Amérique Septentrionale. Le comte de Frontenac nommé pour la seconde fois au gouvernement général de la Nouvelle-France. Il part avec le dessein de s'emparer de New-York. Il apprend en arrivant la nouvelle du massacre de la Chine. Invasion des Iroquois dans l'île de Montréal. Leurs cruautés abominables. Arrivée de Frontenac à Montréal, ses premières mesures. Expédition des Abénakis du Penobscot contre les Anglais de Pémaquid. Ils s'emparent de ce fort. Sanglantes représailles du massacre de la Chine contre les établissements des colonies anglaises (1690). 182

CHAP. XI. — DEPUIS LE COMMENCEMENT DE LA GRANDE EXPÉDITION DES ANGLAIS ET LE SIÉGE DE QUÉBEC, EN 1690, JUSQU'AU TROISIÈME SYNODE DE QUÉBEC, EN 1698.

Congrès de New-York convoqué par les Bostonais pour la défense commune des colonies anglaises. Sir William Phipps s'empare de l'Acadie. Préparatifs de l'expédition contre le Canada. Mauvais succès de celle par terre. Préparatifs de défense de Frontenac. Arrivée de la flotte anglaise dans les eaux de Québec (1690). Siège de cette ville. Combat de la Canardière, où les Anglais sont repoussés par Juchereau Saint-Denis, et défaits par les élèves du séminaire de Saint-Joachim. Levée du siège et retraite des Anglais. Église de Notre-Dame de la Victoire dans la Basse-Ville. Port-Royal rentre sous le domaine de la France. L'Angleterre équipe une nouvelle flotte contre le Canada. La fièvre jaune décime ses matelots et ses soldats. Nouveaux excès causés par l'abus des boissons chez les Sauvages. Lettre de l'abbé Brisacier, à ce sujet, au père de La Chaise (1693). Diverses missions confiées aux Récollets par les évêques de Québec. Fondation de l'hôpital général de Québec et de l'Hôtel-Dieu des Trois-Rivières. Démêlés de Frontenac et des Récollets avec l'évêque. Douceur de l'ancien évêque Laval. Rituel de Québec. Saint-Valier tient plusieurs synodes. 197

CHAP. XII. — DEPUIS LA PAIX DE RISWYCK, EN 1697, JUSQU'A LA CAPTIVITÉ DE SAINT-VALIER, EN 1705.

Mort d'Ouréouharé, chef chrétien des Cayugas. Paix de Riswyck (1697). Mort du comte de Frontenac. Le chevalier de Caillières gouverneur-général du Canada. Réunion des députés sauvages à Montréal. Éloquence et mort de Le Rat, chef huron. Ses obsèques. Description du détroit et du lac Saint-Clair. Établissement français à Détroit. Projets de l'évêque Saint-Valier au sujet de l'Acadie. Renouvellement de la guerre avec les Anglais. Captivité de l'évêque de Québec (1750). 212

CHAP. XIII. — DEPUIS LA MORT DU CHEVALIER DE CALLIÈRES JUSQU'A L'ATTAQUE DE DÉTROIT PAR LES RENARDS, EN 1713.

Le marquis de Vaudreuil gouverneur de la Nouvelle-France. Horribles cruautés de la guerre avec les Sauvages. Double incendie du séminaire de Québec. Mort de François de Laval, premier évêque de Québec (1708). Ses obsèques. Son éloge. Conquête de l'Acadie par les Anglais. Persécution contre les Catholiques de cette colonie (1710). Nouvelle expédition des Anglais contre le Canada. Préparatifs de Vaudreuil. Naufrage de la flotte anglaise dans le fleuve Saint-Laurent Attaque des Renards contre le Détroit   226

CHAP. XIV. — DEPUIS LA PAIX D'UTRECHT, EN 1713, JUSQU'A LA MORT DE SAINT-VALIER, SECOND ÉVÊQUE DE QUÉBEC, EN 1727.

La paix est de nouveau signée avec l'Angleterre. Traité d'Utrecht (1713). Retour de Saint-Valier à Québec. François Duplessis-Mornay coadjuteur de Québec. Étendue du diocèse de Québec. Fondation de la ville de Louisbourg, dans l'île du Cap-Breton (1720). Nécessité d'étendre l'épiscopat dans les colonies. Missions des Abénakis. Animosité de ces Sauvages contre les Anglais. Le père Sébastien Rasles traqué par les Anglais. Il est massacré par eux. Destruction des missions abénakises (1726). Mort de Saint-Valier, second évêque de Québec (1727).   240

CHAP. XV. — DEPUIS LA FONDATION DU FORT DE NIAGARA, EN 1726, JUSQU'A LA PAIX D'AIX-LA-CHAPELLE, EN 1749.

Joncaire, adopté par les Iroquois, s'établit près de la chute du Niagara. Fondation du fort de ce nom. Étendue du territoire français en Amérique. François Duplessis-Mornay, troisième évêque de Québec. L'abbé de Lotbinière prend en son nom possession de son siège. Contestation à ce sujet. Pierre Herman Dosquet, évêque de Samos, coadjuteur de Québec, vient administrer le diocèse dans l'absence de Duplessis-Mornay (1729). Actes de son administration. Herman Dosquet, quatrième évêque de Québec, par la démission de son prédécesseur (1732). Il retourne en France, et donne à son tour sa démission (1739). François-Louis de l'Auberivière, cinquième évêque de Québec. Ses vertus. Il contracte une maladie pestilentielle durant son voyage. Son arrivée à Québec et sa mort (1740). Miracles opérés à son intercession. Henri-Marie du Breil de Pontbriand, sixième évêque de Québec (1741). Son portrait. Premiers essais de l'esprit philosophique en Canada. Renouvellement de la guerre avec l'Angleterre (1744). Attaque du port de Camseau par le gouverneur de Louisbourg. Préparatifs des colonies anglaises contre cette ville. Arrivée et débarquement de la flotte ennemie. Siège de Louisbourg. Prise de cette ville. Profanations commises par les protestants (1745). Réduction de l'île Saint-Jean. La consternation se répand dans le Canada. Paix d'Aix-la-Chapelle, qui rend Louisbourg aux Français (1749). Conduite imprudente du comte de la Galissonnière. Fondation d'Halifax dans la Nouvelle-Écosse.   255

CHAP. XVI. — DEPUIS LA PAIX D'AIX-LA-CHAPELLE, EN 1749, JUSQU'A LA DESTRUCTION DE LOUISBOURG, EN 1759.

Nouvelles hostilités dans les colonies. État des missions iroquoises et huronnes. Pèlerinage au tombeau de Catherine Tegakhouita. De la Jonquière gouverneur-général du Canada. Sa cupidité. Reprise des hostilités. Machiavélisme hypocrite de Benjamin Francklin et de lord Chatham. Déportation cruelle des Acadiens de la Nouvelle-Écosse par les Anglais (1755). Le fort d'Oswégo se rend au marquis de Montcalm. Nouvel armement des colonies anglaises contre Louisbourg. Noble défense des français de cette ville. Héroïsme de Mᵐᵉ de Drucourt. Louisbourg est forcé de se rendre aux Anglais (1758). Sa destruction. L'abbé Maillard dans les bois du Cap-Breton. L'île Saint-Jean ou du Prince-Edward soumise de nouveau. 282

CHAP. XVII. — DEPUIS LE SIÈGE ET LA PRISE DE QUÉBEC, EN 1759, JUSQU'À LA PROCLAMATION DE LA PAIX, EN 1763.

Succès des armes anglaises en Canada. Invasion de toute la colonie par les Anglais. Siège de Québec. Bataille de la plaine d'Abraham. Mort de Wolfe et de Montcalm. Reddition de Québec (1759). Articles de la capitulation. Pontbriand, évêque de Québec, se retire à Montréal. Le général Murray premier gouverneur anglais de Québec. Le chevalier de Lévi tente de reprendre cette ville. Inutilité de ses efforts (1760). Madame de Saint-Claude supérieure des Ursulines de Québec. Pontbriand, évêque de Québec, meurt de douleur à Montréal. Ses obsèques (1760). Siège et capitulation de Montréal. Les Anglais maîtres de tout le Canada (1760). Traité de Paris, qui laisse tout le Canada à l'Angleterre 1763 297

FIN DE LA TABLE DES MATIÈRES.

www.ingramcontent.com/pod-product-compliance
Lightning Source LLC
Chambersburg PA
CBHW060628170426
43199CB00012B/1477